Legamus! PLUS

2 **Lateinisches Lesebuch**
Berchtold/Hotz

Herausgegeben von Volker Berchtold und
Michael Hotz

Erarbeitet von Volker Berchtold, Michael Hotz,
Andreas Knobloch, Robert Reisacher, Dr. Cordula Safferling,
Caroline Schopper und Ulrich Vogel

Cornelsen

Legamus! PLUS

Lateinisches Lesebuch

2

Herausgeber: Volker Berchtold, Michael Hotz

Erarbeitet von: Volker Berchtold, Michael Hotz, Andreas Knobloch, Robert Reisacher, Dr. Cordula Safferling, Caroline Schopper und Ulrich Vogel

Redaktion: Dr. Silke Anzinger

Karten und Grafiken S. 11, 15, 19, 37, 59: Detlef Seidensticker
Umschlaggestaltung und Layoutkonzept: Studio SYBERG, Berlin
Bildnachweis Cover: Shutterstock.com/Gilmanshin
Layout und technische Umsetzung: Wladimir Perlin, Jürgen Brinckmann (MeGA 14)

www.cornelsen.de

1. Auflage, 1. Druck 2022

Alle Drucke dieser Auflage sind inhaltlich unverändert und können im Unterricht nebeneinander verwendet werden.

Druck: Firmengruppe APPL, aprinta Druck, Wemding

ISBN 978-3-637-02835-7 (Schülerbuch)
ISBN 978-3-637-02839-5 (E-Book)

PEFC
PEFC/04-32-0928

PEFC zertifiziert
Dieses Produkt stammt aus nachhaltig bewirtschafteten Wäldern und kontrollierten Quellen.

www.pefc.de

Liebe Schülerinnen und Schüler,

in diesem Jahr lernen Sie eine besondere Vielfalt lateinischer Texte aus Antike und Mittelalter kennen: Cicero klärt als junger Anwalt einen Mordfall auf, Plinius erzählt vom großen Vesuvausbruch, von einem Spukhaus und vielem mehr. Es gibt Liebeslyrik zu entdecken, aber auch einen Liebesratgeber, oder einen Frosch, der schlimme Erfahrungen mit Nero machte – Lustiges, Ernstes und bisweilen überraschend Gegenwärtiges.

Die Texte sind in **drei Kapiteln** nach Themen angeordnet. Das erste beschäftigt sich mit **Kommunikation** in Rom durch **Rede und Brief**, das zweite mit **Liebe und Leidenschaft**, das dritte schlägt einen Bogen von der Antike über das **Mittelalter** in die **Neuzeit** und zeigt, wie die Antike auch auf das heutige **Europa** ausstrahlt.

Das Buch will dazu anregen, lateinische Texte nicht nur zu übersetzen, sondern sich auch mit ihren Inhalten zu beschäftigen. Daher beginnt jedes Kapitel mit einer **Themendoppelseite**, die auch einen Bogen zur Gegenwart schlägt. Zudem ist jedem Unterkapitel eine **Einleitung zu Leben und Werk** des jeweiligen Autors vorangestellt.

Das Erschließen und Übersetzen der Texte wird Ihnen durch mehrere **Hilfen erleichtert**:

Im **Lesebuch**-Teil selbst wird jeder lateinische Text auf einer Doppelseite geboten:

- **Vor** jedem Text finden Sie **Aufgaben**, die den ersten Zugang zum Text erleichtern.
- Der **Text selbst** ist oft mit **Hervorhebungen** versehen, die bei der Beantwortung der Aufgaben helfen.
- Direkt am Text stehen **Anmerkungen**, in denen seltene Vokabeln angegeben und zu schwierigen Sätzen Hilfestellungen geboten werden.
- **Nach** dem Text und auf der rechten Seite stehen weitere Aufgaben und Informationen:
  - Die **GUT ZU WISSEN**-Abschnitte sind wichtige Hilfsmittel für das Verständnis der lateinischen Texte; sie können Ihnen die Übersetzung deutlich erleichtern und sollen stets einbezogen werden.
  - Die **MEHR ERFAHREN**-Abschnitte vertiefen das Verständnis und geben weiterführende Anregungen.
  - Die **Paralleltexte** bieten Zitate anderer Autoren zum behandelten Inhalt.
- **Querverweise** in einer **„Linkleiste“** am Seitenende weisen auf zusätzliche Informationen innerhalb und außerhalb des Buches hin.
- Das 📖-Symbol kennzeichnet Texte oder Abschnitte, die Sie nicht im Einzelnen übersetzen müssen, sondern kursorisch (sinnentnehmend) lesen können. Informationen dazu sind ebenfalls über die Linkleiste zu finden.
- Das **Grundwissen** fasst am Ende jedes Kapitels das Wichtigste noch einmal zusammen.

Mit dem **„Werkstatt“**-Teil können Sie sich auf die Lesetexte **vorbereiten**. Hier findet man:

- zu jedem Textabschnitt den **Lernwortschatz**,
- **Übungen**, die genau auf Wortschatz, Grammatik und Inhalte des jeweiligen Textes abgestimmt sind.
- Um Erklärungen zu den sprachlichen Phänomenen zu erhalten, ist stets zusätzlich eine **Systemgrammatik** heranzuziehen.

Der **Anhang**-Teil bietet:

- **Methodenseiten**, auf die in den Linkleisten hingewiesen wird,
- weitere ausführliche Anhänge. (Ein **Wörterbuch** wird in Kl. 10 vorausgesetzt, daher gibt es in diesem Band keinen Wörterbuch-Anhang mehr.)

Vielfältige Möglichkeiten zur digitalen Vorbereitung bietet außerdem **LateinLex (www.lateinlex.de)**, wo unter *Legamus! Plus* Texte aus dem Buch **in unterschiedlichen Schwierigkeitsgraden** aufbereitet sind. Direkte Links zu diesen **binnendifferenzierten** Texten finden Sie in der Linkleiste mit dem Kürzel → **BD**.

Nun wünschen wir Ihnen viel Spaß bei der Lektüre dieser wirklich spannenden Texte!

Die Herausgeber

INHALT

LEKTÜRE-TEIL

WERKSTATT-TEIL

METHODEN-TEIL

ANHÄNGE

VERZEICHNIS DER ABKÜRZUNGEN

AH	*Arbeitsheft*	hebr.	*hebräisch*	PPP	*Partizip Perfekt Passiv*
BD	*Binnendifferenzierung*	ital.	*italienisch*	S.	*Seite*
d. h.	*das heißt*	Jh.	*Jahrhundert*	s.	*siehe*
dt.	*deutsch*	KNG	*Kasus, Numerus, Genus*	sog.	*sogenannt(e)*
engl.	*englisch*	Jgst.	*Jahrgangsstufe*	u. a.	*unter anderem*
etw.	*etwas*	jdm.	*jemandem (Dat.)*	V.	*Vers(e)*
f.	*folgende (Einzahl)*	jds.	*jemandes (Gen.)*	v. a.	*vor allem*
ff.	*folgende (Mehrzahl)*	jmd.	*jemand(en) (Nom./Akk.)*	vgl.	*vergleiche*
Forts.	*Fortsetzung*	lat.	*lateinisch*	WS	*Werkstatt*
frz.	*französisch*	LW	*Lernwortschatz*	z. B.	*zum Beispiel*
ggf.	*gegebenenfalls*	m.	*mit*	Z.	*Zeile(n)*
griech.	*griechisch*	PPA	*Partizip Präsens Aktiv*		

REDE UND BRIEF

Kommunikation kann direkt oder indirekt, öffentlich oder privat stattfinden. In der römischen Literatur gibt es sie vor allem in zwei Formen: direkt und öffentlich in Form der Rede, indirekt und privat in Form des Briefes.

Mündliche Kommunikation: Die Rede
Wer eine politische Karriere anstrebt, muss möglichst viele Menschen auf seine Seite bringen können. In Rom kam dabei der öffentlichen Rede besondere Bedeutung zu. Neben Sachkenntnis (u.a. im Recht) waren hier professionelles Auftreten und die souveräne Beherrschung der Redetechnik Schlüssel zum Erfolg. Einige Römer, etwa Cicero und Caesar, absolvierten sogar ein Redestudium bei renommierten Lehrern im Herkunftsland der Rhetorik: in Griechenland.

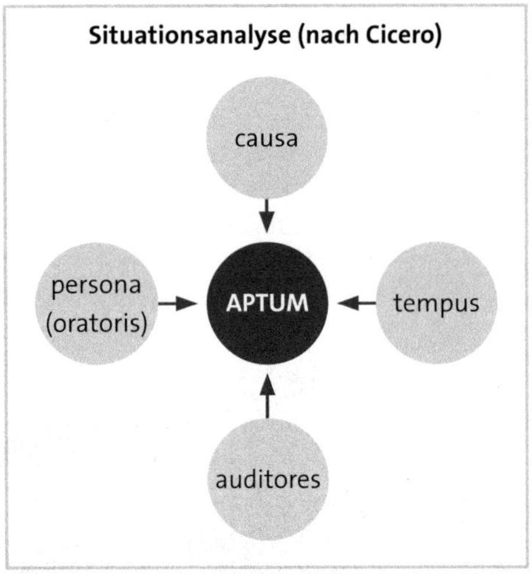

Abb. 1

Erfolg durch professionelle Kommunikation
Heutige Modelle erfolgreicher Kommunikation basieren in der Regel auf den Erkenntnissen der antiken Rhetorik. Ob Rede, Präsentation oder Werbeclip – sie alle müssen passgenau auf die jeweilige Situation zugeschnitten sein, um Erfolg zu haben. Hierzu empfiehlt Cicero in seiner Schrift *„De oratore"* die Analyse von vier Bereichen schon im Vorfeld (siehe Abb. 1). Von ihnen hängt ab, was in der Situation *aptum* („passend") ist. Darauf muss die Konzeption der Rede (bzw. Präsentation) abgestimmt werden. Die nun folgenden Schritte beschreibt die Rhetorikhandreichung *Rhetorica ad Herennium* (1. Jh. v. Chr.) so:

Vom Konzept bis zum Auftritt (nach Rhet. Her.)
inventio: Sammlung von wahren oder wahrscheinlichen Fakten/Argumenten
dispositio: Anordnung der Fakten/Argumente
elocutio: Ausformulierung der Rede
memoria: Auswendiglernen der Rede
pronuntiatio (~ *Performance*): Vortrag mit bewusstem Einsatz von Stimme, Mimik und Gestik

Während dem römischen Redner für eine gelungene Performance nur die eigene Stimme, Mimik und Gesten als Medien zur Verfügung standen, können wir heute aus einer Fülle von (digitalen) Möglichkeiten schöpfen. Doch damals wie heute gilt: Eine Performance ist nur so gut wie ihr Inhalt und ihr didaktisches Konzept.

Schriftliche Kommunikation: Der Brief
Für die Kommunikation zwischen räumlich getrennten Personen gab es in der Antike nur ein Medium: den Brief. Man schrieb Briefe auf Papy-

rusblätter, die gerollt und versiegelt wurden. Da es kein Postsystem gab, wurden Briefe oft Reisenden mitgegeben. Die Reicheren schickten Sklaven als Boten, die auch die Antwort sofort wieder mitnehmen konnten. Auf kurze Distanzen – z. B. innerhalb einer Stadt – war zudem eine Art **S**hort **M**essage **S**ervice möglich: kurze Nachrichten auf Notiztäfelchen *(pugillares)* wurden durch Sklaven rasch überbracht. Datenschutz gab es auch damals schon: Vor dem Öffnen von Briefen durch Dritte schützte man sich, indem man diese mit Wachs und Siegelring siegelte.

Anlässe für Briefkommunikation

Die Anlässe für Briefe waren die gleichen wie heute: Neben Informationsaustausch gab es u. a. auch Liebesbriefe, Gratulations- oder Kondolenzschreiben. Wie heute verwendete man typische Floskeln, die jedem so geläufig waren, dass man sie abkürzen konnte. Daneben entwickelten sich aber auch literarische Formen von Briefen, die primär zur Veröffentlichung bestimmt waren.

Die Anfänge eines Postsystems

Briefe waren auch für die Verwaltung des römischen Reiches unabdingbar. Unter Augustus entstand daher der sog. *cursus publicus*, ein Postsystem für militärische bzw. staatliche Zwecke. Um 100 n. Chr. konnte Plinius, der Provinzstatthalter von Bithynien in Kleinasien, dieses System für seine offizielle Korrespondenz mit dem Kaiser in Rom nutzen. Seine Briefe benötigten ca. einen Monat, bis sie in Rom ankamen.

1 **a** Erläutern Sie Abb. 1 (S. 6). Erschließen Sie dabei (z. B. mithilfe eines Wörterbuchs) eine treffende Umschreibung des Begriffs *tempus*.
b Analysieren Sie auf der Grundlage von S. 8 f. die Redesituation Ciceros im Roscius-Fall.

2 **a** Übertragen Sie das Modell (Abb. 1) und die Tabelle (S. 6) auf eine Präsentation in der Schule (→ S. 217).
b Erläutern Sie, was eine gute Präsentation heute ausmacht, und vergleichen Sie dies mit der antiken *pronuntiatio*.
c „Die *pronuntiatio* (Performance) wird heute überbewertet." – Nehmen Sie Stellung zu dieser Meinung.

3 Erläutern Sie, welche ethischen Probleme sich bei der *inventio* (→ Tabelle S. 6) in einem Mordprozess ergeben können.

4 Der öffentlichen Rede kam in der Republik noch größere Bedeutung zu als in der Kaiserzeit. Begründen Sie diese Aussage mithilfe Ihrer Kenntnisse der römischen Geschichte.

5 „Der analoge Brief als Kommunikationsmedium hat heutzutage ausgedient." – Nehmen Sie Stellung zu dieser Aussage.

6 Private Kommunikation in der Antike und heute: Stellen Sie, auch anhand der Abb. 2, Gemeinsamkeiten und Unterschiede zusammen. Erörtern Sie dabei: Ist das jeweilige Medium bestimmten Anlässen vorbehalten? – Wie wichtig sind mir hierbei Datenschutz und Privatsphäre?

Abb. 2: Kommunikationmittel in der Antike (Wachstafel und Griffel, Papyrusrolle, Tintenfässchen, Schreibrohr) und heute (Tablet, digitaler Stift und Headset mit VR-Brille)

→ S. 217 Präsentation
→ S. 224 Projekt: Briefe – ein Medium für alle Zwecke
→ S. 238–239 Übersichten zur Geschichte (zu Aufgabe 4)
→ S. 29 Briefformeln (zu Aufgabe 6)

CICERO: PRO SEX. ROSCIO

Marcus Tullius Cicero (**106–43 v. Chr.**) ist durch die Vielzahl seiner Schriften, darunter fast 1000 persönliche Briefe, zweifelsohne der uns am besten bekannte Mensch der Antike.
Sein Leben umspannt die **turbulenteste Zeit** der römischen Geschichte und ist geprägt vom **Kampf um die Republik**. Seine Leistungen als **Redner**, **Politiker** und **Philosoph** wecken bis heute Bewunderung.

Cicero als Redner und Politiker

Cicero stammte aus Arpinum (ca. 100 km südöstlich von Rom) und aus dem Ritterstand und war damit ein ***homo novus*** in der römischen Politik. Da er keine Neigung zum Militär verspürte – der einfachste Weg, in Rom Karriere zu machen –, setzte er ganz auf den **Anwaltsberuf**. Der Fall Sextus Roscius, brisant und gefährlich, bot ihm die Chance, sich als junger, mutiger Verteidiger des Rechts einen Namen zu machen, und er nutzte sie (80 v. Chr.). So legte er den Grundstein für seine Ämterlaufbahn *(cursus honorum)*, die ihn bis ins höchste Amt der Republik, das **Konsulat**, führen sollte (**63 v. Chr.**). Als **Politiker** setzte Cicero sein Redetalent immer wieder dafür ein, die **Republik** zu bewahren, Bürgerkriege zu verhindern und einen ***„consensus bonorum"*** über Partei- und Standesgrenzen hinweg herzustellen. Doch sein Kampf für die Republik war letztlich vergeblich; bald nach Caesars Ermordung wurde auch er ermordet (43 v. Chr.).

Sullas Proskriptionen. Stich von Augustyn Mirys (18. Jh.)

→ **GUT ZU WISSEN**

Sulla und Marius

Ab dem 2. Jh. v. Chr. wurde Rom im Innern von sozialen Konflikten und **Bürgerkriegen** erschüttert. Besonders blutig war der Krieg zwischen **C. Marius**, der als **Popular** die Rechte der Adeligen beschnitten und das Volkstribunat gestärkt hatte, und L. Cornelius **Sulla**, der als **Optimat** die Vorherrschaft der *nobiles* wiederherstellen wollte. Sulla siegte (**82 v. Chr.**) und reformierte dann als ***dictator*** den Staat und die Gerichte, die nun wieder in der Hand des Adels lagen.

→ **GUT ZU WISSEN**

Die Proskriptionen

Das Blutvergießen ging auch nach Sullas Sieg weiter. Mit den **Proskriptionen** hatte Sulla ein besonders perfides Mittel erfunden, politische Gegner zu bekämpfen: Er ließ **Listen** mit **Namen** politischer Gegner, die jeder **straflos töten** durfte, öffentlich aushängen (*pro-scribere*). Das Vermögen der Proskribierten wurde konfisziert und versteigert. Die Folge: Es entstand ein so blutiges wie einträgliches **Geschäftsmodell**. Ein Sullaner, der z. B. eine Villa billig kaufen wollte, konnte nun den Eigentümer auf die Listen setzen und ermorden lassen. **Mörder** und **Käufer** arbeiteten Hand in Hand, und ob ein Proskribierter für oder gegen Sulla war, spielte bald keine Rolle mehr.

→ S. 238 Übersicht zur römischen Republik

Wer ist wer im Fall Roscius?

OPFER: *Sex. Roscius*, Vater	ANKLAGE:
BESCHULDIGTER: *Sex. Roscius*, Sohn	*T. Roscius Capito* *T. Roscius Magnus* (Nutznießer des Mordes; Mit-Ankläger)
VERTEIDIGER: *M. Tullius Cicero*	*Erucius* (berufsmäßiger Ankläger; Redner) *Chrysogonus* (Günstling Sullas; hat das Vermögen des Ermordeten ersteigert und *Capito* und *Magnus* als Verwalter eingesetzt) → Chrysogonus, S. 25

→ MEHR ERFAHREN

Mordprozesse in Rom

Polizei, Staatsanwalt, Pflichtverteidiger – das alles gab es in Rom so nicht. In Deutschland wird der Staat bei **Kapitalverbrechen** von sich aus tätig; in Rom handelten sowohl **Ankläger *(accusator)*** als auch **Verteidiger *(patronus)*** aus privater Initiative. Es gab keine Instanz, die die Wahrheit ermitteln sollte, vielmehr blieb es den beiden Parteien überlassen, **Zeugen *(testes)*** und Beweise zu ermitteln und diese den **Richtern *(iudices)*** plausibel zu machen. Wenn beide Parteien ihr Bestes gaben, würde die **„wahr-scheinlichere“** Version ***(veri-simile)*** gewinnen. Die Richter waren **Geschworene**, d. h. ebenfalls Laien, die unter dem Vorsitz eines **Prätors** über Schuld und Unschuld entschieden.

···→ GUT ZU WISSEN

Der Mordfall Roscius

Ermordet wurde Sextus Roscius aus dem Landstädtchen Ameria, angeklagt der gleichnamige Sohn des Toten wegen **Vatermordes**. Es war der erste große Prozess, nachdem Sulla die Proskriptionen beendet und die Gerichte wiederhergestellt hatte.
Aber wenn es sich um eine Familientragödie handelte, wie kam es dann, dass Roscius' Name **nachträglich** auf den **Proskriptionslisten** auftauchte? Warum wurde Roscius' **Gut konfisziert** und von einem Günstling Sullas namens **Chrysogonus** spottbillig ersteigert? Und hat etwa derselbe Chrysogonus den jungen Roscius nur deshalb anklagen lassen, um so den Erben des Roscius-Vermögens gleich mit zu beseitigen? Doch wer würde es wagen, die Wahrheit aufzudecken und gegen die mächtigen Anhänger Sullas aufzutreten? – Der junge Roscius floh nach Rom, wo er einflussreiche Freunde hatte, und diese überredeten **Cicero**, wobei sie sich auch für Ciceros Sicherheit verbürgten, die Verteidigung zu übernehmen. Damit hatten die Ankläger nicht gerechnet ...

···→ GUT ZU WISSEN

Die Gliederung einer Prozessrede

- ***Exordium*** (~Proömium)
- ***Narratio*** (Schilderung des Tathergangs)
- ***Argumentatio*** (Beweisführung)
  - *Partitio* (Gliederung)
  - *Confirmatio* (Argumente *für* die eigene Sache)
  - *Refutatio* (Zurückweisung der Gegenargumente)
- ***Peroratio*** (Schlussplädoyer)

1 Erklären Sie den Begriff Proskription, auch anhand der Abbildung. ···→ Die Proskriptionen

2 Roscius erfährt, dass er angeklagt wird. Erläutern Sie, vor welchen Problemen er nun steht. → Mordprozesse in Rom

3 Erläutern Sie anhand von S. 8/9, inwiefern der Kriminalfall Roscius auch politisch brisant sein könnte. ···→ Der Mordfall Roscius

4 Recherchieren Sie das BBC-Dokudrama *Murder in Rome* und stellen Sie aus dem Abschnitt bis 08:39 weitere Informationen zum Roscius-Fall zusammen.

5 Erläutern Sie anhand der bisherigen Informationen, worin die Herausforderung für Cicero als Verteidiger besteht.

→ S. 222 Projekt: Reden des 20. und 21. Jh.s

Warum gerade ich aufstehe Rosc. 1; 3

Der Ankläger Erucius hat seine Rede beendet. Als Verteidiger tritt nun der 26-jährige Cicero nach vorn. Es ist sein erster Kriminalprozess, und dann gleich einer, der wegen der politischen Umstände so brisant ist! Cicero beginnt mit diesen Worten:

1 Erläutern Sie die Redesituation anhand der Abbildung auf S. 11 (vgl. S. 9: *Wer ist wer ...?*).

2 Erschließen Sie in drei Schritten, wie Cicero seine Rolle im Prozess von der der älteren Redner abgrenzt:
Z. 1–11: Alle erschließen, wie Cicero sich im Gegensatz zu den älteren Rednern charakterisiert.
Z. 12–20: Wer eher fertig ist, erschließt die Haltung der älteren Redner im gegenwärtigen Prozess.
Z. 21–22: Wer damit fertig ist, erschließt, wie Cicero seine Rolle mit seiner Jugend begründet.

Credo ego vos, iudices, mirari,
quid sit,
quod,
cum tot summi oratores hominesque nobilissimi
sedeant,
ego potissimum surrexerim,
is,
qui neque aetate neque ingenio neque auctoritate
sim cum his,
qui sedeant,
comparandus.
Omnes hi,
quos videtis adesse in hac causa,
iniuriam novo scelere conflatam putant oportere defendi,
defendere ipsi propter iniquitatem temporum non audent.
Ita fit,
ut adsint,
propterea quod officium sequuntur,
taceant autem idcirco,
quia periculum vitant. [...]
Ego si quid liberius dixero, vel occultum esse (propterea quod nondum
ad rem publicam accessi), vel ignosci adulescentiae meae poterit.

1 **mīrārī** *(hier mit ind. Fragesatz)*
2/3 **quid sit, quod** *(m. Konj.)* aus welchem Grund
4 **cum** *(hier)* während *(adversativ)*
6 **ego potissimum** ausgerechnet ich
surrēxerim *ergänze gedanklich: als Verteidiger*
→ Mordprozesse in Rom, S. 9
7/8 **(ego ...) is, quī** *(hier)* (ich ...), der ich
14 **iniūriam ... cōnflātam** eine unerhört verbrecherische Ungerechtigkeit
dēfendere (aliquid) *(hier)* die Verteidigung (des Roscius) gegen etw. übernehmen
21 **ego sī quid** *lies:* sī ego (ali)quid

→ BD lateinlex.de/d1vb

3 Stellen Sie in eigenen Worten dar, warum Cicero den Prozess übernommen hat.

4 *Iniquitas temporum* (Z. 15) – hinter dem knappen Wort Ciceros verbirgt sich eines der dunkelsten Kapitel der römischen Geschichte. Erläutern Sie, worauf er anspielt.

→ Die Proskriptionen, S. 8

5 Zeigen Sie, dass der Textausschnitt zum *exordium* der Rede gehört.

→ Der Anfang einer Rede

→ Die Gliederung einer Prozessrede, S. 9

a Erläutern Sie anhand von Textbelegen, welche Methoden Cicero hier anwendet, um das Wohlwollen der Richter zu gewinnen.

→ „Captatio benevolentiae"

b Cicero beeindruckt auch durch ein Feuerwerk von Stilmitteln. Weisen Sie dies nach.

6 **EXTRA:** In republikanischer Zeit fanden Gerichtsverhandlungen auf dem Forum vor dem Vestatempel statt. Erläutern Sie anhand Ihres Wissens über das Forum, inwiefern der Ort im BBC-Film (→ S. 9 **4**) unzutreffend dargestellt ist.

7 *Ego si quid liberius dixero ...* (Z. 21 ff.):

a Diese Äußerung Ciceros weist auf eine eingeschränkte Redefreiheit im damaligen Rom hin. Stellen Sie Aspekte zusammen, die den Wert der Redefreiheit illustrieren.

b Eine Allensbach-Umfrage von 2021 ergab, dass über die Hälfte der Bundesbürger den Raum für Meinungsfreiheit in Deutschland schwinden sieht. Diskutieren Sie, ob und ggf. wo Sie gegenwärtig diese Gefahr sehen.

→ GUT ZU WISSEN

„Captatio benevolentiae"

Um die wohlwollende Aufmerksamkeit der Hörer muss ein Redner sich aktiv bemühen – am besten schon am Beginn seines Vortrags. In einem rhetorischen Handbuch zählt Cicero vier Quellen auf, aus denen sich diese gewinnen lässt.

a aus der eigenen Person (indem man ohne Arroganz spricht),
b aus der Person der Gegner (indem man Abneigung oder Missgunst gegen sie erweckt),
c aus der der Zuhörer (indem man zeigt, wie sehr man ihre Autorität schätzt),
d aus der verhandelten Sache selbst.

→ GUT ZU WISSEN

Der Anfang einer Rede

Ein Vortrag ist immer nur so gut wie seine Gliederung ***(dispositio)***. Eine besondere Bedeutung kommt dabei dem Beginn der Rede ***(exordium)*** zu, der drei Aufgaben erfüllen muss: die Zuhörer informieren, ihre Aufmerksamkeit wecken und ihr Wohlwollen gewinnen.

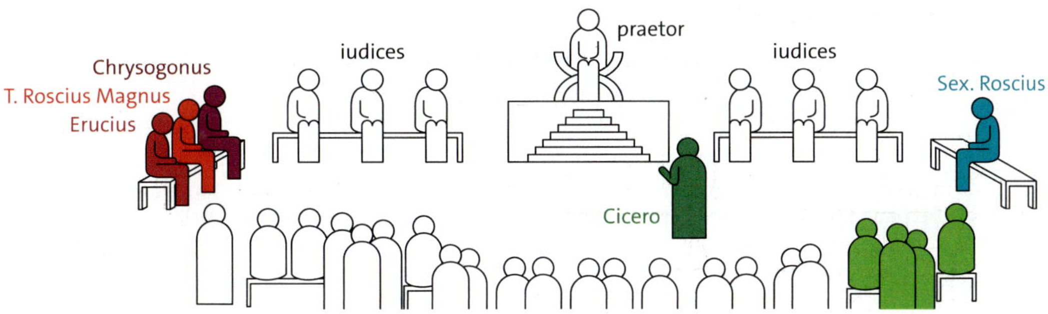

Die Situation am Beginn von Ciceros Rede (auf der Anklägerbank fehlt Capito, da er beim Prozess nicht anwesend war).

→ S. 206 Stilmittel

Ein empörender Justizskandal Rosc. 9; 13

Cicero wirbt weiterhin um das Wohlwollen der Richter. Dann, am Ende des *exordium*, bereitet Cicero seine Strategie für die restliche Rede vor: Er will den Spieß umkehren und aufdecken, dass der Angeklagte Sex. Roscius eigentlich das Opfer und die Ankläger die wahren Schuldigen seien. Dabei ist Cicero klar – so erklärt er offen – dass er aufgrund der Umstände weder wirklich angemessen (***commode***) noch gewichtig (***graviter***) noch frei (***libere***) sprechen kann:

1 Z. 1–6: Stellen Sie Ausdrücke zusammen, mit denen Cicero das Wohlwollen der Richter gewinnen möchte, und ordnen Sie sie in das Schema auf S. 11 ein.

→ *„Captatio benevolentiae"*, S. 11

2 Z. 7–18: Dieser Abschnitt ist strukturiert durch die wiederkehrende Verwendung derselben Fachbegriffe zum Prozesswesen (→ S. 134).

a Arbeiten Sie anhand dieser Begriffe eine erste Gliederung heraus.

b Stellen Sie aus dem Text Ausdrücke zum Sachfeld „Gewalt, Töten" zusammen und arbeiten Sie heraus, welcher der beiden Prozessparteien dieses Tun zugeschrieben wird.

Commoditati ingenium, gravitati aetas, libertati tempora sunt impedimento. Huc accedit summus timor, quem mihi natura pudorque meus attribuit, et vestra dignitas et vis adversariorum et Sex. Rosci pericula. Quapropter vos oro atque obsecro, iudices, ut attente bonaque cum venia verba mea audiatis. [...]

Accusant ei, qui in fortunas huius invaserunt,
causam dicit is, cui praeter calamitatem nihil reliquerunt;
accusant ei, quibus occidi patrem Sex. Rosci bono fuit,
causam dicit is, cui non modo luctum mors patris attulit, verum etiam egestatem;
accusant ei, qui hunc ipsum iugulare summe cupierunt,
causam dicit is, qui etiam ad hoc ipsum iudicium cum praesidio venit, ne hic ibidem ante oculos vestros trucidetur;
denique accusant ei, quos populus poscit,
causam dicit is, qui unus relictus ex illorum nefaria caede restat.

1 **commoditās**, *-ātis f* Angemessenheit *(der Rede)*
2 **impedīmentum** Hindernis
3 **attribuere** *(hier)* verursachen
4 **quāpropter** deshalb
5 **attentē** *(Adv.)* aufmerksam
bonā cum veniā nachsichtig
7 **huius** *(gemeint ist Sex. Roscius)*
11 **egestās**, *-ātis f* Armut
12 **iugulāre** abschlachten
summē *(Adv.) (hier)* in höchstem Maß
12 **hic ipse** eben dieser
14 **hīc ibīdem** *(vgl. hic ipse)* eben hier, an Ort und Stelle
15 **trucīdāre** niedermetzeln
16 **pōscere** *(hier)* vor Gericht stellen wollen *(wegen ihrer vielen sonstigen Verbrechen)*

→ BD lateinlex.de/d1vc

→ S. 134 Spezialwortschatz: Die Sprache des Gerichts

3 Z. 1–6: Fassen Sie die Selbstcharakterisierung Ciceros zusammen und erörtern Sie a) deren Zweck und b) deren Glaubwürdigkeit.

4 Z. 1–6: Arbeiten Sie heraus, was von deutschen Richtern erwartet wird und wie sie auf Ciceros Befürchtungen reagieren müssten:

Amtseid der Richter in Deutschland
„Ich schwöre, das Richteramt getreu dem Grundgesetz für die Bundesrepublik Deutschland und getreu dem Gesetz auszuüben, nach bestem Wissen und Gewissen ohne Ansehen der Person zu urteilen und nur der Wahrheit und Gerechtigkeit zu dienen, so wahr mir Gott helfe."

5 **a** Z. 1f.: Weisen Sie ein Trikolon nach und beschreiben Sie dessen Wirkung.
b Z. 7–18: Beschreiben Sie die Gliederung des Abschnittes und erläutern Sie die Wirkung.
→ Redeschmuck und Stil
c Weisen Sie weitere Stilmittel im lateinischen Text nach.

6 In Z. 9 beruft sich Cicero auf das *cui-bono*-Argument. Erklären Sie, warum dieses vor römischen Gerichten eine viel größere Rolle spielt als heute. Die Abbildung bietet Anregungen für die Antwort. → *„Cui bono?"*

→ MEHR ERFAHREN
Redeschmuck und Stil

Die antike Kultur war überwiegend mündlich geprägt. Dies erklärt, weshalb damalige Redner und Hörer gerade auch auf die klangliche und rhythmische Ausgestaltung eines Vortrags Wert legten. Das enorme Ausmaß der Aufmerksamkeit, die das römische Publikum solchen Dingen widmete, lässt sich jedoch heute kaum noch nachfühlen. Cicero berichtet davon, dass Schauspieler ausgepfiffen und ausgebuht wurden, wenn sie nur ein klein wenig aus dem Verstakt gerieten. Das gesprochene Wort galt sogar als ebenso „zwingend" wie körperlicher Zwang. So erklärt sich auch Ciceros Vorliebe für sogenannte *„lumina orationis"* (rhetorische Glanzlichter).

→ GUT ZU WISSEN
„Cui bono?"

„Wer profitiert davon?" Diese Frage soll L. Cassius (Konsul 127 v. Chr.) bei jedem Prozess gestellt haben. Sie steht für einen Grundsatz der Kriminalistik, der sich so umschreiben lässt: Wer aus dem Verbrechen den größten Nutzen hat, der hat es wahrscheinlich auch begangen. Auf dieser Überlegung fußt Ciceros Argumentation ganz wesentlich, und er zitiert sie mehrfach.

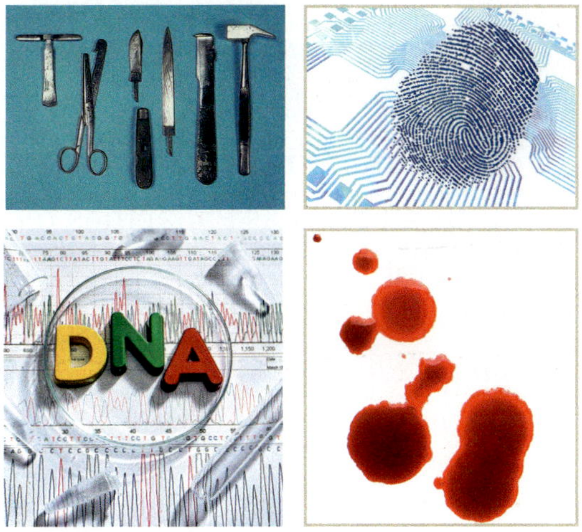

Hilfsmittel moderner Kriminalistik: Instrumente der Pathologie, Analyse von Fingerabdrücken, von DNA und von Blut.

→ S. 206 Stilmittel

Der Ermordete und seine Feinde **Rosc. 17–18**

In der *narratio* stellt Cicero die Vorgeschichte dar: Er schildert die Ankläger, die – wie der Ermordete und sein angeklagter Sohn – ebenfalls zum Clan der Roscier aus Ameria gehören. Auch der Tatort spielt eine wichtige Rolle: Der alte Roscius wurde nämlich in Rom ermordet.

1 Z. 1–6: Stellen Sie Begriffe zusammen, durch die deutlich wird, dass Cicero über zwei Ankläger spricht.

2 Z. 7–20: Stellen Sie ggf. in Gruppen Informationen zusammen, die Cicero zu den folgenden Personen gibt (→ Wer ist wer im Fall Roscius?, S. 9):
T. Roscius Capito (Ankläger 1) –
T. Roscius Magnus (Ankläger 2) –
Sex. Roscius (Angeklagter) –
Sex. Roscius (Mordopfer)

Erant ei veteres inimicitiae cum duobus Rosciis Amerinis, quorum alterum sedere in accusatorum subselliis video, alterum tria huiusce praedia possidere audio; quas inimicitias si tam cavere potuisset, quam metuere solebat, viveret. Neque enim, iudices, iniuriā metuebat. Nam duo isti sunt T. Roscii homines eiusmodi:

Alter plurimarum palmarum vetus ac nobilis gladiator habetur,
hic autem, qui ante hanc pugnam tiro esset,
facile ipsum magistrum scelere audaciaque superavit.

Nam cum hic Sex. Roscius esset Ameriae,
T. autem iste Roscius Romae,
cum hic filius adsiduus in praediis esset
cumque se voluntate patris rei familiari vitaeque rusticae dedisset,
iste autem frequens Romae esset,
occiditur ad balneas Pallacinas rediens a cena Sex. Roscius.

Spero ex hoc ipso non esse obscurum, ad quem suspicio malefici pertineat.

1 **eī** *(gemeint ist der ermordete Sex. Roscius)*
2 **subsellium** Sitzbank
3 **huiusce** ~ huius
7 **palma** Palme *(vgl. Abb.)*
9 **quī … esset** wenngleich er auch … war
tīrō, *-ōnis m* Anfänger *(im Gladiatorengeschäft)*, Rekrut
10 **scelere audāciāque** *übersetze als Hendiadyoin*
17 **balneae**, *-ārum f Pl.* Bad
20 **pertinēre ad** *(hier)* sich richten gegen

→ BD lateinlex.de/d1vd

→ S. 207 Hendiadyoin
→ S. 207 Historisches Präsens

→ MEHR ERFAHREN

Motiv, Mittel, Gelegenheit

Diese drei Begriffe bilden das klassische „Trio" der Beweisführung, das auch in vielen Krimis vorkommt: Hatte der Verdächtige ein **Motiv** (vgl. die Frage *„cui bono?"*), die **Mittel** (u. a. die Tatwaffe) und die **Gelegenheit** (u. a., weil er zur Tatzeit am **Tatort** war)? Fehlt eines der drei, z. B. weil der Verdächtige ein **Alibi** hat, sollte der Ermittler sich nach einem neuen Täter umsehen.

Wettkampfsieger mit Siegeszeichen. Mosaik aus Nordafrika (3. Jh. n. Chr.)

3 Cicero stand hier vor der Aufgabe, viele unterschiedliche Personen zu nennen, ohne Verwirrung zu stiften. Erläutern Sie, inwiefern gerade der mündliche Vortrag (vgl. S. 6, *pronuntiatio*) dabei hilfreich sein konnte.

4 Z. 7: Cicero nennt Capito, den älteren der beiden Ankläger, einen *gladiator multarum palmarum*.

a Erläutern Sie dieses Sprachbild mithilfe der Abbildung oben und entwickeln Sie eine treffende Übersetzung dafür.

b Indem Cicero die Ankläger Capito und Magnus als Gladiatoren bezeichnet, will er sie verächtlich machen. Erläutern Sie dies anhand Ihres Wissens über Gladiatoren.

5 **a** Arbeiten Sie anhand der Karte heraus, inwiefern die Angabe des Tatorts (Z. 17) für Ciceros Beweisführung wichtig ist.

b Recherchieren Sie den Weg des Vaters Roscius genauer und geben Sie an, auf welcher Straße er Rom verlassen wollte.

→ Motiv, Mittel, Gelegenheit

6 Erstellen Sie eine Übersicht der Prozessbeteiligten mit ihren Eigenschaften und erweitern Sie sie im Lauf der Lektüre.

Der Beginn der Verteidigung

Drei Übel gegen einen Unschuldigen Rosc. 35
Nach der Schilderung des Sachverhalts stellt Cicero nun die Gliederung *(partitio)* seiner Argumentation vor.

1 Die Ankläger Erucius, die Roscii und Chrysogonus spielen im Prozess jeweils eine bestimmte Rolle (→ Wer ist wer im Fall Roscius?, S. 9). Erschließen Sie diese drei Rollen.

Tres sunt res, quantum ego existimare possum, quae obstent hoc tempore Sex. Roscio, crimen adversariorum et audacia et potentia. Criminis confictionem accusator Erucius suscepit, audaciae partes Roscii sibi poposcerunt, Chrysogonus autem, is qui plurimum potest, potentia pugnat. De hisce omnibus rebus me dicere oportere intellego. [...]

1 **quantum** *(hier)* soweit
2 **obstāre** im Weg stehen
3 **cōnfictiō**, *-ōnis f* (phantasievolle) Erfindung
4 **partēs sibi pōscere** eine Rolle für sich beanspruchen
6 **hīsce** ~ hīs

***Confictio* (I) – Kann ein Ankläger so dumm sein? Rosc. 58**
Im ersten Teil der *refutatio* zerpflückt Cicero die Beweisführung des Anklägers Erucius:

2 Z. 8–19: Cicero bringt Einwände vor und legt Erucius mögliche Reaktionen in den Mund. Bringen Sie mithilfe des lat. Textes Einwände und Reaktionen (Paraphrase s. S. 17) in die richtige Reihenfolge.
EXTRA: Übersetzen Sie den Text in Gruppen.

Quid mihi ad defendendum dedisti, bone accusator?
quid hisce autem ad suspicandum?
„Ne exheredaretur, veritus est.“
Audio – sed qua de causa vereri debuerit, nemo dicit.
„Habebat pater in animo.“
Planum fac! Nihil est! Non quicum deliberaverit, quem certiorem fecerit, unde istud vobis suspicari in mentem venerit.
Cum hoc modo accusas, Eruci, nonne hoc palam dicis:
„Ego, quid acceperim, scio; quid dicam, nescio; unum illud spectavi, quod Chrysogonus aiebat, neminem isti patronum futurum ...“?

Haec te opinio falsa in istam fraudem impulit; non mehercules verbum fecisses, si tibi quemquam responsurum putasses.

10 **exhērēdāre** enterben
13 **plānus** klar
nōn quīcum ~ nōn dīcis, cum quō ...
18 **spectāre** *(m. Akk.) (hier)* sich verlassen auf
20 **fraus**, *fraudis f* Heimtücke
21 **meherculēs** beim Herkules!

→ BD lateinlex.de/d1ve

→ S. 207 Hendiadyoin
→ S. 207 Historisches Präsens

Cicero:	Erucius:
(?) „Dann beweise es! Es gibt aber keine Beweise, keine Mitwisser oder sonstige Quelle dafür! Mit all dem sagst du doch nur eins:"	(?) „Roscius' Vater hatte vor, ihn zu enterben."
(?) „Wodurch hat sich Sex. Roscius verdächtig gemacht? Welches Motiv soll er gehabt haben?"	(?) „Ich habe die Anklage für Geld übernommen und weil man mir sagte, dass es keinen Verteidiger geben wird."
(?) „Gibt es Beweise dafür? Warum musste er das denn befürchten? Das erklärt uns niemand."	(?) „Der junge Roscius hatte Angst davor, enterbt zu werden."

→ MEHR ERFAHREN

Die Gerichtsrede als Unterhaltung

Zur **öffentlichen Kommunikation** in Rom gehörte immer beides: **Politik** und **Unterhaltung**. So war das **Theater** immer auch eine Art **Volksversammlung** und konnte jederzeit für politische Demonstrationen ‚zweckentfremdet' werden. Umgekehrt war jede **Gerichtsrede** auch ‚Theater'. Durch **lebendige, dramatische Darstellung unterhielt** der Redner seine Zuhörer – und sorgte nebenbei dafür, dass sie sich **Handlung** und **Personen** gut **merken** konnten. Gerade **Cicero** war berühmt für seinen **Witz** und sein geradezu **komödiantisches Talent**. Die **Komödie** zeichnet gerne „**Typen**", denen auch die **Masken** der Schauspieler entsprechen. Diese Typen bieten Cicero Anknüpfungspunkte für die Charakterisierung der Personen in seinen Reden.

3 Weisen Sie nach, dass der erste Abschnitt des Textes der *partitio*, der zweite der *refutatio* angehört. ···→ Die Gliederung, S. 9

4 Z. 1–7: Arbeiten Sie heraus, welche Stilmittel Cicero in der *partitio* verwendet und welche Wirkung er damit erzielt.

5 Z. 8–22:

a Arbeiten Sie heraus, wie Cicero durch Gedankenführung und Stilmittel den Ankläger Erucius demontiert.

b Erläutern Sie, warum Erucius sich bei seiner Rede so wenig Mühe gegeben hat.

6 Erweitern Sie Ihre Übersicht über die Prozessbeteiligten (→ S. 15 **6**).

7 „Theatralische" Rhetorik. → Die Gerichtsrede als Unterhaltung

a Z. 1–7: Weisen Sie nach, dass Cicero den Fall wie ein Theaterstück betrachtet.

b Ein wesentliches Gestaltungsmerkmal der Komödie ist Übertreibung oder Überzeichnung. Erläutern Sie dies anhand der Masken.

c Z. 8–22: Untersuchen Sie, an welchen Stellen es sich für Cicero anbietet, komödiantische Effekte einzusetzen.

d **EXTRA:** Tragen Sie den Abschnitt entsprechend vor.

Masken unterschiedlicher Typen in der Komödie. Süditalien (Magna Graecia), 5.–2. Jh. v. Chr.

8 Erörtern Sie, wie ein heutiges deutsches Publikum auf eine ähnliche Inszenierung reagieren würde.

→ S. 206 Stilmittel

Confictio (II) – Eine Stadt voller Mörder Rosc. 80–81

Der Angeklagte hatte ein Alibi (→ S. 14). Deshalb behauptet der Ankläger Erucius, es sei ein Auftragsmord gewesen: Dies sei zur Zeit der Proskriptionen (→ S. 8) **keine Schwierigkeit** gewesen, da **Mord an der Tagesordnung** und Rom damals **voll von Auftragskillern** gewesen sei. Dieses Argument zitiert Cicero – und wendet es gegen die Ankläger:

1. Z. 1–3: Geben Sie zu den im deutschen Text links **hervorgehobenen** Ausdrücken die lateinischen Entsprechungen an.
2. Z. 9–16: Stellen Sie Begriffe zusammen, die zum Sachfeld *„sicarius"* passen.
3. Z. 17–19: Analysieren Sie die Struktur des Satzes nach einer Ihnen geläufigen Methode.

„Eius modi tempus erat," inquit, „ut homines volgo impune occiderentur; quare hoc tu propter multitudinem sicariorum nullo negotio facere potuisti." Interdum mihi videris, Eruci, una mercede duas res adsequi velle: nos iudicio pervertere, accusare autem eos ipsos, a quibus mercedem accepisti. Quid ais? Volgo occidebantur? Per quos et a quibus? Nonne cogitas te a sectoribus huc adductum esse? Quid postea? Nescimus per ista tempora eosdem fere sectores fuisse collorum et bonorum?

Ei denique,
    qui tum armati dies noctesque concursabant,
    qui Romae erant adsidui,
    qui omni tempore in praeda et in sanguine versabantur,
Sex. Roscio temporis illius acerbitatem iniquitatemque obicient
et illam sicariorum multitudinem,
    in qua ipsi duces ac principes erant,
huic crimini putabunt fore?

Qui non modo Romae non fuit, sed omnino, quid Romae ageretur, nescivit, propterea quod ruri adsiduus – quem ad modum tute confiteris – fuit.

1 **inquit** *(Subjekt ist Erucius)*
impūne *(Adv.)* straflos
2 **hoc** *(gemeint ist der Auftragsmord)*
tū *(gemeint ist Sex. Roscius)*
4 **nōs** *(gemeint sind Sex. Roscius und sein Verteidiger Cicero)*
pervertere zugrunde richten
7 **sector**, -ōris *m* „Abschneider"
→ *„sector"*, S. 19 *(gemeint sind hier die Roscii und Chrysogonus)*
nescīmus *(hier)* als ob wir nicht wüssten
8 **ferē** *(hier)* in der Regel
10 **concursāre** umherlaufen
18 **tūte** du selbst (*verstärktes* tū; *gemeint ist Erucius*)

→ BD lateinlex.de/d1vf

→ MEHR ERFAHREN

Das rhetorische Dreieck

Ethos (*griech.* „Charakter"), **Pathos** (*griech.* „Leidenschaft"), **Logos** (*griech.* „Wort, Sinn, Vernunft") – das sind die drei Elemente des sogenannten rhetorischen Dreiecks. „Dreieck" bedeutet, dass immer alle drei Elemente in einer Rede oder Kommunikationssituation vorhanden sind, wenn auch nicht immer in gleicher Stärke. Die Idee des Dreiecks stammt in dieser Form aus der modernen Rhetorik, doch die drei Elemente sind ebenso Bestandteil jeder Cicero-Rede.

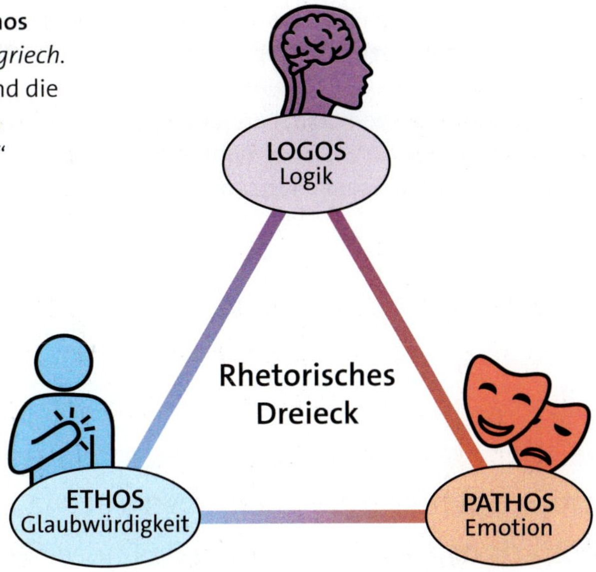

→ GUT ZU WISSEN

***„sector"* – der Hals- und Hausabschneider**

Schwer oder gar nicht zu übersetzen sind Wortspiele, bei denen die Pointe darauf beruht, dass geistreich mit der Mehrdeutigkeit, der Grundbedeutung oder dem Klang eines Wortes gespielt wird. So ist *sector* (Z. 7 und 8) abgeleitet von *secare* („schneiden") und kann jeden bezeichnen, der etwas abschneidet oder mäht, z. B. Gras oder eben Köpfe. Zur Zeit der Proskriptionen verwendete man es für die skrupellosen Aufkäufer des Eigentums von Proskribierten (→ S. 8).

4 Gliedern Sie den Text und fassen Sie die Argumente zusammen.

5 Erweitern Sie Ihre Charakteristik der Prozessbeteiligten (→ S. 15 **6**).

6 Z. 8, *sectores collorum et bonorum*: Erläutern Sie den Zweck dieses Wortspiels. → *„sector"*

7 **a** Untersuchen Sie mithilfe der Grafik den Text daraufhin, welches der drei Elemente hier vorherrscht. → Das rhetorische Dreieck

b Weisen Sie nach, dass auch die übrigen zwei Elemente vorhanden sind.

c **EXTRA:** Tragen Sie eine geeignete Passage aus dem Text entsprechend vor.

d Stellen Sie sich vor, Sie wollten vor der Lehrerkonferenz ein Schulprojekt durchsetzen. Erläutern Sie, wie die die Elemente des Dreiecks dabei zum Einsatz kämen.

8 Z. 1–3: *Eius modi tempus erat* ... Selten wurden Katastrophenzeiten so lakonisch beschrieben, wie es hier gleichsam achselzuckend der Ankläger Erucius tut. Tragen Sie weitere Beispiele aus der Geschichte zusammen, auf die dieser Satz zuträfe.

Audacia – Die wahren Täter Rosc. 87 f.

Im zweiten Teil der *refutatio* kehrt Cicero, wie angekündigt, den Spieß um und geht vollends von der Verteidigung zur Gegenanklage über: Er beschuldigt nun Titus Roscius Capito und Titus Roscius Magnus als die wirklichen Mörder (→ Wer ist wer im Fall Roscius?, S. 9). Zuerst nimmt er sich den beim Prozess anwesenden Magnus vor.

1 Woran erkennt man den wahren Täter? Erschließen Sie Ciceros Gedankenführung mithilfe der farbigen Hervorhebungen.

Inimicitias tibi fuisse cum Sex. Roscio et magnas
rei familiaris controversias concedas necesse est.
Restat, iudices,
ut hoc dubitemus,
uter potius Sex. Roscium occiderit:
is, ad quem morte eius divitiae venerint,
an is, ad quem mendicitas,
is, qui antea tenuis fuerit,
an is, qui postea factus sit egentissimus,
is, qui ardens avaritia feratur infestus in suos,
an is, qui semper ita vixerit,
ut quaestum nosset nullum,
fructum autem eum solum,
quem labore peperisset,
is, qui omnium sectorum audacissimus sit,
an is, qui propter fori iudiciorumque insolentiam
non modo subsellia, verum etiam urbem ipsam
reformidet;
postremo, iudices,
– id, quod ad rem mea sententia maxime pertinet –,
utrum inimicus potius an filius.

4 **dubitāre** *(hier)* darüber nachdenken
7 **mendīcitās**, *-ātis f* Bettelarmut
9 **egēns**, *-entis* bedürftig
10 **ferrī in** *(m. Akk.) (hier)* losgehen auf
12 **quaestus**, *-ūs m (hier)* Gewinnsucht
15 **sector**, *-ōris m* „Abschneider“ → *„sector“*, S. 19
16 **īnsolentia** *(m. Gen.)* mangelnde Vertrautheit mit
17 **subsellium** Sitzbank; *(Pl. auch)* Gericht
18 **reformīdāre** *(m. Akk.)* zurückschrecken vor
20 **id** *ergänze* dubitēmus
21 **fīlius** *ergänze* Sex. Roscium occīderit

→ BD lateinlex.de/d1vg

Cincinnatus verlässt den Pflug. Gemälde von Juan Ribera Antonio (Madrid, um 1806)

2 Untersuchen Sie den Text auf rhetorische Stilmittel und erläutern Sie deren Funktion.

3 Fassen Sie zusammen, was in Ciceros Augen für Magnus statt Sex. Roscius als Täter spricht.
→ *„Cui bono?“*, S. 13

4 **a** Recherchieren Sie die Geschichte des Cincinnatus und zeigen Sie, dass er ein Beispiel römischer Werte ist.
b Beschreiben Sie dann das Gemälde von 1806 und erörtern Sie, inwieweit Antonio dieselben Werte zum Ausdruck bringen will.
c Weisen Sie nach, wie Cicero in diesem Abschnitt diese Werte abruft und damit „typisch römische“ Gefühle anspricht.

5 **a** Als Meister der Beredsamkeit hält Cicero sich nie sklavisch an Handbuch-Vorschriften. Dennoch lässt sich seine Strategie im Roscius-Fall einem „Status“ zuordnen. Wählen Sie diesen aus und begründen Sie.
→ Rhetorik als Kunst
b Nicht nur vor Gericht, auch im Alltag ist die Status-Lehre anwendbar. Formulieren Sie für jeden der vier *Statūs* ein Argument, mit dem Sie Ihren Eltern gegenüber rechtfertigen, dass Sie Ihre Hausaufgaben nicht erledigt haben.

→ **MEHR ERFAHREN**

Rhetorik als Kunst – Argumente für alle Gelegenheiten

Die Kunst der Rhetorik stand in der Antike in hohem Ansehen. Dementsprechend ausgefeilt war die Theorie dazu, die in einer Vielzahl von Hand- und Übungsbüchern publiziert wurde – auch Cicero hat solche Bücher verfasst. Ein besonders nützliches Werkzeug – nicht nur vor einem antiken Gericht – bietet etwa die sogenannte ***Status*-Lehre**. Ihr zufolge gibt es vier Grundstrategien der Verteidigung gegen Vorwürfe aller Art:

I ***status coniecturalis:*** Es wird bestritten, dass der Angeklagte die Tat begangen hat.

II ***status definitivus:*** Der Angeklagte hat die Tat begangen, aber nicht so, wie die Anklage behauptet (z. B. fahrlässige Tötung, nicht Mord).

III ***status qualitatis:*** Der Angeklagte hat die Tat begangen, aber sie sei kein Verbrechen, sondern geradezu moralisch geboten gewesen (z. B. Tötung in Nothilfe, um jmd. zu retten).

IV ***status translationis:*** Es wird bestritten, dass das Gericht zuständig ist.

→ S. 206 Stilmittel

Potentia (I) – Sulla und Jupiter Rosc. 130–131

Im dritten Teil greift Cicero die „Macht“ im Hintergrund an: Chrysogonus, einen Handlanger Sullas. Das ist riskant, denn dies kann leicht als Kritik an Sulla selbst aufgefasst werden. Cicero legt daher Wert darauf, Sulla sorgfältig von seinem Gefolgsmann Chrysogonus zu trennen: Sulla, meint er, konnte sich schließlich nicht um alles kümmern, was seine Untergebenen taten.

→ Chrysogonus, S. 25

1 Z. 6–23:

a Jupiter und Sulla: Alle erschließen die **Grundstruktur** des Gedankengangs.

b Wer früher fertig ist, erschließt den Machtbereich von Jupiter bzw. Sulla.

c Wer damit fertig ist, erschließt, wie sich das Verhalten Jupiters entschuldigen lässt.

2 **EXTRA:** Wer es sich zutraut, übersetzt die gesamte Passage.

Nemo est enim, qui nesciat propter magnitudinem rerum multa multos partim improbante, partim imprudente L. Sulla commisisse. Placet igitur in his rebus aliquid imprudentia praeteriri? Non placet, iudices, sed necesse est.

Etenim
si Iuppiter optimus maximus,
cuius nutu et arbitrio caelum,
terra mariaque reguntur,
saepe ventis vehementioribus **aut** immoderatis **tempestatibus aut** nimio **calore aut** intolerabili **frigore hominibus nocuit, urbes delevit, fruges perdidit,**
quorum nihil perniciei causa divino consilio,
sed vi ipsa et magnitudine rerum factum esse putamus,
quid miramur, iudices, **L. Sullam,**
cum solus rem publicam regeret
orbemque terrarum gubernaret
imperiique maiestatem,
quam armis receperat,
iam legibus confirmaret,
aliqua animadvertere non potuisse?

2 **partim ... partim** teils ... teils
3 **imprūdēns**, *-entis* unwissend
placet *(hier)* es ist in Ordnung
4 **imprūdentia** Absichtslosigkeit, Unkenntnis
6 **etenim** = enim
8 **cuius nūtū et arbitriō** durch dessen Wink und Willen
10 **immoderātus** maßlos
11 **calor**, *-ōris m* Hitze
23 **aliqua** *(n Pl.)* manches *(gemeint: z. B. Machtmissbrauch seitens Untergebener)*

→ BD lateinlex.de/d1vh

→ S. 196 Kursorisch lesen
→ S. 218 Wörterbuchgebrauch

3 a Tragen Sie Ihre Ergebnisse aus 1 im Plenum zusammen und erläutern Sie, wie Sulla durch den Vergleich mit Jupiter von seiner Verantwortung freigesprochen werden soll.

→ Die Proskriptionen, S. 8

b Diskutieren Sie, ob Cicero hier wohl ironisch oder gar sarkastisch spricht.

4 Ciceros Darstellung Jupiters impliziert auch eine bestimmte Theodizee-Vorstellung.

a Arbeiten Sie heraus, worin diese besteht, auch anhand der Abbildung.

→ Theodizee – die Rechtfertigung Gottes

b Auch für die Verteidigung Gottes kann man die Status-Lehre anwenden. Formulieren Sie entsprechende Argumente.

→ Rhetorik als Kunst, S. 21

5 Immer wieder werden Wirtschaftsbosse oder Politiker wegen Vergehen in ihrem Verantwortungsbereich, über die sie aber angeblich nicht informiert waren, vor Gericht gestellt. Erläutern Sie dies anhand eines aktuellen Beispiels.

→ **MEHR ERFAHREN**

Theodizee – die Rechtfertigung Gottes

Der Begriff **Theodizee** (Rechtfertigung Gottes, von griech. *theós* „Gott" und *dike* „Gerechtigkeit") bezeichnet folgendes **theologische** Problem: Wenn Gott sowohl **allmächtig** als auch **allgütig** ist, wie erklärt sich dann die unbestreitbare Existenz zahlreicher **Übel** in der Welt?

Jupiter mit Attributen (Statue: 1. Jh.; Siegesgöttin, Adler und Szepter: 19. Jh.)

Potentia (II) – Der Ex-Sklave und die Adeligen Rosc. 141–142

Mit Bedacht hat Cicero „nur“ Chrysogonus (→ Chrysogonus, S. 25) angegriffen und nicht Sulla. Doch Sullas Sieg war auch der Sieg einer Gruppe: der *nobiles*. Sie haben nicht nur grundsätzlich die Macht wiedererlangt, sie stellen auch konkret die Richter.

→ Sulla und Marius, S. 8

Umso mehr kommt es Cicero nun darauf an, nach Sulla nun auch die Sache der Adeligen von Chrysogonus zu trennen.

1 Z. 1–13: Weisen Sie hier die Elemente folgenden Gedankenganges nach:
(A) Ausgangsfrage, die mit Ja oder Nein beantwortet werden kann.
(B1) Falls Antwort „Ja“, folgt X.
(B2) Falls Antwort „Nein“, folgt Y.

Idcircone experrecta nobilitas armis atque ferro rem publicam
recuperavit, ut ad libidinem suam liberti servolique nobilium
bona, fortunas vitasque nostras vexare possent?
    Si id actum est,
fateor me errasse,
    qui hoc maluerim,
fateor (me) insanisse,
    qui cum illis senserim;
        tametsi inermis, iudices, sensi.
    Sin autem victoria nobilium ornamento atque
    emolumento rei publicae populoque Romano debet esse,
tum vero optimo et nobilissimo cuique meam orationem
gratissimam esse oportet.
    Quodsi quis est,
        qui et se et causam laedi putet,
            cum Chrysogonus vituperetur,
is causam ignorat, se ipsum probe novit.
Causa enim splendidior fiet, si nequissimo cuique resistetur.

1 **experrēctus** aus der Untätigkeit erwacht
2 **recuperāre** wiedererlangen
servolus (*Diminutiv zu* servus)
4 **id āctum est** *(hier)* das war das Ziel
6 **mālle** *(hier)* befürworten
7 **īnsānīre** verrückt sein
9 **sēnsī** *ergänze* cum illīs *(wie Z. 8; Cicero hatte sich nicht an den Kämpfen beteiligt)*
11 **ēmōlumentum** Vorteil
15 **causa** *ergänze* nōbilium *(auch im Folgenden)*
16 **vituperāre** tadeln
17 **probē** *(hier)* nur allzu gut
18 **nēquissimus** Nichtsnutz

→ BD lateinlex.de/d1vk

→ MEHR ERFAHREN

Freigelassene in Rom

Die Freilassung *(manumissio)* von Sklaven war in Rom nicht ungewöhnlich. Die Freigelassenen erhielten ein (eingeschränktes) Bürgerrecht und blieben zugleich der *familia* ihres *patronus* zugehörig. Letzteres zeigt sich auch darin, dass sie dessen Vor- und Gentilnamen annahmen und ihren Sklavennamen als *cognomen* behielten (z. B. Lucius Cornelius Chrysogonus). Dass ein Sklave aber zu einer solchen Machtstellung gelangte wie Chrysogonus, war in republikanischer Zeit eine Ausnahme, da der Weg zur Macht damals nur über den *cursus honorum* führte. In der Kaiserzeit änderte sich das: Wie der Diktator Sulla, so machten auch die Kaiser gerne ergebene Freigelassene zu Ministern. Diese hatten mehr Macht als so mancher Adelige. Plinius (→ S. 28) rühmt sogar ihre Leistungen für die Gesellschaft.

→ GUT ZU WISSEN

Chrysogonus

L. Cornelius Chrysogonus (griech. „der Goldgeborene") war ein Freigelassener des Diktators L. Cornelius Sulla und einer seiner engsten Mitarbeiter. In Sullas Diensten gelangte er zu erheblichem Einfluss und Reichtum – vor allem dank der Proskriptionen, von denen er hemmungslos profitierte. Er war der Käufer (→ *„sector"*, S. 19), der die Güter des ermordeten Roscius für 2000 Sesterzen erwarb (wert waren sie 6 Millionen) und die Mordanklage gegen Roscius' Sohn in Szene setzte (··→ Der Mordfall Roscius, S. 9). Natürlich ließ er auch seine Handlanger Capito, Magnus und Erucius am Gewinn teilhaben.

Freilassung eines Sklaven (ca. 2. Jh. n. Chr.)

2 Weisen Sie in Z. 1 ein Hendiadyoin nach und erklären Sie dessen Wirkung.

3 Zeigen Sie, dass Cicero auch Standesvorurteile nutzt, um Stimmung gegen Chrysogonus zu machen; beziehen Sie auch die Abbildung ein.
→ Freigelassene in Rom

4 Cicero definiert hier eine „richtige" und eine „falsche" Seite und vermittelt das Gefühl, dass man unbedingt zur „richtigen" gehören sollte.
a Arbeiten Sie heraus, auf welche Weise er das in der Tabelle dargestellte Ergebnis erzielt.
b **EXTRA:** In der Soziologie spricht man von Eigen- und Fremdgruppen („In-" und „Out-Group"). Recherchieren Sie danach und nennen Sie aktuelle Beispiele für die Erzeugung solcher Gruppen.

Wer ist „Wir" im Fall Roscius?

DIE „GUTEN":	DIE AUSGESCHLOSSENEN:
Vor Ciceros Rede	
• *nobiles*/Optimaten • Sulla • Chrysogonus • Ankläger	Sex. Roscius Cicero
Ergebnis von Ciceros Rede	
• wahre *nobiles*/ Optimaten • Sulla • Sex. Roscius • Cicero	• Chrysogonus • vereinzelte Chrysogonus-Anhänger unter den *nobiles* • Ankläger

→ S. 207 Hendiadyoin (zu Aufgabe 2)
→ S. 222 Projekt: Reden des 20. und 21. Jh.s

Schlussplädoyer: Was auf dem Spiel steht Rosc. 154

In einem bewegenden Schlussplädoyer *(peroratio)* fordert Cicero die Richter auf, im Einklang mit ihrer Verantwortung die Wunden des Bürgerkriegs zu heilen, indem sie für Recht und Ordnung einstehen.

1 Z. 1–6: Analysieren Sie die beiden Sätze nach einer Ihnen geläufigen Methode.

2 *Domestica crudelitas* (Z. 6) – erläutern Sie, worauf Cicero hier und im Folgenden anspielt.
→ Die Proskriptionen, S. 8

Homines sapientes et ista auctoritate et potestate praeditos, qua vos estis, ex quibus rebus maxime res publica laborat, eis maxime mederi convenit. Vestrum nemo est, quin intellegat populum Romanum, qui quondam in hostes lenissimus existimabatur, hoc tempore domestica crudelitate laborare. Hanc tollite ex civitate, iudices, hanc pati nolite diutius in hac re publica versari; quae non modo id habet in se mali, quod tot cives atrocissime sustulit, verum etiam hominibus lenissimis ademit misericordiam consuetudine incommodorum. Nam cum omnibus horis aliquid atrociter fieri videmus aut audimus, etiam qui natura mitissimi sumus, adsiduitate molestiarum sensum omnem humanitatis ex animis amittimus.

3 **medērī** *(m. Dat.)* heilen, Abhilfe schaffen
vestrūm *(Gen. Pl.)* unter euch
4 **quīn** = quī nōn
7 **hanc … diūtius** *Ordne:* nōlīte patī hanc diūtius …
8 **malī** *(Gen. des geteilten Ganzen, hängt von id ab)*
9 **quod** *(hier)* dass
10 **adimere** *(Perf. adēmī)* (weg-)nehmen
13 **etiam quī** *(hier)* selbst wenn
mītis, *-e* mild, sanft
13/14 **adsiduitās** *(-ātis f)* **molestiārum** langdauernde Belastung

3 Überprüfen Sie, inwieweit dieser Abschnitt typisch für eine *peroratio* ist:
a im Hinblick auf die Stilmittel,
b im Hinblick auf das Erregen von Mitleid. Erklären Sie, inwiefern Cicero vom Schema abweicht. → Das Schlussplädoyer
c Erläutern Sie, warum er das tut.

→ BD lateinlex.de/d1vm

→ S. 203 Interpretationsaufgabe
→ S. 206 Stilmittel

Cicero und der Kampf um die Republik

W. Schuller schreibt in seiner Cicero-Biografie (2014):

Cicero kämpfte für eine Republik, in der Freiheit der Rede und des Urteils herrschte. Er sah sie […] in der ausgewogenen Verfassung der römischen Republik und in ihrer Geschichte verwirklicht. Den Verfälschungen der Gegenwart galt sein Kampf, sowohl gegenüber den Popularen, die in seinen Augen die Ausgewogenheit beseitigen wollten, als auch gegen den Hochmut selbstgefälliger Aristokraten, sowie schließlich dem Übergewicht der militärischen Gewalt. ***Cedant arma togae!***, „die Waffen [= militärischer Ruhm] mögen der Toga [= zivile Macht der Redekunst] weichen", diese unter taktischen Gesichtspunkten zu Recht vielgeschmähte Devise stellte aber eine richtige Forderung auf.

→ MEHR ERFAHREN

Das Schlussplädoyer *(peroratio)*

Das Schlussplädoyer *(peroratio)* einer Verteidigungsrede soll den Hörern nochmals die Hauptpunkte ins Gedächtnis rufen *(enumeratio)* und ihr Mitgefühl wecken *(commiseratio)*. Üblicherweise griff der Verteidiger nun tief in die rhetorische Trickkiste, um die Richter zu Tränen zu rühren. Als geeignete Stilmittel für die *peroratio* nennt Cicero in einem Rhetorikhandbuch u. a.: Volltönende Wörter, Synonymhäufung, Hyperbel, Metapher, Asyndeton, Anapher, Klimax. Dazu passend, präsentierte sich auch der Angeklagte möglichst mitleiderregend.

Allegorie der Justitia mit Augenbinde, Waage und Schwert. Neuzeitliche Statue am Alten Rathaus in Breda (Niederlande)

4 **a** Stellen Sie aus dem Text römische Werte zusammen, die laut Cicero gefährdet sind, und erläutern Sie deren Bedeutung für die römische Gesellschaft.

b In Z. 8–15 beschreibt Cicero das Phänomen der Abstumpfung durch den Anblick von Gewalt und Tod. Beurteilen Sie, ob er recht hat, und nennen Sie ein aktuelles Beispiel.

5 Cicero erwirkte mit seiner Rede den Freispruch des Roscius. Rückblickend schreibt er (Cic. Brut. 312): „Meine erste öffentliche Verteidigungsrede, die für Sextus Roscius, schlug so ein, dass künftig kein Fall mehr zu groß schien, um ihn mir zu übertragen."

a Erläutern Sie mithilfe Ihrer Kenntnisse der Roscius-Rede und deren politischer Hintergründe, warum dieser Freispruch eine so große Wirkung hatte.

b Erläutern Sie, auch anhand der Würdigung von W. Schuller, inwiefern sich Ciceros künftige Haltung als Staatsmann bereits in der Roscius-Rede abzeichnet.

6 Vergleichen Sie Ciceros Schlussplädoyer in *Murder of Rome* (42:07–43:14) (→ S. 9 **4**) mit dem Original und bewerten Sie die Abweichungen.

7 **a** Beschreiben Sie die Figur und erläutern Sie, welches Ideal von Gerechtigkeit sie darstellt.

b Diskutieren Sie, inwiefern Rhetorik mit diesem Ideal vereinbar ist.

→ S. 206 Stilmittel
→ S. 222 Projekt: Reden des 20. und 21. Jh.s
→ S. 238 Übersicht zur römischen Republik

PLINIUS: EPISTULAE

Plinius' Leben

Plinius, mit vollem Namen Gaius Plinius Caecilius Secundus, wurde um das Jahr 61 n. Chr. in Novum Comum (heute Como an der italienisch-schweizerischen Grenze) geboren. Seine Familie gehörte dem Ritterstand an und besaß große Landgüter und Villen rund um den Comer See.

Nach dem frühen Tod des Vaters wurde Plinius von seiner Mutter erzogen und von seinem Onkel adoptiert. Dieser Onkel, Plinius der Ältere, hatte eine militärische Laufbahn eingeschlagen und war zur damaligen Zeit ein berühmter Universalgelehrter, dessen vielbändige „Naturkunde" *(naturalis historia)* bis heute erhalten ist.

Plinius der Jüngere verließ früh die Heimat und ging nach Rom, um dort eine erstklassige Ausbildung als **Anwalt** zu erhalten – bei dem berühmten Rhetoriklehrer **Quintilian** – und den ***cursus honorum*** einzuschlagen. Dies gelang ihm so erfolgreich, dass er es als erster aus seiner Familie zum Konsul brachte (100 n. Chr.). Einige Jahre später schickte Kaiser Trajan ihn als Statthalter in die Provinz Bithynien (heute Nordwesten der Türkei). Die Briefe, die er dort schrieb, sind die letzten Nachrichten, die uns von ihm bekannt sind; er starb wohl um das Jahr 113 .

Plinius als Schriftsteller

Plinius sah sich in der Nachfolge **Ciceros**; er verstand sich wie dieser wohl primär als **Redner**. Die Reden sind jedoch (bis auf eine Lobrede für Kaiser Trajan) verloren. Erhalten ist Plinius' **Briefsammlung** in 10 Büchern (ca. 400 Seiten in einer heutigen Ausgabe), die den Zeitraum von 98 n. Chr. bis zu seinem Lebensende umfasst. In Buch 1–9 erzählt Plinius von sich und seinen Freunden, wobei **Politik** und **Gesellschaft** ebenso wie Fragen des **Alltags** und **Lebensstils** zur Sprache kommen. Buch 10 enthält Plinius' Briefwechsel mit Trajan während seines Prokonsulats in Bithynien.

→ MEHR ERFAHREN
Plinius' Zeit

Zu Plinius' Zeit lag die Endphase der römischen Republik mit ihren Bürgerkriegen schon lange zurück. Kaiser Augustus hatte mit dem **Prinzipat** die Form eine Alleinherrschaft etabliert, die sich lange Zeit durch große Stabilität auszeichnete. Zu Anfang seiner Laufbahn erlebte Plinius die Kaiser **Titus** und **Domitian**; der Dichter **Martial** und der Historiker **Tacitus** zählten zu seinen Freunden. Das bis heute bekannteste Ereignis in seiner Lebenszeit war der **Vesuvausbruch** 79 n. Chr. Die Hochphase seiner Karriere fiel in die Zeit Kaiser **Trajans**, eines weithin geachteten Kaisers, unter dem das Imperium Romanum flächenmäßig seine größte Ausdehnung erfuhr.

Plinius d. J. und seine Mutter.
Gemälde von Angelika Kauffmann (1785)

→ GUT ZU WISSEN
Briefformeln

Wie heute, so gab es in der Antike Konventionen in Briefen: Ein Brief von Claudia an Marcus konnte z. B. so beginnen: CLAUDIA MARCO SUO S. Die Abkürzung S steht für *salutem dicit*, also „sagt Claudia ihrem (Freund) Marcus einen Gruß“. S.P.D. steht für *salutem plurimam dicit*. Am Ende des Briefes konnten konnten Reihen von Abkürzungen stehen oder einfach *„Vale!“*.

·→ MEHR ERFAHREN
Echte Briefe oder Kunstbriefe?

In der Antike sah man den Brief als **„halben Dialog“**, der sich auch durch **Kürze** auszeichnen sollte. Es ist aber umstritten, inwieweit die des Plinius **echte Briefe** sind, die er tatsächlich so versandt hat, oder **Kunstbriefe**, also Texte, die nur die äußere Form von Briefen haben, aber von Anfang an für ein breiteres Publikum gedacht waren. Auch eine **Mischform** ist vorstellbar: Echte Briefe bildeten die Grundlage, es wurden aber für die Veröffentlichung Passagen ausgewählt und inhaltlich sowie stilistisch überarbeitet.

Eröffnungsbrief Plinius, ep. 1.1

C. Plinius grüßt seinen Septicius

Häufig hast du mich aufgefordert, dass ich die Briefe, sofern ich welche etwas sorgfältiger verfasst hätte, sammle und veröffentliche. Ich habe sie gesammelt ohne Beachtung einer zeitlichen Reihenfolge (denn ich schrieb ja kein Geschichtswerk), sondern wie sie mir einzeln in die Hände gekommen waren. Es bleibt zu hoffen, dass weder du deinen Rat bereust noch ich, dass ich ihm gefolgt bin. So wird es nämlich dazu kommen, dass ich die Briefe heraussuche, die noch unbeachtet daliegen, und auch die nicht zurückhalte, die ich eventuell später noch schreiben werde. Lebe wohl!

1. Entwickeln Sie Vermutungen, wie man überprüfen könnte, wie „echt“ Plinius' Briefe sind.
   ·→ Echte Briefe oder Kunstbriefe?
2. Diskutieren Sie, ob man den Blog als Nachfolger des Kunstbriefs sehen kann.
3. Arbeiten Sie aus dem Eröffnungsbrief heraus, welchen Eindruck Plinius von seiner Briefsammlung erwecken will. Überprüfen Sie im Laufe der Lektüre, ob sich dieser Eindruck bestätigt.
4. Zum Gemälde (S. 28): Beschreiben Sie das Bild; gehen Sie dabei darauf ein, wie die Figuren jeweils auf den Vulkanausbruch reagieren.
5. Zur Statue: Stellen Sie Vermutungen an, warum man den Dom von Como mit der Statue eines heidnischen Autors geschmückt hat.
6. Plinius gilt ebenso wie Cicero als typischer Vertreter seiner Epoche. Erläutern Sie dies anhand Ihres Wissens über Republik und Kaiserzeit. → Plinius' Zeit, S. 28
7. Wer war Plinius – wie wollte er gesehen werden? Formulieren Sie erste Eindrücke und modifizieren Sie diese im Laufe der Lektüre.

Plinius der Jüngere. Statue in der Fassade des Doms von Como (ca. 1490)

→ S. 238–239 Übersichten zur Geschichte
→ S. 224 Projekt: Briefe - ein Medium für alle Zwecke

Plinius und die Zirkusspiele ep. 9.6

Wagenrennen im Zirkus waren für die Römer stets ein großes Ereignis: Es herrschte Ausnahmezustand, alle fieberten mit ihren Favoriten mit. Plinius betrachtet das Treiben skeptischer:

1. Z. 2–6 / 20–21: Weisen Sie nach, dass Plinius zu Beginn und am Ende die Art seines Zeitvertreibs thematisiert.
2. Z. 7–14: Stellen Sie Begriffe zum Sachfeld „Wagenrennen“ zusammen.
→ Vier Farben, S. 31 (mit Abb.)

C. PLINIUS CALVISIO SUO S.

Omne hoc tempus inter pugillares ac libellos iucundissima quiete transmisi. „Quemadmodum“ inquis „in urbe potuisti?“ Circenses erant. Quo genere spectaculi ne levissime quidem teneor. Nihil novum, nihil varium, nihil, quod non semel spectasse sufficiat.

Quo magis miror tot milia virorum tam pueriliter identidem cupere currentes equos, insistentes curribus homines videre. Si tamen aut velocitate equorum aut hominum arte traherentur, esset ratio non nulla; nunc favent panno, pannum amant, et si in ipso cursu medioque certamine hic color illuc, ille huc transferatur, studium favorque transibit, et repente agitatores illos, equos illos, quos procul noscitant, quorum clamitant nomina, relinquent.

Tanta gratia, tanta auctoritas in una vilissima tunica – mitto apud vulgus, quod vilius tunicā, sed apud quosdam graves homines; quos ego cum recordor in re inani, frigida, assidua tam insatiabiliter desidere, capio aliquam voluptatem, quod hac voluptate non capior.

Ac per hos dies libentissime otium meum in litteris colloco, quos alii otiosissimis occupationibus perdunt. Vale.

2 **pugillārēs**, *-ium m Pl.* Schreibtäfelchen
3 **trānsmittere** *(Perf. -mīsī)* verbringen
5 **tenerī** *(m. Abl.) (hier)* gefesselt sein von
6 **sufficere**, *-iō* genügen
7 **quō** *(m. Komp.)* umso
identidem immer wieder
8 **īnsistere** *(m. Abl.)* stehen auf
9 **vēlōcitās**, *-ātis f* Schnelligkeit
10 **trahere** *(hier)* begeistern
pānnus Lappen *(verächtlich für das farbige Trikot)*
→ Vier Farben, S. 31
12 **trānsferrī** wechseln
13 **agitātor**, *-ōris m* Wagenlenker
nōscitāre erkennen
15 **vīlis**, *-e* wertlos, gewöhnlich
mittō *(hier)* ich will gar nicht erst sagen
16 **frīgidus** *(hier)* fade
18 **īnsatiābilis**, *-e* unersättlich
dēsidēre dasitzen
21 **ōtiōsus** *(hier)* unnütz
occupātiō, *-ōnis f* Beschäftigung

→ BD lateinlex.de/d1vn

3 Weisen Sie nach, dass es sich bei dem Text um einen Brief handelt. Gehen Sie dabei auch auf die Verbformen ein.

4 Beschreiben Sie die Situation, in der sich Plinius bei der Abfassung des Briefes befindet.

5 Plinius und die anderen. Erläutern Sie und belegen Sie jeweils am Text,
   a wie Plinius sich selbst beschreibt.
   b wie er die Zuschauer beschreibt.
   c Vergleichen Sie **a** und **b** und arbeiten Sie heraus, wie Plinius sich im Vergleich zu den Rennbegeisterten darstellt.

6 Belegen Sie Ihre Ergebnisse aus **5**, indem Sie den Text stilistisch analysieren. Gehen Sie dabei u. a. auf Z. 10 f., 18 f. und 20 f. ein und erläutern Sie die Wendung *vulgus ... tunica* (Z. 16).

7 Weisen Sie nach, dass die Aussage in Z. 18 f. inhaltlich und formal äußerst zugespitzt ist.

8 Erläutern Sie, was dafür spricht, dass es sich hier tatsächlich um einen Kunstbrief handelt. Gehen Sie dabei auch auf die Rolle des Adressaten ein.

9 **EXTRA:** Gibt es Massenveranstaltungen, die alle begeistern, aber Sie nicht? Nehmen Sie die Rolle eines Kritikers ein und verfassen Sie einen Blog oder ein Social-Media-Posting, wie Plinius es heute schreiben könnte.

→ GUT ZU WISSEN

Vier Farben – die Zirkusparteien

Im antiken Rom waren Zirkusrennen, also Wettrennen verschiedener Pferdewagen im Circus Maximus, ein sportliches Highlight. Es starteten vier Parteien *(factiones)*, die nach den Farben ihres Trikots *(tunica)* bezeichnet waren: Die Roten, Weißen, Grünen und Blauen (s. Abbildung). Jede Farbe *(color)* hatte eingefleischte Fans, die dem Sieg ihres jeweiligen Wagenlenkers entgegenfieberten. Jeder Wagenlenker versuchte sein Gespann möglichst schnell und sicher um die Wendemarke *(meta)* der Trennmauer *(spina)* zu treiben. Die Spannung, wer gewinnen würde, wurde durch Wetteinsätze noch gesteigert.

10 Sammeln Sie typische Abkürzungen, die Sie in Ihren Nachrichten an andere verwenden, und erläutern Sie deren Funktion.
→ Briefformeln, S. 29

Wagenlenker der vier Zirkusparteien, gekleidet jeweils in die entsprechend gefärbte Tunika (römisches Mosaik, ca. 2. Jh. n. Chr.)

→ S. 73 Abb. Wagenrennen
→ S. 206 Stilmittel (u. a. Polyptoton)

Sklaven schlagen zurück ep. 3.14.1–4

Jede Widersetzlichkeit von Sklaven wurde hart bestraft; daher wehrten Sklaven sich selbst gegen grausame Herren nur selten. Anders in dem Fall, den Plinius in folgendem Brief schildert:

1 Z. 2–5: Charakterisieren Sie Larcius Macedo auf der Grundlage aller in KNG zu Larcius passenden Attribute.

2 Erschließen Sie, ggf. in Gruppen, durch die Übersetzung der Prädikate im Hauptsatz,
- **a** Z. 6–13: ... was die Sklaven tun und was Macedo tut,
- **b** Z. 14–18: ... was Macedo, die *„servi fideliores"* und die *„concubinae"* tun,
- **c** Z. 19–22: was die Sklaven tun bzw. was mit ihnen geschieht und was mit Macedo zuletzt geschieht.

C. PLINIUS ACILIO SUO S.

Rem atrocem nec tantum epistula dignam Larcius Macedo vir praetorius a servis suis passus est, superbus alioqui dominus et saevus et, qui servisse patrem suum parum, immo nimium meminisset.

Lavabatur in villa Formiana. Repente eum servi circumsistunt. Alius fauces invadit, alius os verberat, alius pectus et ventrem atque etiam – foedum dictu – verenda contundit; et cum exanimem putarent, abiciunt in fervens pavimentum, ut experirentur, an viveret. Ille sive quia non sentiebat, sive quia se non sentire simulabat, immobilis et extentus fidem peractae mortis implevit.

Tum demum quasi aestu solutus effertur; excipiunt servi fideliores; concubinae cum ululatu et clamore concurrunt. Ita et vocibus excitatus et recreatus loci frigore sublatis oculis agitatoque corpore vivere se – et iam tutum erat – confitetur.

Diffugiunt servi; quorum magna pars comprehensa est, ceteri requiruntur. Ipse paucis diebus aegre focilatus non sine ultionis solacio decessit – ita vivus vindicatus, ut occisi solent. [...] Vale.

3 **vir praetōrius** ehemaliger Prätor
aliōquī übrigens
7 **verberāre** schlagen
8 **verenda**, *-ōrum n Pl.* Schamteile
9 **contundere**, *-ō* zerschlagen, zerquetschen
exanimis, *-e* tot
fervēns, *-entis* glühend
10 **pavīmentum** Fußboden
12 **extentus** ausgestreckt
fidem peractae mortis implēre den Eindruck erwecken, er sei tot
14 **solūtus** *(hier)* erstickt
15 **fidēlis**, *-e* treu
concubīna Konkubine, Freundin
ululātus, *-ūs m* Heulen
20 **aegrē** *(Adv.)* nur mit Mühe
focilāre ins Leben zurückbringen
21 **ultiō**, *-ōnis f* Rache

3 Gliedern Sie den Brief anhand der Tempora der Hauptsätze und erstellen Sie ein Tempusrelief.

→ BD lateinlex.de/d1vp

4 Z. 9 f.: Erklären Sie *fervens pavimentum* anhand der Abbildung rechts.

5 Erstellen Sie eine Satzanalyse zu Z. 7–10. Diskutieren Sie, ob man von der sprachlichen Gestaltung auf die Haltung des Plinius zu den geschilderten Vorgängen schließen kann.

6 Sammeln Sie in zwei Gruppen Textbelege dafür, dass Plinius Verständnis sowohl für Macedo als auch für die Sklaven aufbringt. Erörtern Sie dann im Plenum,
- **a** ob dieser Brief ein Aufruf sein könnte, Sklaven gut zu behandeln,
- **b** welche Haltung Plinius wohl insgesamt zu dem Fall einnahm.

Hypokaustum (Fußbodenheizung) im Bad eines römischen Privathauses.

→ GUT ZU WISSEN

Sklaven in Rom

Sklaven waren der Gewalt *(potestas)* ihres Herrn unterworfen und galten rechtlich als Sachen, sie konnten also wie Waren gehandelt werden. Mancher Sklave hatte Glück: Er konnte sogar eigenen Besitz erlangen, etwa durch Taschengeld, Geschenke oder Lohnarbeiten. Mit dem Ersparten konnte er sich freikaufen, wenn sein Herr ihn nach langer treuer Arbeit nicht ohnehin freiließ. Andererseits hatte er gegen Misshandlungen keine Handhabe. Flucht war kaum möglich (s. Abb.). Wehrten sich verzweifelte Sklaven gewaltsam, wurden sie erbarmungslos bestraft: Noch zur Zeit Neros wurde ein Gesetz angewendet – gegen den Protest vieler Bürger –, demzufolge alle Sklaven eines Haushalts hingerichtet werden sollten, wenn einer von ihnen den Herrn getötet hatte.

Römisches Sklavenhalsband mit Aufschrift: TENE ME QVIA FVGIVI ET REVOCA ME AD DOMV(m) A(?)THEOPOTENIS AD DOMNVM MEVM VITALIONE(m)

7 **a** Erklären Sie den Ausdruck *servisse patrem suum* und damit die gesellschaftliche Stellung Macedos im Vergleich zu Plinius.
→ Freigelassene in Rom, S. 25
b Vertiefen Sie dann Ihre Antwort auf Aufgabe **6 b**.

8 Vergleichen Sie Plinius' Haltung mit der Senecas (s. Kasten). Gehen Sie auch darauf ein, warum beide Sklaverei nie grundsätzlich in Frage stellen.

9 **a** Stellen Sie mithilfe Ihrer Kenntnisse Formen und Ursachen antiker Sklaverei zusammen.
→ Sklaven in Rom (mit Abb.)
b Recherchieren Sie in Gruppen Beispiele für moderne Sklaverei, deren Ursachen und Möglichkeiten zu deren Bekämpfung.

Seneca: „Sklaven sind Menschen!" **ep. 47.1**

Auch der Philosoph Seneca verfasste Briefe. Darin äußert er sich zum Thema Sklaverei:

Mit Freuden habe ich von den Gästen, die bei dir zu Besuch waren, erfahren, dass du freundschaftlich mit deinen Sklaven umgehst: Das zeugt von deiner Klugheit und von deiner Bildung. „Sie sind Sklaven!" Nein, Menschen. „Sie sind Sklaven!" Nein, Hausgenossen. [...] „Sie sind Sklaven!" Nein – *Mit*sklaven, wenn du bedenkst, dass beide Stände gleichermaßen der Willkür des Schicksals ausgeliefert sind.

→ S. 25 Freigelassene in Rom

Der Ausbruch des Vesuv

Teil 1: Eines Tages in Misenum ... ep. 6.16.1–6
Im Sommer 79 n. Chr. hält sich der etwa 18jährige Plinius mit seiner Mutter und seinem Onkel in Misenum am Golf von Neapel auf. Hier erlebt er aus nächster Nähe den großen Vesuvausbruch mit. Jahre später schildert er, wie sein Onkel dabei ums Leben kam:

1 Erläutern Sie anhand Ihrer Kenntnisse, was bei dem Vesuvausbruch 79 n. Chr. geschah und welche Städte besonders betroffen waren.

2 Z. 6–12: Stellen Sie anhand der Prädikate im Hauptsatz und der Partizipien die Tätigkeiten von Plinius' Onkel zusammen.

3 Z. 13–22: Vergleichen Sie Plinius' Darstellung der Wolke mit der Abbildung; geben Sie dabei lateinische Textbelege an.

C. PLINIUS TACITO SUO S.

Petis, ut tibi avunculi mei exitum scribam, quo verius tradere posteris possis. Gratias ago; nam video morti eius, si celebretur a te, immortalem gloriam esse propositam. [...]

Erat Miseni classemque imperio praesens regebat. Nonum Kal. Septembres hora fere septima mater mea indicat ei apparere nubem inusitata et magnitudine et specie.

Usus ille sole, mox frigidā, gustaverat iacens studebatque; poscit soleas, ascendit locum, ex quo maxime miraculum illud conspici poterat.

Nubes (incertum procul intuentibus ex quo monte; Vesuvium fuisse postea cognitum est) oriebatur, cuius similitudinem et formam non alia magis arbor quam pinus expresserit.

Nam longissimo velut trunco elata in altum quibusdam ramis diffundebatur, credo quia recenti spiritu evecta, dein senescente eo destituta aut etiam pondere suo victa in latitudinem vanescebat, candida interdum, interdum sordida et maculosa prout terram cineremve sustulerat.

7 **nōnum ... septimā** am 24. August um etwa 13 Uhr
8 **inūsitātus** ungewöhnlich
10 **frīgidā** *ergänze* aquā
gūstāre einen Imbiss zu sich nehmen
11 **solea** Sandale

→ BD lateinlex.de/d1vr

→ S. 196 Kursorisch lesen
→ S. 218 Wörterbuchgebrauch
→ S. 226 Projekt: Naturkatastrophen in der Antike

Die Wolke (Übersetzung Z. 13–22)

Es entstand eine Wolke (aus der Ferne war nicht deutlich, aus welchem Berg; dass es der Vesuv war, wurde erst später klar), deren Form und Gestalt kein Baum besser abbildet als die Pinie. Denn sie erhob sich wie ein riesiger Baumstamm in die Höhe und verzweigte sich oben, wohl von einem frischen Luftzug emporgehoben. Als dieser nachließ, wurde sie schwächer oder vom eigenen Gewicht niedergedrückt und dehnte sich in die Breite aus, teils weiß, teils schmutzig und fleckig, je nachdem, ob sie Erde oder Asche emporgehoben hatte.

Rauchpilz über dem Vulkan Guagua in Ecuador (1999)

4 **a** Z. 1–5: Arbeiten Sie heraus, wem, aus welchem Anlass und aus welchem Motiv Plinius diesen Brief schreibt und was er sich davon erhofft.

→ Schreiben für den Nachruhm

b Plinius äußert sich auch dazu, wie Tacitus den Brief verwenden soll: *„Tu potissima excerpes; aliud est enim epistulam, aliud historiam, aliud amico, aliud omnibus scribere“* (ep. 6.16.22). Arbeiten Sie heraus, wie Plinius seine Briefe im Unterschied zur Geschichtsschreibung verstanden wissen will.

5 Z. 7–12:

a Beschreiben Sie die Stimmung des Onkels zu Beginn der Ereignisse.

b Belegen Sie – u. a. durch die Analyse des Tempusgebrauchs – am Text, dass die Normalität des Alltags unterbrochen werden wird.

6 Z. 13–22: Zeigen Sie an ausgewählten Stellen, wie die Übersetzung vom Original abweicht, und beurteilen Sie die Abweichungen.

7 Versetzen Sie sich in die Lage des Onkels und erörtern Sie, welche Handlungsmöglichkeiten er hat.

→ MEHR ERFAHREN

Schreiben für den Nachruhm

Ein Römer der Oberschicht sah sich als Teil einer langen Reihe von ***exempla:*** Er ehrte vorbildliche Vorfahren und strebte seinerseits nach **Ruhm** *(gloria)* bei der Nachwelt *(posteri)*. Ruhm bedeutete für ihn in gewissem Sinne Unsterblichkeit. Dabei spielten Schriftsteller, besonders **Historiker**, eine wichtige Rolle, sogar eine doppelte: Zum einen hing von ihnen ab, ob und wie man sich an die Handelnden erinnern würde; zum anderen konnten sie auch selbst durch ihr Schreiben auf Nachruhm hoffen. Einer der berühmtesten Historiker ist Plinius' Freund **Publius Cornelius Tacitus**, der in seinen beiden Hauptwerken *Historiae* und *Annales* die Zeit von 14–96 n. Chr. schilderte. Leider sind die Abschnitte über den Vesuvausbruch jedoch nicht überliefert.

→ S. 200 Interpretation (Beispiel Plin. ep. 9.23)
→ S. 204 Übersetzungsvergleich (zu Aufgabe 6)

Teil 2: Gefahr **ep. 6.16.9–12**

Der Onkel hat zuvor von seiner Bekannten Rectina, die am Fuße des Vulkans wohnt und nur über Wasser evakuiert werden kann, eine Bitte um Hilfe per Brief erhalten.

1 **a** Stellen Sie Ausdrücke zusammen, die die Gefahren der Naturkatastrophe beschreiben.
b Erschließen Sie anhand der hervorgehobenen Ausdrücke das Verhalten von Plinius dem Älteren.

Vertit ille consilium et, quod studioso animo incohaverat, obit maximo. Deducit quadriremes, ascendit ipse non Rectinae modo, sed multis – erat enim frequens amoenitas orae – laturus auxilium. Properat illuc, unde alii fugiunt, rectumque cursum, recta gubernacula in periculum tenet adeo solutus metu, ut omnes illius mali motus, omnes figuras, ut deprenderat oculis, dictaret enotaretque.

Iam navibus cinis incidebat, quo propius accederent, calidior et densior; iam pumices etiam nigrique et ambusti et fracti igne lapides; iam vadum subitum ruināque montis litora obstantia. Cunctatus paulum, an retro flecteret, mox gubernatori, ut ita faceret, monenti „Fortes“ inquit „fortuna iuvat: Pomponianum pete!“

1 **incohāre** beginnen
2 **quadrirēmis**, *-is f* Vierruderer *(Schiffstyp)*
3 **amoenitās** *(-ātis f)* **ōrae** reizvolle Küstengegend
5 **gubernāculum** Steuerruder
7 **dēpre(he)ndere** (*Perf.* dēpre(he)ndī) erfassen
8 **ēnotāre** aufzeichnen
10 **dēnsus** dicht
pūmex, *-icis m* Bimsstein *(Vulkangestein)*
11 **ambustus** halbverbrannt
vadum Untiefe
subitus unerwartet
12 **obstāns**, *-antis* unzugänglich
13 **gubernātor**, *-ōris m* Steuermann

Pomponianus, ein Freund des Onkels, wohnt auf der anderen Seite der Bucht in der Nähe von Stabiae. Er hat bereits ein Schiff bereit gemacht – kann aber nicht absegeln, weil der Wind ihm entgegen weht ...

Quo tunc avunculus meus secundissimo invectus complectitur trepidantem, consolatur, hortatur, utque timorem eius sua securitate leniret, deferri in balineum iubet; lotus accubat, cenat, aut hilaris aut (quod aeque magnum) similis hilari.

15 **secundissimō** *ergänze* ventō
invehī (*Perf.* invectus sum) hinfahren
16 **complectī**, *-or* umarmen
trepidāre zittern
17 **sēcūritās**, *-ātis f* Sorglosigkeit
lēnīre lindern
balineum Bad
18 **accubāre** zu Tische liegen

→ BD lateinlex.de/d1vs

Der Tod des Onkels ep. 6.16.18–20

Nach dem Essen geht der Onkel zu Bett und schläft tief und fest. Am nächsten Morgen entschließen er und die andern sich zur Flucht, kommen aber nur bis zum Strand. Plinius d. J. schildert die weiteren Ereignisse so:

„Dort legte sich mein Onkel auf ein ausgebreitetes Laken und forderte immer wieder kaltes Wasser und trank es. Nun trieben Flammen und Schwefelgeruch, ein Vorbote der Flammen, die anderen in die Flucht und schreckten ihn auf. Gestützt auf zwei Sklaven erhob er sich und brach sofort wieder zusammen, sodass ich annehme, dass die Atmung durch den ziemlich dichten Qualm verhindert und die Luftröhre verschlossen wurde, die bei ihm von Natur aus schwächlich und eng war und häufig Schwierigkeiten bereitete. Als das Tageslicht zurückkam – dies war der dritte Tag nach dem, den er zuletzt gesehen hatte – wurde sein Körper gefunden: unversehrt, unverletzt und so bedeckt, wie er zuletzt gekleidet war: Die Erscheinung seines Körpers war einem Schlafendem ähnlicher als einem Verstorbenen."

Die Bucht von Neapel vor dem Vesuvausbruch

→ MEHR ERFAHREN

Das Idealbild der Stoa

Die Philosophenschule der Stoa sieht den „Weisen" *(sapiens)* als Ideal des Menschen. Die Eigenschaften eines Weisen beschreibt der stoische Philosoph Seneca so: „Wenn du einen Menschen siehst, der unerschrocken in Gefahren, unberührt von Begierden, bei Widrigkeiten glücklich, inmitten der Stürme ruhig ist, einen, der die Menschen von einer höheren Ebene aus sieht, von gleicher die Götter – wird dich dann nicht Verehrung für ihn beschleichen?" (Sen. ep. 41.4)

2 Zeigen Sie die Route des Onkels auf der Karte.

3 **a** Charakterisieren Sie den Onkel anhand der hervorgehobenen Stellen; zeigen Sie, dass diese Stellen stilistisch besonders ausgefeilt sind.
b Z. 9–12: Zwei Stilmittel fallen hier besonders auf. Nennen Sie sie und beschreiben Sie die Wirkung.

4 Erörtern Sie, inwiefern der Onkel einem stoischen Weisen gleicht.
→ Das Idealbild der Stoa

5 **a** Das Verhalten des Onkels kann positiv und negativ beurteilt werden. Sammeln Sie Argumente für beide Seiten.
b Diskutieren Sie in Gruppen über die Positionen.

6 Plinius schildert den Tod des Onkels äußerst detailliert (Text im Kasten), obwohl er es so genau nicht wissen kann. Erläutern Sie, warum ihm diese Detailgenauigkeit so wichtig war.

7 „Selfie" vor explodierendem Vulkan – es zählt nur die Außenwirkung? Zeigen Sie, inwiefern dieses Verhalten heute sehr verbreitet ist, und vergleichen Sie Plinius damit.

→ S. 206 Stilmittel

Teil 3: Menschen in Panik ep. 6.20.12–15

In einem zweiten Brief an Tacitus schildert Plinius seine eigenen Erlebnisse in Misenum, wo er und seine Mutter auf die Rückkehr des Onkels warten. Allmählich werden die Erdbeben und der Aschenregen so heftig, dass eine Flucht ratsam scheint. Doch Plinius' Mutter ist nicht gut zu Fuß ...

1 Z. 1–6: Geben Sie die historischen Infinitive an (nur außerhalb des Kursivdrucks!) und übersetzen Sie diese.

2 Z. 7–12: Stellen Sie Ausdrücke zusammen, die die Naturerscheinungen und die Verhaltensweisen der Menschen beschreiben.

3 Z. 12–18: Plinius beschreibt fünf unterschiedliche Reaktionen (blau). Erschließen Sie diese in Gruppen.

Tum mater orare, hortari, iubere: *Quoquo modo fugerem! Posse enim iuvenem. Se et annis et corpore gravem bene morituram, si mihi causa mortis non fuisset.*
Ego contra: *Salvum me nisi unā non futurum.*
Dein manum eius amplexus addere gradum cogo.
Paret aegre incusatque se, quod me moretur.

1 *kursiv = indirekte Rede*
2 **posse** *ergänze* fugere
5 **dein** = deinde
amplectī (*Perf.* amplexus sum) umfassen
gradum addere schneller gehen
6 **aegrē** *(hier)* ungern
incūsāre beschuldigen

Die beiden erreichen die Straße, die jedoch voller panisch und ziellos Flüchtender ist. Aus Angst, in der zunehmenden Finsternis von der Menge niedergetrampelt zu werden, setzen sie sich etwas abseits auf den Boden.

Vix consederamus, et nox – non qualis illunis aut nubila, sed qualis in locis clausis lumine exstincto. Audires ululatus feminarum, infantum quiritatus, clamores virorum; alii parentes, alii liberos, alii coniuges vocibus requirebant, vocibus noscitabant; hi suum casum, illi suorum miserabantur; erant, qui metu mortis mortem precarentur; multi ad deos manus tollere, plures nusquam iam deos ullos aeternamque illam et novissimam noctem mundo interpretabantur. Nec defuerunt, qui fictis mentitisque terroribus vera pericula augerent. Aderant, qui Miseni illud ruisse, illud ardere falso, sed credentibus nuntiabant.

7 **illūnis**, *-e* mondlos
nūbilus wolkenverhangen
9 **audīrēs** *(hier)* man konnte hören
ululātus, *-ūs m* Heulen
infāns, *-antis m/f* Kleinkind
quirītātus, *-ūs m* Wimmern
11 **nōscitāre** wiedererkennen
12 **miserārī** beklagen
13 **precārī** *(hier)* herbeiwünschen
14 **nusquam** nirgends
15 **novissimus** *(hier)* letzter
interpretārī *(hier)* behaupten, dass
16 **mentītus** *(hier)* erlogen
18 **falsō** *(Adv.)* fälschlich

→ BD lateinlex.de/d1vt

→ S. 207 Historischer Infinitiv

4 Erklären Sie den Konflikt, in dem sich Mutter und Sohn befinden.

5 Vergleichen Sie Plinius' Text mit der Abbildung unten. Gehen Sie dabei auch auf das Verhalten einzelner Personen ein.

6 Analysieren Sie, durch welche stilistischen Mittel Plinius die in den Zeilen 9–12 beschriebene Stimmung verdeutlicht.

7 Erläutern Sie, inwieweit das Verhalten der verschiedenen Personen im lateinischen Text typisch für Katastrophensituationen ist.
→ Panikreaktionen

8 Ein Brief als Reportage? Überprüfen Sie, inwiefern Plinius' Darstellung einer Reportage ähnelt. → Die Reportage

→ MEHR ERFAHREN

Die Reportage

Als journalistische Form des Berichts vereint die Reportage **Objektivität** (möglichst authentisches Bild des Geschehens; Verzicht auf Wertung der Fakten) mit **Unterhaltsamkeit** (anschauliche, bildhafte Sprache; Spannung; persönliche Eindrücke des Journalisten).

→ MEHR ERFAHREN

Panikreaktionen

Menschen in Angst neigen dazu, sich vom Instinkt leiten zu lassen. Die rationale, bewusste Steuerung des eigenen Verhaltens geht zurück und damit auch rationale Planung, Selbstkontrolle und ethische Grundsätze.
Es gibt drei Arten von instinktgeleiteten Panikreaktionen:
- übersteigerte, doch sinnlose Aktivität;
- Flucht;
- Passivität (Erstarrung, Teilnahmslosigkeit, „Totstell"-Reflex).

In Paniksituationen steigen Beeinflussbarkeit, Leichtgläubigkeit und die Neigung, sich von Gefühlen anderer anstecken zu lassen. Ansteckend wirken aber nicht nur Panikgefühle, sondern auch Mut, Überlebenswille und Hilfsbereitschaft.

Der letzte Tag von Pompeji. Gemälde von Karl Pavlovic Brjullov (um 1830)

→ S. 206 Stilmittel
→ S. 226 Projekt: Naturkatastrophen in der Antike

Das Spukhaus ep. 7.27 (gekürzt)

In einem seiner Briefe gesteht Plinius, er glaube an Gespenster. Als Beleg für deren Existenz führt er folgende „wahre Geschichte“ an:

1 Erschließen Sie den Text in drei Schritten:
A (schwarz): Alle erschließen, was sich im Spukhaus zuträgt. Wer früher fertig ist, erschließt entweder
B (blau): die Gruseldetails oder
C (grün): die Informationen über den Charakter des Philosophen.

2 Tragen Sie alle Informationen in der Lerngruppe zusammen, ggf. anhand von Präsentationen.

Erat Athenis domus infamis et pestilens. Nocte sonus ferri et strepitus vinculorum longius primo, deinde e proximo reddebatur: mox apparebat idolon, senex macie et squalore confectus, promissa barba horrenti capillo; cruribus compedes, manibus catenas gerebat quatiebatque.

3 **īdōlon**, *-ī n* Erscheinung; Gespenst
4 **prōmissus** *(hier)* lang

Nachdem die Bewohner des Hauses vor Angst gestorben sind, steht es lange leer. Endlich aber findet sich ein Mieter, den das alles nicht abschreckt: der Philosoph Athenagoras. Dieser verbringt dort seine erste Nacht so:

Iubet sterni sibi in prima domus parte, poscit pugillares stilum lumen, suos omnes in interiora dimittit.
Ipse ad scribendum animum, oculos, manum intendit, ne vacua mens audita simulacra et inanes sibi metus fingeret.
Initio silentium noctis; dein concuti ferrum, vincula moveri. Ille non tollere oculos, non remittere stilum, sed offirmare animum auribusque praetendere. Tum crebrescere fragor, adventare et iam ut in limine, iam ut intra limen audiri. Respicit, videt agnoscitque effigiem.
Stabat innuebatque digito. Hic contra, ut paulum exspectaret, manu significat rursusque ceris et stilo incumbit. Tum tollit lumen et sequitur. Ibat illa lento gradu; postquam deflexit in aream domūs, repente dilapsa deserit comitem. Ille folia concerpta signum loco ponit.

6 **sternere** *(hier)* ein Nachtlager herrichten
8 **intendere ad** konzentrieren auf
10 **concutere** schütteln
10/13 *(historische Infinitive)*
11 **offirmāre animum** sich Mut machen
12 **auribus praetendere** nicht hinhören
crēbrēscere zunehmen
fragor, *-ōris m* Getöse
14 **effigiēs**, *-ēī f* Gestalt
15 **stābat** *(Subjekt ist die Gestalt)*
innuere winken
ut … *(der ut-Satz hängt ab von* sīgnificat)
16 **incumbere** *(m. Dat.)* sich konzentrieren auf
17 **dēflectere** (*Perf.* dēflexī) abbiegen
18 **ārea** Innenhof
dīlābī (*Perf.* dīlāpsus sum) sich in Luft auflösen
19 **concerpere** (*PPP* -cerptum) abreißen

→ BD lateinlex.de/d1vu
→ S. 196 Kursorisch lesen
→ S. 218 Wörterbuchgebrauch
→ S. 217 Präsentation
→ S. 207 Historischer Infinitiv

3 **a** Stellen Sie aus dem Text Elemente zusammen, die Grusel hervorrufen sollen.
b Beurteilen Sie, ob diese Elemente auch heute noch gruselig sind.

4 **EXTRA:** Vergleichen Sie Athenagoras mit Plinius dem Älteren (→ S. 34–37).

5 Verfassen Sie ein Ende der Geschichte. Achten Sie darauf, dass Sie dem Text treu bleiben.

6 **a** Erschließen Sie aus dem Text im Kasten, wodurch dem Spuk ein Ende bereitet wird.
b Geben Sie an, um welche Art von Gespenst es sich in diesem Fall handelte.
→ *Manes, larvae, lemures*

Das Ende der Geschichte

Plin. ep. 7.27.11

Inveniuntur ossa inserta catenis et implicita, quae corpus aevo terraque putrefactum nuda et exesa reliquerat vinculis. Collecta publice sepeliuntur. Domus postea **rite conditis manibus** caruit.

7 Recherchieren Sie in Gruppen Geistergeschichten. Vergleichen Sie diese mit dem Plinius-Text und mit dem römischen Geisterglauben.
→ *Manes, larvae, lemures*

8 Erklären Sie, warum Gruselgeschichten eine so große Faszination auf Menschen ausüben.

9 Der Glaube, dass Tote keine Ruhe finden, weil sie nicht richtig bestattet wurden, ist sehr alt und verbreitet; er findet sich nicht nur im Volksglauben, sondern auch im Mythos und im Epos. Erläutern Sie dies anhand des Vasenbildes, indem Sie
a die Geschichte des Elpenor recherchieren und
b Homer aufgrund Ihres Vorwissens zeitlich einordnen.

→ MEHR ERFAHREN

Manes, larvae, lemures – römische Totengeister

Spukgeschichten sind im antiken Rom sehr verbreitet. Meist sind es die Seelen **Verstorbener**, die keine Ruhe finden, weil sie aus einem der folgenden drei Gründe zwischen Diesseits und Jenseits „festhängen“: a) ein **vorzeitiger Tod**, durch den ein Lebensplan unerfüllt oder eine wichtige Aufgabe unerledigt blieb; b) schwere **Schuld**; c) Fehlen einer ordentlichen **Bestattung**. Solche Spukgeister heißen ***larvae*** oder ***lemures***; sie wurden alljährlich beim Lemuria-Fest gebannt (vgl. Allerseelen). Die (auch auf **Grabsteinen** angesprochenen) ***(di) Manes*** stehen hingegen für zur Ruhe gekommene, tendenziell wohlwollende Totenseelen.
nach Rudolph Kremer: Geister, Hexen, Menschenfresser (2021)

Eine Szene aus der Odyssee: Odysseus (rechts) hat am Eingang zur Unterwelt Opfertiere geschlachtet, um die Geister der Toten anzulocken. Der Geist Elpenors (links) erzählt ihm seine Geschichte. Attisches Gefäß (5. Jh. v. Chr.)

→ S. 128 f. Grabinschriften
→ S. 196 Kursorisch lesen
→ S. 218 Wörterbuchgebrauch

Was tun mit den Christen? ep. 10.96

Als Statthalter in Bithynien wendet Plinius sich häufig mit Bitten um Rat an Kaiser Trajan (→ Plinius' Zeit, S. 28). Hier nun fragt er nach einer Sekte namens „Christen" *(Christiani)*. Christsein steht unter Strafe; nachdem aber zahllose, meist anonyme Anzeigen gegen Christen bei Plinius eingegangen sind, weiß er nicht, wie er damit umgehen soll: Soll er etwa alle hinrichten lassen? Fürs erste versucht er, die Harmlosen von den Gefährlichen zu unterscheiden ...

1 Z. 4–9: Analysieren Sie die syntaktische Struktur dieses Satzes nach einer Ihnen geläufigen Methode (der Hauptsatz ist hervorgehoben).

C. PLINIUS TRAIANO IMPERATORI

Cognitionibus de Christianis interfui numquam: ideo nescio, quid et quatenus aut puniri soleat aut quaeri. [...]

Qui negabant esse se Christianos aut fuisse, cum praeeunte me deos appellarent et imagini tuae, quam propter hoc iusseram cum simulacris numinum afferri, ture ac vino supplicarent, praeterea maledicerent Christo, quorum nihil cogi posse dicuntur, qui sunt re vera Christiani, **dimittendos putavi**.

Alii ab indice nominati esse se Christianos dixerunt et mox negaverunt; fuisse quidem, sed desisse, quidam ante triennium, quidam ante plures annos, non nemo etiam ante viginti. Hi quoque omnes et imaginem tuam deorumque simulacra venerati sunt et Christo maledixerunt. Affirmabant autem hanc fuisse summam vel culpae suae vel erroris, quod essent soliti stato die ante lucem convenire carmenque Christo quasi deo dicere. [...]

Ideo dilata cognitione ad consulendum te decurri. Visa est enim mihi res digna consultatione, maxime propter periclitantium numerum. [...]

Vale.

2 **cōgnitiō**, *-ōnis f* richterliche Untersuchung
3 **quātenus** inwieweit
quaerere *(hier)* (gerichtlich) untersuchen
7 **tūs**, *tūris n* Weihrauch
8 **quōrum ... dicuntur** wozu sich angeblich diejenigen nicht zwingen lassen
rē vērā tatsächlich
10 **index**, *-icis m* Denunziant
11 **fuisse** *ergänze davor* dīxērunt sē Chrīstiānōs
15 **summa** Summe
16 **statō diē** an einem bestimmten Tag
19 **dēcurrere** (*Perf.* -currī)
ad cōnsulendum *(m. Akk.)* sich wenden an
20 **cōnsultātiō**, *-ōnis f* Anfrage
21 **perīclitantēs**, *-um m/f Pl.* die Betroffenen

→ BD lateinlex.de/d1vv

→ GUT ZU WISSEN

Strafe ohne Verbrechen?

Anfangs versuchte der Statthalter Plinius durchaus zu ermitteln, worin die Verbrechen der vielen angezeigten Christen im Einzelnen bestanden. Er fand aber nichts – im Gegenteil: Die Christen hätten sich „eidlich verpflichtet, keinen Diebstahl, keinen Raub, keinen Ehebruch zu begehen und ihr Wort nicht zu brechen". Daraus erklärt sich die Ratlosigkeit des Plinius. Letztlich wurden die Christen nicht für konkrete Taten bestraft, sondern bereits für den „Namen", also die bloße Zugehörigkeit zu ihrem „Verein". Vereine hatte Plinius generell verboten, da er sie für potentiell gefährlich hielt. Religiöse Fragen oder Glaubensinhalte spielten bei all dem aber kaum eine Rolle.

Das Traianeum (Trajan-Tempel) in Pergamon in Kleinasien

Trajans Antwort **Plin. ep. 10.97**

Du bist, mein Secundus, bei der Untersuchung der Fälle derer, die als Christen bei dir angezeigt wurden, richtig vorgegangen [...]: Sie sollen nicht aufgespürt werden; wenn sie angezeigt und überführt sind, sollen sie bestraft werden, jedoch so, dass der, der leugnet, dass er ein Christ sei, und dies auch durch eine handfeste Tat nachweist, d.h. durch Anbetung unserer Götter, aufgrund seiner Reue Vergebung erhält [...]. Anonyme Anklageschriften aber dürfen in keinem Prozess verwendet werden. Denn das wäre ein sehr schlechtes Beispiel und passt nicht in unsere Zeit.

2 Die späteren Christen haben vor allem die Märtyrer gefeiert, die bei ihrem Glauben blieben. Arbeiten Sie aus dem Text heraus, welche Falltypen „harmloser" Christen Plinius hier unterscheidet.

3 **a** Beschreiben Sie auf der Grundlage Ihrer Kenntnisse das Verhältnis zwischen dem römischen Staat und den Christen im Allgemeinen.

b Erläutern Sie, welchen Zweck Plinius damit verfolgt, dass er den Christen heidnische Kulthandlungen abverlangt.

→ Strafe ohne Verbrechen?

4 Zu Trajans Antwort (im Kasten):

a Fassen Sie die Empfehlungen des Kaisers in einem Satz zusammen und geben Sie die Gründe an, die er anführt.

b Beurteilen Sie Trajans Antwort aus damaliger und aus heutiger Sicht.

5 Trajan galt als „bürgerlicher" Kaiser ohne Göttlichkeitsallüren. Trotzdem hielt auch er den Kaiserkult für wichtig. Belegen Sie dies, auch anhand der Abbildung, und erläutern Sie die Gründe.

6 Wie war Plinius – wie wollte er gesehen werden?

a Erstellen Sie auf der Grundlage der gelesenen Briefe ein Charakterbild des Plinius und vergleichen Sie es mit Ihrer Einschätzung vom Anfang.

b Erörtern Sie, ob die Briefe echt oder Kunstbriefe sind.

→ S. 239 Geschichtlicher Überblick

GRUNDWISSEN Rede und Brief

Cicero: *Pro Sex. Roscio*

Autor
- Marcus Tullius Cicero, geb. **106 v. Chr.** in Arpinum (Ritterstand)
- Streben nach politischer Karriere, obwohl schwierig für ***homo novus***
- Rednerausbildung in Griechenland
- Frühe Berühmtheit als **Gerichtsredner** aufgrund aufsehenerregender Fälle
- Jedes Amt *suo anno* (= im frühestmöglichen Lebensjahr)
- **Konsul 63 v. Chr.**
- Zur Zeit des 1. **Triumvirats** (Caesar – Pompeius – Crassus) schwindender Einfluss; lehnt **Bürgerkrieg** ab; Symbolfigur der Republik
- **Ermordung 43 v. Chr.**

Werk (insgesamt)
- bestbekannte Person der Antike, v. a. aufgrund seiner Briefe
- **größter Redner** Roms; 58 überlieferte Reden, und zwar
  - **Gerichtsreden**, besonders Verteidigungen („***Pro*** ...“), selten Anklagen („***In*** ...“)
  - **politische Reden**
- zudem enorme Bedeutung als
  - **Rhetoriker** (Verfasser theoretischer Schriften über Redekunst, z. B. *De oratore*)
  - **Politiker**
  - **Philosoph** (Übertragung griech. Philosophie in lat. Sprache)
  - **Briefschreiber** (zahlreiche, teils sehr private Briefe, die Einblick in Ciceros Leben, Familie, Alltag und Tagespolitik geben)

Cicerostatue vor dem Justizpalast in Rom (19. Jh.; Kopf nach einem Original aus dem 1. Jh.)

Die Gerichtsrede *Pro Sex. Roscio*
- Vatermordprozess
- kurz nach Ende der **Diktatur Sullas**
- Hintergrund: **Proskriptionen** (Ächtung politischer Gegner) unter Sulla
- **politisch brisant**, da Cicero bedeutenden Handlanger Sullas als wahren Schuldigen entlarven kann
- politische Stellungnahme für die **„Sache der *nobiles*“**, aber verbunden mit Ansprüchen an diese

Die Gattung Rede
- **enorme** Bedeutung in der stark **mündlich geprägten** Welt der Antike, besonders in **republikanischer** Zeit
- **klangliche** und **rhythmische** Ausgestaltung
- **rhetorische Stilmittel**, v.a.: Alliteration, Anapher, Antithese, Chiasmus, Hendiadyoin, Hyperbaton, Parallelismus, Trikolon, Litotes, Rhetorische Frage (→ S. 206–209).
- **Aufbau** (zentrale Bestandteile):
  - *Exordium* (~ Proömium)
  - *Narratio* (Schilderung des Tathergangs)
  - *Argumentatio* (Beweisführung)
  - *Peroratio* (Schlussplädoyer)
- ***officia oratoris:***
  - *inventio:* Sammlung von Fakten/Argumenten
  - *dispositio:* deren Anordnung
  - *elocutio:* Ausformulierung der Rede
  - *memoria:* Auswendiglernen der Rede
  - *pronuntiatio:* Vortrag (auch Mimik und Gestik)

Rezeption Ciceros als Redner
- **Klassikerstatus** bereits in der Antike, besonders als **Redner** und **Rhetoriker**
- Vorbild für *studia humanitatis* in der **Renaissance**
- Redekunst beeinflusst Redetechniken bis heute

→ S. 206 Stilmittel

Plinius: *Epistulae*

Autor

- Gaius Plinius Caecilius Secundus (der Jüngere), geb. **61 n. Chr.** in Como (Ritterstand)
- adoptiert von seinem **Onkel Plinius dem Älteren**
- Anwalts- und Politikkarriere in Rom
- sieht sich in der Tradition **Ciceros**, verfasst wie dieser
  - **Reden** (verloren außer einer Lobrede auf Kaiser Trajan)
  - **Briefe** (10 Bücher)
- **Konsul** 100 n. Chr.
- später **Statthalter** in Bithynien
- gestorben wohl um 113 n. Chr.

Die Briefe des Plinius

- **Briefsammlung** in zehn Büchern (Zeitraum ca. 98–113 n. Chr.)
- **Bücher 1–9:** Briefe an **Freunde**
  - Themen: Gesellschaft, Freundschaften, Alltag, Lebensstil, Philosophisches, interessante Ereignisse (z. B. **Vesuvausbruch** 79 n. Chr.)
  - von Plinius selbst zusammengestellt
  - fraglich, inwieweit **echte** oder **Kunstbriefe**
- **Buch 10:** Briefwechsel als Statthalter von Bithynien mit **Kaiser Trajan**
  - Themen: Fragen der **Politik**, **Rechtsprechung** und **Verwaltung** in der Provinz
  - auch **Antworten** des Kaisers enthalten
  - vermutlich nicht von Plinius selbst zusammengestellt
  - wertvolle Einblicke in **Christenpolitik** und **-verfolgung** um 100 n. Chr.

Die Gattung Brief

- Merkmale:
  - **„halber Dialog"**, typisch dafür:
    - oft 1. und 2. Person Singular
    - gedachte Einwürfe („*inquis*")
    - Bezüge auf vorherige Briefe (Antwortbriefe)
  - **Grußformel** am Anfang (z. B.: CLAUDIA MARCO SUO S.)
  - **Schlussformel** (z. B. VALE)
  - oft ausdrückliche Bezeichnung des Schreibens im Text als Brief
  - Kürze („Brief" leitet sich von lat. *brevis* ab)
- Formelhafte Wendungen oft abgekürzt:
  - **S** = *salutem (dicit)*
  - **SPD** = *salutem plurimam dicit*
- Vielfalt der Gattung:
  - **echte Briefe**, die an reale Adressaten versandt wurden
  - **Kunstbriefe**, die eigens zur Veröffentlichung geschrieben wurden, auch an fiktive Adressaten (dazu zählen auch **Versepisteln**, vgl. Ovid)
  - **Mischform:** echte Briefe, die später vom Autor überarbeitet und veröffentlicht wurden, so wohl **Plinius'** Bücher 1–9.
  - alle Briefarten können **stilistisch** sehr ausgefeilt sein

Übersicht: Briefarten und ihre Autoren

- **Privater Brief**: **Cicero** (teils sehr persönliche Briefe, die erst nach seinem Tod veröffentlicht wurden)
- **Literarischer Brief** (vom Autor veröffentlicht): **Plinius**
- Philosophischer **Lehrbrief**: **Seneca**
- **Versbrief**: **Ovid**
- Briefe in antiker Tradition: Wiederaufleben in der **Renaissance**, z. B. bei **Petrarca** (14. Jh.)

LIEBE UND LEIDENSCHAFT

Liebe und Leidenschaft waren im alten Rom nicht weniger Thema als heute: Man war glücklich oder unglücklich verliebt, träumte von der großen Liebe oder vom schnellen Sex, man war treu, man betrog – und man war immer auch mit dem Urteil der Gesellschaft konfrontiert. Inwieweit man jedoch die eigenen Sehnsüchte ausleben konnte, hing viel mehr als heute von der gesellschaftlichen Stellung und vom Geschlecht ab.

Liebe und Leidenschaft in Rom

Freigeborene römische **Mädchen** wurden früh verheiratet und hatten bei der Partnerwahl wenig Mitspracherecht. Die **Ehe** diente vor allem der Zeugung von legitimen Nachkommen und musste standesgemäß sein. Während von den **Ehefrauen** erwartet wurde, dass sie sich damit begnügten, waren die Spielräume der **Männer** größer: Wenn sie erotische Erfüllung auch außerhalb der Ehe (z.B. im Bordell) suchten, brachen sie damit kein gesellschaftliches Tabu. Liebe, Sex und Erotik waren jedenfalls in einer für uns heute überraschenden Vielfalt und Fülle im Alltagsleben präsent: Dies reichte von drastischen Wandmalereien und obszönen Darstellungen auf Alltagsgegenständen über deftige Szenen im Theater bis hin zu hochpoetischen Versen. Thema war das Liebesleben in all seinen Ausdrucksformen – auch gleichgeschlechtliche Erotik und Liebe.

Muss Leidenschaft leidvoll sein?

Über Liebe und Leidenschaft schreiben auch die beiden Autoren dieser Sequenz, jedoch aus ganz unterschiedlichen Blickwinkeln:

Catull spricht aus der Perspektive des Verliebten. Das „poetische Ich" seiner Gedichte ist Opfer seiner Gefühle, durchlebt Höhen und Tiefen einer Liebesbeziehung und verarbeitet sie poetisch.

Ovid hingegen präsentiert sich in mehreren Rollen: In einigen seiner Werke nimmt sein „poetisches Ich" die Rolle des Verliebten ein, in anderen tritt er sogar als Lehrer der Liebe auf, verrät Tricks und zeigt so, dass Leidenschaft beherrschbar sein kann.

1 Ordnen Sie jedem Dokument (Text bzw. Bild) die passende Beschreibung zu und begründen Sie Ihre Wahl:
Texte:
- Liebeszauber
- Eheschließungsformel
- Brief des Plinius über seine Frau **(ep. 4.19.2)**
- Brief des Plinius an seine Frau **(ep. 7.5.1)**
- Kosenamen
- Graffiti aus Pompeji

Bilder:
- Eheschließung
- Bordellwerbung in Pompeji
- Triumphierende Venus
- Fruchtbarkeitsgott Priapus (mit abgenommener Hülle)

2 Beschreiben Sie, welche Vorstellung von Liebe jeweils vermittelt wird. Was davon ist „echte" Liebe? Was Erotik? Begründen Sie Ihre Antwort.

3 Was davon ist für Sie „unanständig"? Begründen Sie Ihre Antwort.

a

b

[❤ 1]
mea lux | mea vita | desiderium | pupula |
meae deliciae | anima dulcis et suavis | mus

[❤ 2]

ANTIOCHUS HIC MANSIT CUM SUA CITHERA

MUS V(ale)

IARINUS HIC CUM ATHETO FUTUIT

[❤ 3]
Meos libellos habet, lectitat, ediscit etiam. *Sogar meine Verse singt sie und spielt sie auf der Kithara –* non artifice aliquo docente, sed amore, qui magister est optimus. Non aetatem meam aut corpus, sed gloriam diligit.

[❤ 4]
Quaecumque desidero, *soll tun Vettia, die Tochter der Optata!* Ut amoris mei causa non dormiat, non cibum accipere possit! *Ihren Willen soll verlieren Vettia, die Tochter Optata,* ut amet me, *Felix, den Sohn der Fructa! Die Erinnerung* patris et matris et aliorum virorum amoris mei gratia *soll verlieren Vettia, die Tochter der Optata!* Solum me in mente habeat *liebestoll, liebestoll, ruhelos! Es brenne, friere, glühe Vettia, die Tochter der Optata,* amoris et desiderii mei causa.

[❤ 5]
Ubi tu Gaius, ibi ego Gaia.

[❤ 6]
Es ist unglaublich, wie sehr ich mich nach dir sehne. Grund dafür ist amor primum, deinde, quod non consuevimus abesse. *Ein weiterer Grund ist,* quod magnam noctium partem in imagine tua vigil exigo.

c

d

CATULL: CARMINA

Wer war Catull?

Über das Leben des Gaius Valerius Catullus ist nicht viel bekannt: Geboren wurde er Anfang des **1. Jh. v. Chr.** im norditalienischen **Verona** und stammte wohl aus **vornehmer Familie**. Für vornehme Römer war es damals üblich, nach Rom und in die Politik zu gehen. Sie beschäftigten sich auch mit Poesie und dichteten vielleicht sogar selbst, aber nur nebenbei. Auch Catull ging nach Rom – er allerdings **dichtete hauptberuflich**! Das hatte es bislang nicht gegeben. Den Zugang zu seinem Publikum – den elitären literarisch gebildeten Kreisen – öffneten ihm wohl Förderer wie etwa **Cornelius Nepos**, der als Biograf und Verfasser einer Universalgeschichte selbst literarisch tätig war. Ihm widmete Catull seine *carmina* – sein Gedichtbuch.

Catulls *carmina*-Buch

In Catulls carmina-Buch dominieren die Themen **Liebe**, Leidenschaft und Freundschaft, es gibt aber auch beißenden **Spott** (z.B. gegen Politiker wie Caesar). Catull orientierte sich formal an den poetischen Gattungen der **griechischen Tradition** und übernahm deren unterschiedliche Versmaße, u.a. das elegische Distichon und den sog. Hendekasyllabus (Elfsilber). Das letztere Versmaß findet sich schon bei der griechischen Lyrikerin **Sappho von der Insel Lesbos** (um 600 v. Chr.). Wie sehr sich Catull von dieser Dichterin beeinflusst fühlte, mag man daran erkennen, dass er der Geliebten (*puella*) einiger seiner berühmtesten Liebesgedichte den Namen „Lesbia" gab.

→ Die Dichterin Sappho, S. 61

Catull und Lesbia

Catulls Leben wollte man immer wieder aus seinen Gedichten rekonstruieren. Besonderes Interesse weckten und wecken seine **„Lesbia-Gedichte"**. Man vermutete sogar, dass „Lesbia" der Deckname einer vornehmen Römerin namens Clodia war. Allerdings lässt sich das nicht mit Bestimmtheit nachweisen. Denn wenngleich Catull in diesen Gedichten immer wieder „ich" sagt, kann man nicht unbedingt davon ausgehen, dass der historische Catull mit dem Ich der Dichtung, also dem sogenannten poetischen Ich, übereinstimmt. Trotzdem ist und bleibt es spannend, in den Gedichten die Entwicklung einer Liebesbeziehung nachzuvollziehen – mag diese nun wirklich so stattgefunden haben oder nicht.

Ein neuer Klang in Rom

Neu, frech und dabei gelehrt und kunstvoll – so stellt sich Catulls Dichtung im Literaturbetrieb seiner Zeit dar. Sie entsprach dem Stilideal der sogenannten **Neoteriker**, einer Gruppe von Dichtern, der sich Catull zugehörig fühlte. Ihr Stil prägte die spätere römische Dichtung; Catull war darüber hinaus von **enormer Wirkung** für die abendländische Literatur überhaupt: Dies bezeugen die zahlreichen Ver- und Bearbeitungen seiner Gedichte über die Jahrhunderte hinweg bis heute.

→ GUT ZU WISSEN

Die Neoteriker – die „Neuen"

Die Bezeichnung Neoteriker geht auf Cicero zurück, der die Dichter um Catull *„poetae novi"* (griech. *neóteroi*) nannte. Die Neoteriker eiferten der künstlerischen Meisterschaft **hellenistischer** Dichter nach, vor allem der des **Kallimachos** (3. Jh. v. Chr.). Dieser meinte: Μέγα βιβλίον, μέγα κακόν („ein großes Buch, ein großes Übel") – und so zogen auch die Neoteriker poetische Kleinformen dem großen Gedicht (v.a. dem Epos) vor: Nicht staatstragend sollte es sein, sondern geistreich, auch gelehrt, und ausgefeilt; nicht die traditionellen „großen" Themen und Formen standen im Zentrum, sondern persönliches Erleben und Empfinden.

→ S. 238 Übersicht zur römischen Republik

Widmung an Cornelius Nepos c. 1

Cui dono lepidum novum libellum
arida modo pumice expolitum?
Corneli, tibi: Namque tu solebas
meas esse aliquid putare nugas,
iam tum, cum ausus es unus Italorum
omne aevum tribus explicare chartis –
doctis, Iuppiter, et laboriosis!
Quare habe tibi quidquid hoc libelli –
qualecumque; quod, o patrona virgo,
plus uno maneat perenne saeclo!

Wem schenke ich das nette neue Büchlein,
das gerade mit trockenem Bimsstein geglättete?
Cornelius, dir! Denn du pflegtest zu glauben,
dass meine Kleinigkeiten wirklich etwas sind,
schon damals, als du als einziger Italer wagtest,
die gesamte Weltgeschichte in drei Büchern darzulegen –
in gelehrten, bei Jupiter, und arbeitsreichen!
Deshalb sollst du das Büchlein haben, was und wie es auch
immer sein mag; es soll, o Muse, du jungfräuliche Patronin,
länger als ein Jahrhundert – ewig! – Bestand haben!

2 **pumice expolitum** *Die Buchrollen wurden mit Bimsstein geglättet. Dieser Ausdruck bedeutet so viel wie „druckfrisch".*

9 **patrona virgo** *Catull wendet sich an die Muse als Patronin der Dichter. Der Musenanruf ist v. a. im Epos üblich.*

Catull. Bronzebüste in Sirmione am Gardasee.

1 Entwickeln Sie auf der Grundlage der zeitpolitischen Umstände eine Vermutung, warum Catull – entgegen den gesellschaftlichen Konventionen seines Standes – nicht politisch tätig war.

2 **a** Arbeiten Sie aus dem Widmungsgedicht an Cornelius Nepos Begriffe heraus, mit denen Catull sein Buch beschreibt.
b Erläutern Sie, inwiefern das Gedicht in V. 9 f. eine unerwartete Wendung nimmt.
c Weisen Sie nach, dass sich Catull hier zum Stilideal der Neoteriker bekennt.
→ Die Neoteriker, S. 48

3 **a** Beschreiben Sie die moderne Büste Catulls – ein Phantasieporträt – und erörtern Sie, welches Bild der Künstler von Catull vermitteln wollte.
b Die Büste ist in der Stadt Sirmione aufgestellt. Erklären Sie durch Recherche, was Sirmione mit Catull verbindet.

→ BD lateinlex.de/d1vw

→ S. 213 Hendekasyllabus

Lieber Spatz! c. 2

1 Geben Sie aus dem Text Begriffe bzw. Formulierungen an, die auf den Spatzen, das Mädchen und den Dichter hinweisen, und stellen Sie – ggf. mithilfe der Abbildung – erste Vermutungen über das Verhältnis der drei an.

2 Erschließen Sie für die blau bzw. lila bzw. rot hervorgehobenen Wörter jeweils die Funktion im Satz.

Passer, deliciae meae puellae,
quicum ludere, quem in sinu tenere,
cui primum digitum dare appetenti
et acrīs solet incitare morsus,
cum desiderio meo nitenti
carum nescio quid lubet iocari
ut solaciolum sui doloris,
(credo, ut tum gravis acquiescat ardor):
tecum ludere sicut ipsa possem
et tristīs animi levare curas!

2 **quīcum** = quōcum (cum quō)
4 **morsus**, *-ūs m* Biss
5 **dēsīderiō meō** (*gemeint ist die* puella)
nitēns, *-entis* strahlend
6 **cārum nesciō quid iocārī** irgendeinen netten Spaß machen
7 **ut** *(hier)* als
8 **acquiēscere**, *-ō* zur Ruhe kommen
9 **ipsa** (*gemeint ist die* puella)
10 **levāre** erleichtern

3 **a** Beschreiben Sie den Gefühlszustand von *poeta* und *puella* und belegen Sie Ihre Beschreibungen am Text.
b Erstellen Sie – ggf. digital – eine Grafik, in der Sie die Beziehung zwischen *poeta, puella* und *passer* veranschaulichen (z. B. durch [Doppel]pfeile).

4 **a** Weisen Sie nach, dass das Gedicht wie ein Gebet oder Hymnus aufgebaut ist, indem Sie es entsprechend gliedern.
→ Der antike Hymnus, S. 51
b Stellen Sie Vermutungen an, warum sich Catull für dieses Gedicht an der Form eines Gebetes orientierte. Beziehen Sie dabei auch die Möglichkeit der Ironie mit ein.
c Erklären Sie, inwiefern das Gedicht im Hinblick auf das „Gebetsanliegen" eine unerwartete Wendung nimmt.

→ BD lateinlex.de/d1vx

→ S. 213 Hendekasyllabus

Lesbia und ihr Spatz. Gemälde von G.-Ch. Brun (1860)

→ MEHR ERFAHREN

Der antike Hymnus

Der Hymnus (Lob- und Bittgesang an eine Gottheit) besteht meist aus drei Teilen:

- I Anrufung der Gottheit (im Vokativ)
- II Aufzählung ihrer Leistungen oder Wirkungen (oft in Relativsätzen)
- III Formulierung des Gebetsanliegens oder Bitte um Erscheinung der Gottheit

5 **a** Beschreiben Sie die Abbildung und erörtern Sie, ob dadurch Stimmung und Aussage des Gedichtes angemessen wiedergegeben werden.

b Konzipieren Sie – ggf. digital – eine alternative Darstellung.

6 Im Hellenismus waren Epigramme mit Tieren als Adressaten beliebt.

a Arbeiten Sie Gemeinsamkeiten und Unterschiede zwischen **c. 2** und dem Auszug aus einem Epigramm des hellenistischen Dichters Meleager (2./1. Jh. v. Chr.) heraus.

b Weisen Sie an **c. 2** Elemente des neoterischen Stilideals nach.

→ Die Neoteriker, S. 48

Meleager: An die Heuschrecke (Auszug)

Heuschrecke, du Stillerin meiner Sehnsüchte, Trost meines Schlafes,
Heuschrecke, du Muse der Ackerfluren mit den hellklingenden Flügeln,
du natürliche Lyra, spiel mir ein Sehnsuchtslied
und lass' dazu mit den Beinchen deine singenden Flügel ertönen!
Befreie mich doch von den Qualen meiner schlaflosen Sorgen,
Heuschecke, und lass den Ton erklingen, der über das Liebesleid hinwegtäuscht.
Ich werde dir dafür am Morgen immergrünen Lauch
geben und Tau dir träufeln in deinen Mund.

Der Spatz ist tot! c. 3

1 Das Gedicht lässt sich in drei Abschnitte untergliedern. Erschließen Sie den Inhalt jedes Abschnittes u. a. auf der Grundlage der hervorgehobenen Wörter, die ihn einleiten.

2 **a** Gliedern Sie den zweiten Abschnitt des Gedichtes, indem Sie die Tempora der Prädikate analysieren.

b **EXTRA:** Erschließen Sie aufgrund der Bedeutung der Prädikate weitere Informationen über diesen Abschnitt.

Lugete, o Veneres Cupidinesque,
et quantum est hominum venustiorum:

Passer mortuus est meae puellae,
passer, deliciae meae puellae,
quem plus illa oculis suis amabat.
Nam mellitus erat suamque norat
ipsam tam bene, quam puella matrem,
nec sese a gremio illius movebat,
sed circumsiliens modo huc modo illuc
ad solam dominam usque pipiabat.
Qui nunc it per iter tenebricosum
illuc, unde negant redire quemquam.

At vobis male sit, malae tenebrae
Orci, quae omnia bella devoratis:
Tam bellum mihi passerem abstulistis.
O factum male! o miselle passer!
Tua nunc opera meae puellae
flendo turgiduli rubent ocelli.

1 **Venerēs Cupīdinēsque** Liebesgöttinnen und -götter
2 **quantum … venustiōrum** alle Freunde der Venus
6 **mellitus** (honig)süß, entzückend
7 **ipsa** *(hier)* Herrin, „Frauchen“ (eines Haustiers)
8 **gremium** Schoß
9 **circumsilīre** herumhüpfen
12 **unde … quemquam** woher – wie man sagt – keiner zurückkommt
13 **male esse** schlecht ergehen
14 **Orcus** Unterwelt
16 **misellus** (*Diminutiv von* miser)
18 **turgidulus** (*Diminutiv von* turgidus) geschwollen
rubēre rot sein
ocellus (*Diminutiv von* oculus)

→ BD lateinlex.de/d1vy

→ S. 213 Hendekasyllabus

3 **a** Um wen geht's hier eigentlich? Erläutern Sie, inwiefern das Gedicht in den letzten beiden Versen eine überraschende Wendung nimmt.

b „Armes Spätzchen!" – „Armes Mädchen!" – „Böses Schicksal!" – Erörtern Sie auf der Grundlage Ihrer Ergebnisse von **a**, welche Überschrift am besten passt. Formulieren Sie weitere Überschriften und diskutieren Sie diese in der Lerngruppe.

4 Das Gedicht strahlt große Emotionalität, ja sogar Pathos aus.

a Erläutern Sie, welche Rolle dabei die inhaltliche Gestaltung des zweiten Abschnitts (V. 3–12) spielt.

b Weisen Sie anhand ausgewählter Stellen nach, wie Emotionalität und Pathos durch sprachlich-stilistische Mittel gesteigert werden.

c Erläutern Sie, welche Funktion dabei den Diminutiven im Text zukommt.

5 Arbeiten Sie aus dem Text Anspielungen auf antike Jenseitsvorstellungen heraus und erläutern Sie diese inhaltlich.

6 Einige Interpreten sehen in diesem Gedicht viele Übertreibungen und glauben deshalb, dass hier keine echt empfundene Trauer geäußert wird. Stellen Sie in der Lerngruppe entsprechende Textstellen zusammen und diskutieren Sie diese Einschätzung in der Lerngruppe.

7 Beschreiben Sie die Abbildung und erörtern Sie, inwiefern die dargestellte Szene der Aussage und Stimmung des Gedichtes entspricht.

Catull tröstet Lesbia über den Tod ihres Spatzen und schreibt eine Ode. Gemälde von Antonio Zucchi (um 1773)

→ S. 206 Stilmittel

Eine Kussrechnung c. 5

1 V. 1–3: Stellen Sie eine Vermutung über den Inhalt dieser Verse an, indem Sie die Prädikate übersetzen. Achten Sie dabei auf deren Modus und dessen Funktion.

2 Geben Sie die Passage des Gedichtes an, auf die sich die Überschrift bezieht.

Vivamus, mea Lesbia, atque amemus,
rumoresque senum severiorum
omnes unius aestimemus assis!
Soles occidere et redire possunt:
Nobis cum semel occidit brevis lux,
nox est perpetua una dormienda.
Da mi basia mille, deinde centum,
dein mille altera, dein secunda centum,
deinde usque altera mille, deinde centum!
Dein, cum milia multa fecerimus,
conturbabimus illa, ne sciamus,
aut ne quis malus invidere possit,
cum tantum sciat esse basiorum.

3 **unīus aestimāre assis** nur für einen As *(kleine römische Münzeinheit)* wert halten; nichts geben auf
8/10 **dein** = deinde
10 **mīlia multa** *ergänze* bāsia
11 **conturbāre** (eine Rechnung) in Unordnung bringen
nē sciāmus *ergänze gedanklich: wie viele es waren*
13 **tantum** *(hier)* so viele

3 Gliedern Sie das Gedicht und formulieren Sie für jeden Abschnitt eine passende Überschrift.

4 Dieses Gedicht ist typisch neoterisch. Belegen Sie dies, indem Sie die in der Tabelle aufgeführten stilistischen Mittel im Text nachweisen und jeweils deren Wirkung beschreiben.
→ Die Neoteriker, S. 48

Vers	Stilistisches Mittel	Wirkung
2	Klangliche Gestaltung / Lautmalerei	?
5–6	Effektvolle Gegenüberstellung von Worteinheiten mit wenigen und vielen Silben	?
6; 7–9	Effektvoller Einsatz von Hiatvermeidungen	?
7–9	Anaphern und Epiphern	?

→ BD lateinlex.de/d1vz

→ S. 206 Stilmittel
→ S. 213 Hendekasyllabus

5 *Carpe diem!* („Pflücke den Tag!“) empfiehlt der Dichter Horaz.
  - **a** Erläutern Sie, inwiefern dies der epikureischen Lehre entspricht. Stellen Sie dazu in der Lerngruppe Informationen zum Epikureismus zusammen.
  - **b** Weisen Sie epikureisches Gedankengut in **c. 5** nach.
  - **c** Erläutern Sie, inwiefern sich die epikureische Lehre mit dem Ideal der Neoteriker vereinbaren lässt.
    → Die Neoteriker, S. 48

6 G. E. Lessings Gedicht „Die Küsse“ ist unverkennbar von Catulls **c. 5** inspiriert. Vergleichen Sie beide Gedichte in Inhalt und Aufbau und arbeiten Sie Gemeinsamkeiten und Unterschiede heraus.

7
  - **a** Geben Sie die Stelle im Text an, an der auf den „bösen Blick“ angespielt wird und beschreiben Sie die im Text vorgeschlagene Gegenmaßnahme. → Der böse Blick
  - **b** Auch heute ist die Furcht vor dem „bösen Blick“ lebendig. Recherchieren Sie danach und stellen Sie verbreitete Vorstellungen und Gegenmaßnahmen zusammen; beziehen Sie auch die Abbildung ein.

Oben: Darstellung mit bösem Blick. Röm. Mosaik aus Antiochia (Syrien) (2. Jh. n. Chr.).
Unten: Nazar-Amulette zur Abwehr des bösen Blicks auf einem heutigen Markt.

→ MEHR ERFAHREN
Der böse Blick

Im Volksglauben der Antike – aber auch der Gegenwart – gibt es die Vorstellung, dass anderen Menschen durch das bloße Anschauen Schaden zugefügt werden kann. Dem Auge werden also negative magische Kräfte zugeschrieben, die sich durch den Blick entfalten. Eine Form des „Bösen Blickes“ ist der „Neidblick“. Dies wird am lateinischen Wort *„invidere“* greifbar, das eigentlich „hinschauen“ bedeutet. Schutz vor dem bösen Blick sollten bestimmte Gesten, Sprüche oder Amulette bieten. Abgesehen vom „Bösen Blick“ glaubte man an vielfache andere Möglichkeiten der Verhexung.

G. E. Lessing: Die Küsse (18. Jh.)

Der Neid, o Kind,
Zählt unsre Küsse;
Drum küß' geschwind
Ein Tausend Küsse;
Geschwind du mich!
Geschwind ich dich!
Geschwind, geschwind,
O Laura, küsse
Manch Tausend Küsse;
Damit er sich
Verzählen müsse.

Küsse wie Sand in der Wüste c. 7

1 V. 1–6:
- **a** Geben Sie aus dem Text die Ausdrücke an, die im „Gut zu wissen“ **fett gedruckt** sind.
  → Kyrene, S. 57
- **b** Geben Sie die Wörter an, die sich (inhaltlich und nach KNG) auf die in **a** herausgearbeiteten Begriffe beziehen.

2 Erläutern Sie die Struktur des Gedichtes anhand der farbigen Wörter im lateinischen Text. Verwenden Sie dabei folgende Begriffe: Frage – Antwort – Vergleich.

Quaeris, quot mihi basiationes
tuae, Lesbia, sint satis superque.
Quam magnus numerus Libyssae harenae
lasarpiciferis iacet Cyrenis
oraclum Iovis inter aestuosi
et Batti veteris sacrum sepulcrum;
aut quam sidera multa, cum tacet nox,
furtivos hominum vident amores:
tam te basia multa basiare
vesano satis et super Catullo est,
quae nec pernumerare curiosi
possint nec mala fascinare lingua.

2 **satis superque** genug und übergenug
3 **Libyssus** libysch
4 **lāsarpīcifer**, *-era, -erum* silphionreich → Kyrene, S. 57
5 *Ordne:* inter ōrāc(u)lum Iovis aestuōsī
aestuōsus heiß, hitzeflimmernd (*inhaltlich zu beziehen auf* ōrāclum; *Enallage*)
10 **vesānus** wahnsinnig; liebestoll
satis et super (*wie V. 2*)
12 **fascināre** (*durch Verwünschungen*) behexen → Der böse Blick, S. 55

Martial: Küss' mich! Mart. c. 6.34

Küsse gib mir, Diadumenos, zahlreiche! „Wie viele?“ fragst du:
Die Fluten des Ozeans zu zählen befiehlst du mir
und die über die Strände des Ägäischen Meeres verstreuten Muscheln
und die Bienen, die am kekropischen* Berg umherfliegen,
und die Stimmen und die Hände, die im vollen Theater ertönen,
wenn das Volk das Antlitz des plötzlich erscheinenden Kaisers sieht.
Ich will nicht so viele wie – durch Bitten erweicht – Lesbia gab
dem geistreichen Catull: Wenige Küsse verlangt der, der sie zählen kann!

* **kekropisch** gelehrte Umschreibung von athenisch

→ BD lateinlex.de/d1v1
→ S. 209 Vergleich (zu Aufgabe 2)
→ S. 207 Enallage
→ S. 213 Hendekasyllabus
→ S. 230 Kekrops

→ GUT ZU WISSEN

Kyrene

Im 7. Jh. v. Chr. gründete Battos, der von der griechischen Insel Thera (heute Santorin) stammte, in **Libyen** an der nordafrikanischen Küste die Stadt **Kyrene** (lat. *Cyrenae, -arum*). Die Gegend war in der Antike berühmt für das Vorkommen der Heilpflanze **Silphion** – Hauptexportgut Kyrenes – und für das **Orakel** des gehörnten **Zeus** (**Jupiter**) Ammon. Der Stadtgründer **Battos** wurde nach seinem Tod als Heros verehrt und sein **Grab** zur Kultstätte. Auf ihn als Ahnherrn führte sich die Familie des aus Kyrene stammenden Dichters Kallimachos zurück.

→ Die Neoteriker, S. 48

Der Kuss. Gemälde von Gustav Klimt (1907)

Münze aus Kyrene (um 400 v. Chr.).
Auf der Rückseite (rechts) sind die griech. Buchstaben KYPANA z. T. noch lesbar.

3 Beschreiben Sie die Münze und weisen Sie nach, dass Vorder- und Rückseite Bezüge zur Stadt Kyrene haben. → Kyrene

4 **a** Beschreiben Sie die unterschiedliche Wirkung der beiden im Gedicht verwendeten Vergleiche.

b Erläutern Sie, inwiefern beide Vergleiche dem Ideal der Neoteriker entsprechen.

5 **a** Weisen Sie nach, dass Martial in **6.34** („Küss' mich") Catulls **c. 5** und **7** aufgreift.

b Erläutern Sie, inwiefern Martials V. 7 f. eine Art Kritik an Catulls **c. 5** enthalten, und nehmen Sie Stellung zu dieser „Kritik".

6 Mit welchem Gedicht könnte der Sprecher wohl mehr bei seiner Geliebten „punkten" – **c. 5** oder **c. 7**? Stellen Sie begründete Vermutungen an und diskutieren Sie in der Lerngruppe.

7 Beschreiben Sie das Gemälde „Der Kuss" von Gustav Klimt und vergleichen Sie es im Hinblick auf die Stimmung mit Catulls **c. 7**.

Armer Catull! c. 8

1 Stellen Sie alle Aufforderungen (Imperativ / Konjunktiv Präsens) zusammen und erschließen Sie, wer diese Aufforderungen wem gegenüber formuliert.

2 Das Gedicht arbeitet mit der bewussten, refrainartigen Wiederholung von zwei Gedanken. Arbeiten Sie diese heraus und erschließen Sie deren Bedeutung im Hinblick auf das Thema „Liebeskummer".

Miser Catulle, desinas ineptire,
et, quod vides perisse, perditum ducas!
Fulsere quondam candidi tibi soles,
cum ventitabas, quo puella ducebat
amata nobis, quantum amabitur nulla.
Ibi illa multa cum iocosa fiebant,
quae tu volebas nec puella nolebat,
fulsere vere candidi tibi soles.
Nunc iam illa non vult: Tu quoque impotens noli,
nec, quae fugit, sectare, nec miser vive,
sed obstinata mente perfer, obdura!
Vale, puella, iam Catullus obdurat,
nec te requiret nec rogabit invitam.
At tu dolebis, cum rogaberis nulla.
Scelesta, vae te, quae tibi manet vita?
Quis nunc te adibit? Cui videberis bella?
Quem nunc amabis? Cuius esse diceris?
Quem basiabis? Cui labella mordebis?
At tu, Catulle, destinatus obdura!

1 **ineptīre** ein Narr sein
2 **perditum dūcere** verloren geben, für verloren halten
4 **ventitāre** = immer wieder (hin) kommen
5 **nōbīs** = ā nōbīs
quantum wie sehr
6 **iocōsus** scherzhaft, kurzweilig
9 **impotēns** du Unbeherrschter!
10 **sectārī** *(m. Akk.)* nachlaufen
11 **obstinātus** standhaft, unbeirrt
14 **cum rogāberis nūlla** wenn keiner mehr nach dir fragen wird
15 **vae tē** wehe dir!
17 **Cuius esse dīcēris?** Als wessen Geliebte wirst du gelten?
18 **labellum** (*Diminutiv zu* labrum: Lippe)

3 Gliedern Sie das Gedicht und formulieren Sie für jeden Abschnitt eine Überschrift!

→ BD lateinlex.de/d1v2

→ S. 213 Hinkjambus

→ MEHR ERFAHREN

Phasen des Liebeskummers

Viele psychologische Ratgeber beschreiben die typischen Phasen des Liebeskummers. Dies sieht dann so oder so ähnlich aus:

	Phase	Tipp
1	Du willst es nicht wahrhaben und verdrängst.	Mach dir klar, dass es vorbei ist!
2	Du verklärst die Beziehung und schwelgst in der Vergangenheit.	Mach dir klar, dass nicht alles so rosig war!
3	Du fühlst dich hilflos und erstarrt.	Suche das Gespräch mit Freunden! Formuliere deine Gefühle!
4	Du hoffst auf ein Revival der Beziehung, ggf. in anderer Form: Offene Beziehung? Lass' uns Freunde sein?!	Denke immer daran, was dir guttut!
5	Dir wird klar, dass das Aus endgültig ist. Du fühlst Wut und suchst die Schuld bei deiner/deinem Ex.	Versuche, negative Gefühle in positive Energien umzuwandeln, z. B. in künstlerischen Betätigungen, Hobbies usw.!
6	Du schwankst zwischen Einsicht und Verzweiflung. Allmählich überwiegt die Akzeptanz.	Versuche loszulassen! Baue Selbstwertgefühl auf und verstehe, dass du auch ohne sie / ihn etwas wert bist!

4 **a** Erörtern Sie anhand von Textbelegen und ggf. deren sprachlich-stilistischer Gestaltung, welche Phase(n) des Liebeskummers der poetische Sprecher durchläuft bzw. durchlaufen hat.
→ Phasen des Liebeskummers
b Arbeiten Sie den Tipp heraus, den er selbst gegen Liebeskummer formuliert.
c Erörtern Sie, ob er bereits das Schlimmste hinter sich hat oder nicht.

5 *destinatus* (V. 19) kann „unbeirrt" bedeuten (wie *obstinatus*), aber auch „verlobt, für jemanden bestimmt". Entscheiden Sie sich für eine Auffassung und begründen Sie.

6 Das Gedicht ist im für Spottverse typischen Hinkjambus geschrieben. Daher meinen manche Philologen, dass das Gedicht eher Spott als Mitgefühl für den Sprecher erregen soll. Nehmen Sie Stellung dazu.

Die sechs Phasen des Liebeskummers

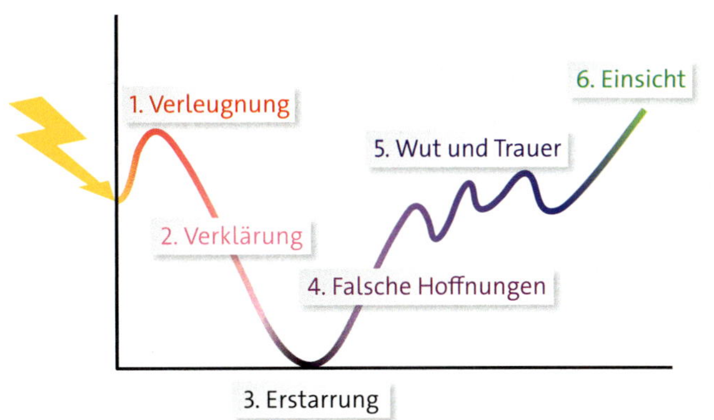

→ S. 206 Stilmittel

Göttergleich c. 51

1 Erschließen Sie auf der Grundlage der hervorgehobenen Wörter die Ausgangssituation des Gedichtes.

2 Geben Sie mithilfe von Textbelegen den Abschnitt des Gedichtes an, in dem Liebessymptome beschrieben werden.

Ille mi par esse deo videtur,
ille, si fas est, superare divos,
qui sedens adversus identidem te
spectat et audit

dulce ridentem, misero quod omnis
eripit sensus mihi: Nam simul te,
Lesbia, aspexi, nihil est super mi
< * * * * * >

lingua sed torpet, tenuis sub artus
flamma demanat, sonitu suopte
tintinant aures, gemina teguntur
lumina nocte.

Otium, Catulle, tibi molestum est.
Otio exsultas nimiumque gestis.
Otium et reges prius et beatas
perdidit urbes.

3 **adversus** *(Adv.)* gegenüber (*zu* sedēns)
identidem immer wieder, unaufhörlich (*zu* spectat)
6 **simul** *(hier)* sobald
7 **est super** es ist übrig, es bleibt übrig
9 **torpēre** gelähmt sein
artūs, *-uum m Pl.* Glieder, Gliedmaßen
10 **dēmānāre** herunterfließen
sonitus, *-ūs m* das Dröhnen
suōpte = *(verstärktes)* suō
11 **tintināre** klingen
geminus doppelt (geminā *formal zu* nocte, *inhaltlich zu* lūmina; *Enallage*)
14 **exsultāre** übermütig sein
gestīre ausgelassen sein

→ BD lateinlex.de/d1v3

→ S. 213 Sapphische Strophe
→ S. 207 Enallage

3 Catulls **c. 51** ist eine Nachgestaltung eines berühmten Gedichts der Sappho (s. Kasten).
- **a** Vergleichen Sie die Gedichte miteinander.
- **b** Begründen Sie, warum manche Interpreten die letzte Strophe bei Catull als Fremdkörper empfinden, und erläutern Sie die Aussage dieser Strophe.
- **c** In der Antike galt es als große Leistung, einem künstlerischen Vorbild so nahe wie möglich zu kommen. Heutzutage zählt eher die originelle Eigenschöpfung. Diskutieren Sie den Wert von **c. 51** als Kunstwerk – damals wie heute.

4 In der Überlieferung von **c. 51** fehlt Vers 8. Um diese Lücke zu füllen, wurden unterschiedliche Vorschläge gemacht, z. B. <*Lesbia vocis*> oder <*vocis in ore*>. Manche Interpreten gehen sogar davon aus, dass Catull bewusst diese Strophe nicht vollendet hat.
- **a** Erschließen Sie, auf welcher Überlegung diese Vorschläge basieren.
- **b** Diskutieren Sie die Vorschläge.

5 Beschreiben Sie die Abbildung und erklären Sie, inwiefern Sappho eindeutig als Lyrikerin erkennbar ist.

→ MEHR ERFAHREN

Die Dichterin Sappho

In der Zeit um 600 v. Chr. stand auf der griechischen Insel **Lesbos** die **Lyrik** in Blüte, d. h. Gedichte, die zur Begleitung eines Saiteninstruments **(Lyra)** gesungen wurden. Besonders berühmt sind die ausdrucksstarken Verse der Dichterin Sappho. In vielen ihrer Gedichte besingt sie schöne Mädchen, oft mit einer homoerotischen Komponente (daher der heutige Begriff **lesbisch**). Über die Hintergründe weiß man wenig. Sappho stammte aus einer adeligen Familie und war verheiratet. Ihre Gedichte lassen vermuten, dass sie einen Kreis von (jüngeren) Gefährtinnen anführte, die sie auch unterrichtete, und dass die Mädchen die Gemeinschaft verließen, wenn sie selbst heirateten. Das hier abgedruckte Fragment bezieht sich vielleicht auf die Hochzeitsfeier einer Gefährtin.

Sappho: Göttergleich

Es scheint mir jener gleich den Göttern
zu sein, der Mann, der gegenüber dir
sitzt und aus der Nähe dir zuhört,
wenn du süß redest

und wenn du reizend lachst, was mein
Herz in der Brust aufgeschreckt hat;
denn sooft ich auch nur kurz auf dich blicke, habe
ich keine Stimme mehr,

sondern gebrochen ist die Zunge, ein feines
Feuer ist sogleich mir unter die Haut gelaufen,
mit den Augen sehe ich nichts, es dröhnen
die Ohren,

kalter Schweiß rinnt an mir herab, und ein Zittern
packt mich ganz, und fahler als Gras
bin ich - und nicht weit davon entfernt, tot zu sein,
scheine ich mir selbst.

Aber alles ist auszuhalten < ****** >

Sappho und ihr „Dichterkollege“ Alkaios auf einem griechischen Gefäß (um 475 v. Chr.)

→ S. 213 Sapphische Strophe

Abschied von Lesbia?

1 Erschließen Sie auf der Grundlage von Schlüsselbegriffen die Stimmung der beiden Gedichte.

Widerstreitende Gefühle c. 85

Odi et amo. Quare id faciam, fortasse requiris.
Nescio, sed fieri sentio et excrucior.

2 **excruciāre**: martern, foltern *(von crux, crucis: Kreuz)*

Hassen und lieben zugleich muss ich. — Wie das? — Wenn ich's wüsste!
Aber ich fühl's, und das Herz möchte zerreißen in mir.
– E. Mörike (1840)
Hassen und lieben, warum ich es tue, das magst du wohl fragen.
Weiß ich's doch nicht, nur wie's tut, fühl ich und hänge am Kreuz.
– W. Herlitschka (1948)
Von Hass und Liebe schwillt mein Herz. Fragst du: Warum?
Weiss nicht, fühl nur: So ist's — und Schmerz zerreißt mich drum.
– P. Mahn (1925)

Alles gut? c. 109

Iucundum, mea vita, mihi proponis amorem
hunc nostrum inter nos perpetuumque fore.
Di magni, facite, ut vere promittere possit,
atque id sincere dicat et ex animo,
ut liceat nobis totā perducere vitā
aeternum hoc sanctae foedus amicitiae.

1 **mea vīta** *(gemeint ist die Geliebte)*
mihi prōpōnis *davon AcI abhängig:* iūcundum ... fore
3 **possit ... dīcat** *Subjekt ist die* puella
4 **sincērē** *(Adv.)* aufrichtig
5 **ut** *(final)*
6 **sānctae** *(Enallage: formal zu* amīcitiae, *inhaltlich zu* foedus)

→ BD lateinlex.de/d1v4

→ S. 207 Enallage (zu c. 109)
→ S. 208 Hyperbaton (zu c. 109)

2 Der Philologe N. Holzberg äußert sich über **c. 85** so: „Er will die Leidenschaft für die *puella* als etwas ganz Besonderes darstellen, indem er seine Selbstanalyse als ausgesprochen ungewöhnlichen Text präsentiert. Es ist auch wirklich genial, wie er das, was er sagen möchte, wahrhaftig ‚auf den Punkt bringt'." Erläutern Sie anhand des lateinischen Textes, wie man zu dieser Auffassung gelangen kann. Beachten Sie dabei auch die verwendeten Wortarten.

3 Hassen und lieben zugleich – geht das überhaupt? Tauschen Sie sich in der Lerngruppe darüber aus.

4 **a** Analysieren Sie das Distichon metrisch und überprüfen Sie Ihr Ergebnis anhand von S. 211 f.
b **EXTRA:** Tragen Sie es entsprechend vor.

5 Carl Orff hat in seinen *Catulli carmina* u. a. **c. 85** vertont. Beschreiben Sie, wie Orff den Text Catulls musikalisch ausdeutet und nehmen Sie Stellung zu dieser Ausdeutung.

6 Vergleichen Sie die Übersetzungen von **c. 85** miteinander (vor allem im Hinblick auf die formale Nähe zum Original und die poetische Gestaltung) und bewerten Sie sie.
Erstellen Sie in Gruppen eigene Übersetzungen und vergleichen Sie diese untereinander.

7 **c. 109** – ein zeitloses Liebesideal?
a Diskutieren Sie diese Frage, auch anhand der Abbildung.
b Diskutieren Sie, ob wohl auch Catull ein „Liebesschloss" mit der Aufschrift *Catull & Lesbia* an einer Brücke angebracht hätte.

8 **c. 109** bildet in der Sammlung der *carmina* Catulls den Abschluss der Lesbia-Gedichte. Diskutieren Sie, ob Sie dieses Gedicht als Abschluss passend finden, und schlagen Sie ggf. eine andere Positionierung vor.

9 Vom Liebesglück zum Liebesleid – eine solche Entwicklung sehen viele Philologen in den Gedichten, zumindest in **c. 2** bis **c. 8**. Andere leugnen eine rein positive Darstellung der Liebe in den ersten Gedichten. Diskutieren Sie beide Positionen.

10 Betrachten Sie das Phantasieporträt Catulls auf S. 49 nochmals. Erörtern Sie, ob es zu dem Bild passt, das Sie selbst durch die Lektüre von Catull gewonnen haben.

11 Erzählen Sie die Geschichte von „Catull und Lesbia" neu.
a Stellen Sie auf der Grundlage der gelesenen Texte die charakterlichen Eigenschaften der beiden Personen zusammen (ggf. in einer Mindmap).
b Gestalten Sie davon ausgehend in Gruppen einen Auftritt der beiden auf einer Social-Media-Plattform.

Liebesschlösser an einer Brücke in Hamburg.

→ S. 214 Dichtung und Musik
→ S. 204 Übersetzungsvergleich
→ S. 210 Versanalyse
→ S. 197 Interpretation (mit Beispiel c. 85)

OVID: ARS AMATORIA

Ein Dichter zur Zeit des Augustus

In seiner poetischen Autobiografie **(Tristia 4.10)** blickt Publius Ovidius Naso auf sein Leben und Werk zurück und erklärt:

Herkunft Trist. 4.10.3 ff.

Sulmo ist meine Heimat, reich an kalten Gewässern, neunzig Meilen von Rom entfernt. Dort bin ich geboren, und damit du auch den genauen Zeitpunkt kennst: als beide Konsuln durch gleiches Schicksal fielen.

Es war ein Jahr nach der **Ermordung Caesars**: Ein neuer Bürgerkrieg brach aus, **beide Konsuln Hirtius** und **Pansa** fielen im Kampf, und Cicero wurde ermordet. Schließlich siegte Octavian, der Adoptivsohn Caesars und spätere Kaiser Augustus. Bei Ovids Geburt war die Republik also schon am Ende; Ovid lebte unter der Herrschaft des **Augustus** und in der ***pax Augusta***.

Rat des Vaters Trist. 4.10.21 ff.

Oft sagte mein Vater: „Was nützt dir die brotlose Kunst? Selbst der große Homer starb arm." – Bewegt von diesen Worten, verließ ich den Musenberg ganz und gar, wollte nur noch Prosa schreiben.

Doch dann geschah Folgendes:

Sponte sua carmen numeros veniebat ad aptos
    et, quod temptabam scribere, versus erat.

7 **ad aptōs numerōs** im passenden Rhythmus
8 **versus** *-ūs m* Vers

1 **a** Erschließen Sie aus **Trist. 4.10.21 ff.**, von welchem Vorhaben der Vater Ovid abrät.
b Arbeiten Sie aus Z. 7 f. heraus, welchen Grund Ovid dafür angibt, dass er Dichtung statt Prosa schreibt.
c Nennen Sie die Versmaße und geben Sie Ihnen bekannte Autoren und Gattungen an, die diese Versmaße verwenden.

Amores – Liebeselegien

Im Alter von etwa 18 Jahren begann Ovid mit seinen **Liebeselegien**, den ***Amores***, die ein großer Erfolg wurden. Der Begriff *amores* bezeichnet sowohl Liebesgedichte als auch (fiktive oder echte) Liebeserlebnisse, so wie man eine Lovestory schreiben oder erleben oder eine erlebte zu einer Geschichte verarbeiten kann.

→ GUT ZU WISSEN

Die Gattung Liebeselegie

Die **Elegie** ist ursprünglich durch einen klagenden Tonfall gekennzeichnet. Versmaß ist das **elegische Distichon**. In einer typischen Liebeselegie besingt der junge Dichter die **schwierige Liebe** zu einer Frau. In **provokativer Verkehrung** der damals üblichen Werte und Rollenverteilungen leistet der Verliebte „Sklavendienst" ***(servitium amoris)*** für seine ***dura puella*** (hartherzige Freundin) oder auch ***domina*** und ist bereit, alles für sie zu tun. Obwohl er viel über sie zu klagen hat, erhofft er sich von ihr auf Dauer Liebe und Treue, was sich als Illusion erweist. Vertreter sind **Tibull**, **Properz** und **Ovid**; Ovid treibt oft ein witziges und ironisches Spiel mit den typischen Motiven der Gattung.

Ars amatoria – ein Lehrgedicht

So berühmt wie berüchtigt ist Ovids **Lehrgedicht *Ars amatoria*** („Liebeskunst"). Das Lehrgedicht war eine beliebte, wenn auch aus heutiger Sicht befremdliche antike Gattung; sie **vereinte Didaktik und Dichtung**. Stellen Sie sich vor, Ihr Physikbuch wäre von einem Dichter geschrieben, der begeistert in Versen und dichterischer Sprache über Atome schreibt! So etwas gibt es tatsächlich: Lukrez' Lehrgedicht *De rerum natura*.

→ GUT ZU WISSEN

Die Gattung Lehrgedicht

- **Hexameter** als Versmaß (wie im **Epos** – anders Ovid!)
- Anrufung der **Musen** und/oder einer **Gottheit** als **Inspirationsquelle**; dies verleiht dem Werk „höhere Weihen".
- Der Ich-Sprecher wendet sich in der Rolle eines **Lehrers** *(magister/praeceptor)* und göttlich inspirierten **Sehers** *(vates)* an **Schüler** *(discipulus)*.
- Die **didaktische Zielsetzung** zeigt sich auch in der **Struktur**.

Die ***Ars amatoria*** umfasst **drei Bücher Liebesdidaktik**. Die ersten zwei unterweisen die ***iuvenes***, das dritte die ***puellae***. Doch natürlich hört und liest das reale männliche Publikum die Ratschläge für die Mädchen und umgekehrt. An die *Ars amatoria* schließen sich die ***Remedia amoris*** („Heilmittel gegen die Liebe") an. Sie lehren, wie man sich aus einer unglücklichen Beziehung wieder löst. Zu den erotischen Dichtungen Ovids gehören auch die ***Epistulae Heroidum*** („Briefe mythischer Frauen").

Die *Metamorphosen* – ein Epos

Auch in Ovids *Metamorphosen* (Verwandlungsmythen) bleibt in vielen Varianten der Eros Thema. Sie sind Ovids bedeutendstes Werk.

Augustus' Zorn trifft den Dichter

Doch plötzlich geschieht Folgendes:

Die Verbannung **Trist. 4.10.97 ff.**

Es war das Jahr 8 n. Chr., als der Zorn des verletzten Kaisers mich nach Tomi am linken Ufer des Schwarzen Meeres ziehen ließ. Der Grund meines Sturzes ist allzu bekannt, als dass ich ihn noch angeben müsste.

Uns jedoch ist der Grund für Ovids Verbannung nicht bekannt. Ovid deutet an, *carmen et error* hätten Augustus erzürnt. Mit *carmen* ist die *Ars amatoria* gemeint, die sich zwischen den Zeilen über die Politik des Augustus lustig macht, aber vermutlich war sie nicht der ausschlaggebende Grund, da sie viele Jahre zuvor erschienen war. Worin Ovids *error* bestand, bleibt ungewiss.

Auch im Exil schrieb Ovid weiter und verfasste Elegien und Briefe in Versen: ***Tristia*** („traurige Gedichte, Klagelieder") und ***Epistulae ex Ponto*** („Briefe vom Schwarzen Meer").

Ovid überlebte Augustus um drei Jahre; er starb wohl um 17 n. Chr. in Tomi. Er wurde Vorbild und Identifikationsfigur für viele Autoren.

→ MEHR ERFAHREN

Puschkin und Ovid

Der russische Dichter Alexander Puschkin (19. Jh.) sah in Ovid einen Seelenverwandten. Er wurde u. a. wegen einiger Epigramme, die das zaristische Russland verspotteten, aus Petersburg verbannt. Bekannt ist sein Versepos *Eugen Onegin*, ein Liebesroman in Versen, dessen Erzähler aus ironischer Distanz und voller Humor das Liebesleben seiner Figuren kommentiert.

2 Diskutieren Sie, welche Autorenpersönlichkeiten sich wohl besonders von Ovid inspirieren ließen und lassen.
→ Puschkin und Ovid

3 Nennen Sie Ereignisse zu den Daten: 44 v. | 43 v. | 8 n. | 14 n. | 17 n. Chr.

4 Erklären Sie den Aufstellungsort der Statue.

Ovid. Statue in Constanta (Rumänien)

→ S. 238–239 Übersichten zur Geschichte

Liebe für Einsteiger: Das Proöm Ars 1.1–30

„Philosophie für Einsteiger!“ „Schachspielen wie die Profis!“ „Die effektivsten Dribbel-Techniken!“ Gibt es nicht für alles Ratgeber oder Tutorials? In der Antike gab es Ratgeber in Vers und Prosa, etwa über Medizin oder auch über Redekunst *(ars dicendi)*. Doch Ovids Lehrgedicht hat ein gewagteres Ziel. Es beginnt so:

1 V. 1–2: Geben Sie den Ausdruck an, der dem Titel *Ars amatoria* entspricht.

2 V. 5–10: Automedon und Tiphys sind mythische Figuren. Erschließen Sie deren **jeweilige *ars***.
→ Die Fahrt als Leitmotiv, S. 67

3 V. 21–24: Bestimmen Sie, welche Prädikate im Perfekt, im (Konj.) Präsens und im Futur stehen. Erschließen Sie so, wie der Kampf zwischen Amor und dem Sprecher bisher verlief, verläuft und ausgehen wird.

4 V. 25–30: Übersetzen Sie zunächst ohne den Satz *Usus opus movet*. Wählen Sie dann für diesen die treffende Paraphrase aus:
a Mein Werk verändert Gewohnheiten.
b Mein Werk soll nützlich sein.
c Eigene Erfahrung lenkt mein Werk.

Si quis in hōc artem populō non novit amandi,
hoc legat et lecto carmine doctus amet!
3 Arte citae veloque rates remoque reguntur,
arte leves currūs: Arte regendus amor.

Curribus Automedon lentisque erat aptus habenis,
6 **Tiphys in** Haemonia **puppe magister erat**.
Me Venus artificem tenero praefecit Amori,
Tiphys et **Automedon** dicar Amoris ego.
9 Ille quidem ferus est et qui mihi saepe repugnet,
sed puer est, aetas mollis et apta regi. [...]

21 Et mihi cedet Amor, quamvis mea vulneret arcu
pectora iactatas excutiatque faces!
Quo me fixit Amor, quo me violentius ussit,
24 hoc melior facti vulneris ultor ero. [...]

25 Non ego, Phoebe, datas a te mihi mentiar artes:
[...]
29 Usus opus movet: Vati parete perito!
Vera canam. Coeptis, mater Amoris, ades!

2 **hoc** *ergänze* carmen
3 **rēmus** Ruder
4 **regendus** *ergänze* est
5 **habēnae lentae** geschmeidige Zügel
6 **Haemonia puppis** ~ navis Argōnautārum
magister *(hier)* Steuermann
7 **praeficere** (*Perf.* -fēci) jmd. *(Akk.)* jdm. *(Dat.)* voranstellen, mit der Führung jds. betrauen
9 **quī** *(konj. Relativsatz)* einer, der
repūgnāre *(m. Dat.)* sich jmd. widersetzen
21 **quamvīs** *(m. Konj.)* mag (er) noch so sehr ...
22 **iactātās excutere** *(-iō)* **facēs** die Fackeln schwingen und schütteln *(damit sie stärker brennen)*
23/24 *Ordne:* **Quō** violentius Amor mē fīxit,
(et) **quō** violentius mē ussit,
hōc (=eō) melior ultor erō vulneris factī.
25 **Phoebus** = Apollō
datās *ergänze* esse
29 **opus**, *-eris n (hier Akk.)*
perītus erfahren, kundig

→ BD lateinlex.de/d1v5
→ S. 208 Hyperbaton

→ GUT ZU WISSEN
Die Fahrt als Leitmotiv

Durch das gesamte Werk ziehen sich die Leitmotive „Seefahrt" und „Wagenrennen", die Ovid hier einführt, um seine Vorstellung von Liebe zu veranschaulichen. Schiff und Wagen sind in der antiken Literatur auch oft eine Metapher für Dichtung.

Eroten beim Fischfang.
Römisches Mosaik aus Nordafrika,
3. Jh. n. Chr.

→ MEHR ERFAHREN
Die Sittengesetze des Augustus

Augustus wollte die „guten alten Sitten" wiederherstellen, die Ehe stärken und die Kinderlosigkeit bekämpfen. Bevor die *Ars amatoria* erschien, hatte er ein Gesetz erlassen, das Ehebruch mit „ehrbaren" Frauen unter Strafe stellte *(lex Iulia de adulteriis coercendis).* Ein verheirateter Mann durfte aber durchaus ein Verhältnis mit einer Freigelassenen oder Prostituierten haben. Eine feste Kleiderordnung zeigte den sozialen Stand der Frau an und ob ein Verhältnis mit ihr erlaubt war.

5 V. 1–4:
- **a** Geben Sie die Anapher und die Polyptota an und beschreiben Sie deren Wirkung.
- **b** Erörtern Sie, ob das Mosaik zu beiden Aussagen *(arte rates remoque reguntur* und *arte regendus amor)* passt.

6 V. 1–10: Erklären Sie, welches Bild von Liebe hier entsteht. → Mythologische Namen

→ GUT ZU WISSEN
Mythologische Namen

Ovid verwendet gern mythologische Beispiele zur Veranschaulichung und umschreibt dabei oft die Namen (z. B. *Haemonia puppis* für *Argo*, *Phoebus* für *Apoll*), um als gebildeter Dichter ***(poeta doctus)*** ein ebensolches Publikum anzusprechen. Oft entsteht dabei eine bewusst komische Diskrepanz zwischen (heroischem) Mythos und Alltag.

7 In V. 4, 21 und 23 muss der moderne Herausgeber sich entscheiden, ob er *amor* oder *Amor* schreibt: Erörtern Sie den Sinnunterschied.

8 Untersuchen Sie Ovids Proöm auf die Gattungsmerkmale eines Lehrgedichts und gehen Sie dabei auch auf die Metrik ein.
→ Die Gattung Lehrgedicht, S. 65

9 Vergleichen Sie Vergils berühmte Sentenz (im Kasten) mit Ovids V. 21–24.

Vergil über die Liebe **Eklogen 10.69**
Omnia vincit amor. Et nos cedamus amori!

10 Ovid kündigt nun an, er werde nur *Venus tuta* und *concessa furta* („erlaubter Diebstahl") besingen und nicht zu Verbrechen anstiften. Erläutern Sie dies.
→ Die Sittengesetze des Augustus

→ S. 206 Stilmittel
→ S. 121 Hirtendichtung (zu Vergils Eklogen)
→ S. 83 Die reine Unschuld? (zu Aufgabe 10)

Step by Step zum Erfolg Ars 1.35–44

Wichtig für den Erfolg in der Liebe ist, mit System zu arbeiten ...

1 V. 35–38: Nennen Sie die drei Schritte des Arbeitsplans.

Principio, quod amare velis, reperire labora,
qui nova nunc primum miles in arma venis.
Proximus huic labor est placitam exorare puellam,
tertius, ut longo tempore duret amor.

Hic modus, haec **nostro** signabitur **area curru**:
Haec erit admissa **meta** terenda rota.

Dum licet et loris passim potes ire solutis,
elige, cui dicas: „Tu mihi sola places."
Haec tibi non tenues veniet delapsa per auras:
Quaerenda est oculis apta puella tuis.

35 **prīncipiō** am Anfang; als erstes
36 **mīles** → „Liebe ist Kriegsdienst!", S. 77
37 **huic** *ergänze* labōrī
ex-ōrāre durch Bitten erweichen
38 **dūrāre** andauern
39/40 **hic ... rotā** Dies genügt als Ziel, dieses **Gebiet** soll von **unserem Wagen** gespurt werden, diese **Wendemarke** muss das Rad streifen.
41 **et ... potes** *ergänze* dum
passim *(Adv.)* überall, weit und breit
lōris solūtis mit lockeren Zügeln, ungebunden
43 **tenuis**, *-e* dünn
dēlābī (*Perf.* -lāpsus sum) (herunter)fallen

Überall in ROMA lauert AMOR! Ars 1.79–88

Auch da, wo man es nicht unbedingt erwartet, kann sich plötzlich die Gelegenheit ergeben. Doch was dann? Wie ein Gespräch beginnen?

2 Erstellen Sie aus dem Text ein Sachfeld „Gerichtswesen".

Et fora conveniunt – quis credere possit? – amori
flammaque in arguto saepe reperta foro [...]
Illo saepe loco capitur consultus Amori,
quique aliis cavit, non cavet ipse sibi:
Illo saepe loco desunt sua verba diserto,
resque novae veniunt, causaque agenda sua est.
Hunc Venus e templis, quae sunt confinia, ridet:
Qui modo patronus, nunc cupit esse cliens.

79 **convenīre** *(m. Dat.)* passen für
80 **argūtus** lärmend; scharfsinnig
reperta *ergänze* est
83 **(iūris) consultus** Rechtsgelehrter, -anwalt
Amōri *(Dat. d. Urhebers; dichterisch beim Passiv)*
84 **cavēre** *(hier m. Dat.)* jmd. schützen
85 **disertus** Redner
87 **cōn-fīnis**, *-e* benachbart
88 **patrōnus** *ergänze* fuit

→ BD lateinlex.de/d1v6
→ BD lateinlex.de/d1v7

→ S. 134 Spezialwortschatz: Die Sprache des Gerichts (zu Aufgabe 2)
→ S. 208 Hyperbaton

3 V. 35–38: Arbeiten Sie die Komik dieses „Arbeitsplans“ heraus. Gehen Sie dabei auf sprachliche und inhaltliche Aspekte ein.

4 V. 35–38, 41–44: Vergleichen Sie diese Liebeskonzeption mit der Catulls in **c. 109**.

5 V. 83–88: Weisen Sie am Text nach:
- a Situationskomik,
- b Wortkomik (diese beruht auf der Doppeldeutigkeit von Begriffen, die sich sowohl auf den juristischen als auch auf den erotischen Bereich beziehen lassen),
- c weitere sprachliche Mittel, mit denen die komischen Effekte unterstützt werden (in V. 79, 83, 84, 85, 88).

6 V. 87: Erklären Sie das Lachen der Venus; beziehen Sie die Abbildung mit ein.

7 Zeigen Sie am Text, dass Ovid seinen Liebesratgeber sehr deutlich in die Kulisse des augusteischen Rom stellt. Diskutieren Sie, ob dies wohl im Sinne des Augustus war.
→ Rom unter Augustus

8 Sehen auch Sie Ihre gewohnte Umgebung mit neuem Blick. Stellen Sie zunächst die unromantischsten Orte Ihrer Stadt oder Ihres Dorfes zusammen. Wählen Sie einen solchen Ort und entwerfen Sie einen dazu passenden Anfang einer Liebesgeschichte.

→ GUT ZU WISSEN
Rom unter Augustus

Augustus ließ so viele öffentliche Gebäude erbauen oder renovieren, dass er sagen konnte, er habe eine Stadt aus Ziegeln übernommen und hinterlasse eine aus Marmor. Auf dem **Forum Romanum** erinnerte fast jedes Gebäude auf irgendeine Weise an die ***gens Iulia***. Auf dem (schon von Caesar erbauten) **Forum Iulium** stand ein Tempel der Venus Genetrix – die Julier führten ihre Familie auf **Aeneas**, den Sohn der **Venus**, und somit auf göttlichen Ursprung zurück. Auf dem **Forum Augusti** stand ein Tempel des **Mars Ultor**. Dazu kamen u. a. Tempel für Augustus' persönlichen Schutzgott **Apoll**, das **Marcellustheater** mit 12 000 Plätzen und die Ausschmückung des **Circus maximus** mit Marmor; die aufgestellten Delphine, die die Runden anzeigten, und ein Obelisk erinnerten an Augustus' Siege.

Römische Marmorstatue vom Typ Venus Genetrix. 1./2. Jh. n. Chr. (nach einem griech. Original aus dem 5. Jh. v. Chr.)

→ S. 62 Catull, **c. 109**

Schritt 1: Wo findet man Mädchen? Ars 1.89–102

In der ersten Runde des Liebescurriculum geht es für denjenigen, der noch kein Mädchen kennt, darum, überhaupt Mädchen ausfindig zu machen. Als dafür geeigneten Ort schlägt der *magister* (→ Die Gattung Lehrgedicht, S. 65) zunächst das Theater vor:

1 V. 89–92: Freie Wahl! Erschließen Sie, welche Arten von Liebesbeziehungen im Theater angebahnt werden können.

2 V. 93–98: Erschließen Sie je nach Arbeitstempo:
A (blau): den Kern des epischen Vergleichs.
→ Epischer Vergleich, S. 71
B (lila): die Details des Vergleichs.
EXTRA: C (schwarz): weitere Details.

Sed tu praecipue curvis venare theatris!
Haec loca sunt voto fertiliora tuo.
Illic invenies, quod ames, quod ludere possis,
quodque semel tangas, quodque tenere velis.
Ut redit itque frequens longum formica per agmen,
granifero solitum cum vehit ore cibum,
aut ut apes saltusque suos et olentia nactae
pascua per flores et thyma summa volant,
sic ruit ad celebres cultissima femina ludos:
Copia iudicium saepe morata meum est.
Spectatum veniunt, veniunt, spectentur ut ipsae.
Ille locus casti damna pudoris habet.

Primus sollicitos fecisti, Romule, ludos,
cum iuvit viduos rapta Sabina viros.

89 **curvus** rund
vēnārī jagen
90 **fertīlis**, *-e (m. Dat.)* gewinnbringend für
91 **lūdere** *(hier m. Akk.)* sich die Zeit vertreiben mit
92 **semel** nur einmal
93 **formīca** Ameise
94 **grānifer**, *-era, -erum* Körner tragend
95 **apis**, *-is f* Biene
saltus, *-ūs m* Wald
olens, *-entis* duftend
nancīscī (*Perf.* nactus sum) erreichen
pascua, *-ōrum n Pl.* Weide
96 **thymum** Thymian(blüte)
98 **cōpia** *ergänze* fēminārum
99 **spectatum** um zu sehen
100 **damnum habēre** *(m. Gen.)* Schaden bringen für
101 **lūdos sollicitōs fecisti** du hast die Spiele aufgemischt
102 **viduus** ledig, Single-
Sabīna *(übersetze wie Plural)*

→ BD lateinlex.de/d1v8

→ S. 203 Interpretationsaufgabe
→ S. 208 Apostrophe (zu V. 101 f.)
→ S. 208 Hyperbaton

→ GUT ZU WISSEN

Epischer Vergleich

Ein typisches Stilmittel im Epos und auch in Ovids Lehrgedicht ist der epische Vergleich (→ S. 209). Er besteht aus einem **Bildteil** („wie ein Löwe ...") und einem **Sachteil** („**so** kämpfte Achill"); die verbindende Gemeinsamkeit (im Beispiel: Mut) nennt man ***Tertium comparationis***. Zu beachten ist, dass der „wie"-Teil immer vor dem „so"-Teil steht.

→ MEHR ERFAHREN

Der „erste Erfinder"

Ein typisches Element des Lehrgedichts ist die **mythologische Einlage** oder **Binnenerzählung**, die den Lehrstoff auflockert und für Abwechslung sorgt. Oft wird der **Entdecker** oder erste **Erfinder** *(primus inventor)* dessen, was gelehrt werden soll, gefeiert und die Geschichte seiner Erfindung erzählt; so enthalten z. B. Vergils *Georgica* (Lehrgedicht über Landwirtschaft) einen Mythos über die Erfindung der Bienenzucht.

3 Weisen Sie die typische Struktur des epischen Vergleichs am Text nach.
→ Epischer Vergleich

4 Ovid geht das Thema Liebe nicht gerade romantisch an. Zeigen Sie dies u. a. an V. 91f. und nehmen Sie Stellung dazu.

5 Analysieren Sie die sprachliche Gestaltung von V. 99 und deren Wirkung.

6 a Erläutern Sie V. 100–102 mithilfe Ihres Wissens über den Sabinerinnen-Mythos und der Abbildung.
→ Der „erste Erfinder"

b Recherchieren Sie die Fortsetzung des Textes (bis V. 134) in Übersetzung und untersuchen Sie, wie Ovid die Episode mit seinem Thema verknüpft.

c Gruppenarbeit zum Raub der Sabinerinnen:
A: Belegen Sie, dass Ovid die alte Einfachheit als kulturlos verspottet.
B: Erläutern Sie, warum das Verhalten der Römer primitiv und inhuman wirkt.
C: Diskutieren Sie, inwiefern die Erzählerhaltung zu dem Gewaltakt ambivalent ist.
D: Vergleichen Sie das Gemälde mit dem Text und weisen Sie Übereinstimmungen in der Darstellung der Figuren nach.

Der Raub der Sabinerinnen (Gemälde von Nicolas Poussin, 1594–1665, um 1635)

→ S. 209 Vergleich (zu Aufgabe 3)
→ S. 206 Stilmittel

In der Fankurve Ars 1.135–163

In die kultivierte augusteische Zeit passt keine Gewalttat wie der Raub der Sabinerinnen. Der *magister* verrät seinem *studiosus*, wie man(n) im Circus zwanglos ins Gespräch kommt.

1. V. 135–142: Erschließen Sie, wie die Sitzordnung und Umstände im Circus die **Kontaktaufnahme** erleichtern. → „*Lex loci*“, S. 73 (mit Abb.)
2. V. 143–146: Wie fängt man ein Gespräch an? Erschließen Sie den Themenvorschlag des *magister*.
3. V. 147–162: Erschließen Sie in Gruppen pro Distichon (ohne V. 151/152) je eine vom *magister* empfohlene nützliche Geste oder Gefälligkeit; erstellen Sie dann gemeinsam eine Inhaltsangabe des Abschnitts.

Nec te nobilium fugiat certamen equorum;
multa capax populi commoda circus habet.
Nil opus est digitis, per quos **arcana loquaris**,
nec tibi **per nutus accipienda nota est**:
Proximus a domina – nullo prohibente – **sedeto**,
iunge tuum lateri qua potes usque latus;
et bene, quod cogit, si nolis, linea iungi,
quod **tibi tangenda est** lege **puella** loci.
Hic tibi quaeratur socii sermonis origo,
et moveant primos publica verba sonos.
Cuius equi veniant, facito, studiose, requiras.
Nec mora: Quisquis erit – cui favet illa, fave!
At cum pompa frequens caelestibus ibit eburnis,
tu Veneri dominae plaude favente manu;
utque fit, in gremium pulvis si forte puellae
deciderit, digitis excutiendus erit:
Etsi nullus erit pulvis, tamen excute nullum:
Quaelibet officio causa sit apta tuo.
Pallia si terrā nimium demissa iacebunt,
collige, et immundā sedulus effer humō. [...]
Respice praeterea, post vos quicumque sedebit,
ne premat opposito mollia terga genu.
Parva leves capiunt animos: Fuit utile multis
pulvinum facili composuisse manu.
Profuit et tenui ventos movisse tabella,
et cava sub tenerum scamna dedisse pedem.

136 **capāx**, *-ācis (m. Gen.)* groß genug für
137 **nīl** = nōn
arcāna loquī geheime Botschaften übermitteln
138 **nūtus**, *-ūs m* Nicken
nota Zeichen, Nachricht
140 **quā potes ūsque** so dicht du kannst
141 **bene, quod** gut, dass
iungī *ergänze* tē puellamque
141/142 **līnea; lēx locī** → „*Lex loci*“, *S. 73*
142 **tibi** *(Dat. d. Urhebers)* = ā tē
143 **socius** *(hier Adj.)* gemeinsam, vertraulich
orīgō, *-inis f* Anfang
144 **moveant ... sonōs** beginne mit allgemeinen Floskeln
145 **facitō requīrās** frage nach!
147 **pompa frequēns caelestibus eburnīs** Festzug mit vielen Götterstatuen aus Elfenbein
149 **gremium** Schoß
excutere, *-iō* abschütteln
153 **pallium** Mantel
154 **immundus** schmutzig
sēdulus eilfertig, eifrig
efferre *(hier)* aufheben
158 **oppōnere** (*PPP* -positum) entgegenstellen
genū, *-ūs n* Knie
159 **capere** *(hier)* beeindrucken
160 **pulvīnus** Polster, Sitzkissen
161 **tabella** Fächer
162 **scamnum cavum** gewölbte Fußbank

→ BD lateinlex.de/d1v9

→ S. 208 Hyperbaton

Wagenrennen im Circus Maximus. Illustration von Peter Connolly (20. Jh.)

→ GUT ZU WISSEN

„Lex loci"

Männer und Frauen saßen im **Theater** getrennt, auch bei **Gastmählern** gab es eine feste Sitzordnung, so dass es schwierig war, heimlich mit dem Objekt seines Interesses zu flirten oder auch nur in seine Nähe zu kommen. Beim **Wagenrennen** gab es keine Trennung. Die 150 000 Sitzplätze des ***Circus maximus*** waren nur durch Linien *(linea)* abgeteilt. Zum Auftakt fand ein Umzug *(pompa)* mit Götterbildern statt; dem Gott, dem man sich besonders verbunden fühlte (Matrosen dem Neptun, Soldaten dem Mars ...), applaudierte man. Die Fans schwärmten für einen der vier Rennställe, die sich durch Farben unterschieden.

4 V. 143–162:

a Erklären Sie jeweils den Hintergedanken der Anweisung.

b Fassen Sie zusammen, welche grundsätzlichen Verhaltensratschläge den konkreten Anweisungen zugrunde liegen, und beurteilen Sie diese.

5 V. 153 f.: Als Nebeneffekt der Anweisung erhält der „Schüler" einen kleinen Lohn sofort. Erschließen Sie mithilfe eines Lexikons, worin er besteht (V. 156):
„Contingent oculis crura videnda."

6 Ovid skizziert slapstickartige Miniszenen, bei denen der Leser sich ausmalen kann, dass die Umsetzung der Empfehlungen auch grandios scheitern könnte. Entwerfen Sie ein Drehbuch für einen komischen Stummfilm.

7 Diskutieren Sie, bei welchen Ratschlägen in der Realität aus heutiger Sicht die Grenze zur Belästigung erreicht oder überschritten wäre.

8 Stellen Sie Vermutungen an, welche Treffpunkte Ovid heute wählen würde. Entwerfen Sie dafür passende Ratschläge.

→ S. 30 f. (zu Wagenrennen)

Schritt 2: Wie man ein Mädchen gewinnt … Ars 1.475–486

Der „Schüler“ hat sich für ein Mädchen entschieden. Nun gibt der *magister* ihm Strategien an die Hand, wie er mit Liebesbriefen ihr Herz erobern kann.

Quid magis est saxo durum, quid mollius unda?
Dura tamen molli saxa cavantur aquā.
Penelopen ipsam – persta modo – tempore vinces.
Capta vides sero Pergama, capta tamen.
Legerit et nolit rescribere: Cogere noli!
Tu modo blanditias fac legat usque tuas.
Quae voluit legisse, volet rescribere lectis,
per numeros venient ista gradusque suos.
Forsitan et primo veniet tibi littera tristis,
quaeque roget, ne se sollicitare velis.
Quod rogat illa, timet; quod non rogat, optat, ut instes.
Insequere, et voti postmodo compos eris.

475 **magis dūrum** *(Komparativ)*
476 **cavāre** aushöhlen
477 **Pēnelopēn** *griech. Akk.* zu Pēnelopē
477 **perstāre** beharrlich bleiben
478 **Pergama**, *-ōrum* Pergamon *(gemeint:* Troja)
479 **lēgerit** *(hier)* falls sie es gelesen hat
480 **blanditiae**, *-ārum f Pl.* Schmeicheleien
fac *ergänze* ut *(m. Konj.)*
481 *Lies:* (Ea,) quae legere voluit, …
482 **Per … suōs** Das wird Schritt für Schritt kommen und in seinem Takt.
483 **forsitan** vielleicht
484 **quaeque** *lies:* quae
486 **postmodo** danach
compos *(-otis)* **vōtī esse** am Ziel seiner Wünsche sein

Männerrunde (Text S. 74)

1. Erschließen Sie (in „Männergruppen“) die Ratschläge an die Männer.
2. Gestalten Sie mit der Übersetzung einen Dialog: Formulieren Sie für jeden Abschnitt eine Frage, Befürchtung oder Fehlschlag des *iuvenis*, worauf der Ratschlag des Lehrers antwortet.
3. Präsentieren Sie Ihre Ergebnisse szenisch, abschnittsweise im Wechsel mit den Frauengruppen:
iuvenis – Antwort des *magister* –
puella – Antwort des *magister* usw.

Frauenrunde (Text S. 75)

1. Erschließen Sie (in „Frauengruppen“) die Ratschläge an die Mädchen.
2. Gestalten Sie mit der Übersetzung einen Dialog. Formulieren Sie für jeden Abschnitt eine Frage oder Befürchtung der *puella*, auf die der Ratschlag des Lehrers antwortet.
3. Präsentieren Sie Ihre Ergebnisse szenisch, abschnittsweise im Wechsel mit den Männergruppen:
iuvenis – Antwort des *magister* –
puella – Antwort des *magister* usw.

→ BD lateinlex.de/d1wa

→ S. 196 Kursorisch lesen
→ S. 218 Wörterbuchgebrauch
→ S. 208 Hyperbaton

… und wie man *als* Mädchen gewinnt Ars 3.471–482

In Buch III unterrichtet Ovid die Mädchen – und verrät ihnen Strategien für das Lesen und Beantworten von Liebesbriefen. Die Ratschläge, die er den Leserinnen hier gibt, bilden das Gegenstück zu den Ratschlägen an die Männer:

Inspice, quodque leges! Ex ipsis collige verbis,
fingat an ex animo sollicitusque roget!
Postque brevem rescribe moram! Mora semper amantes
incitat, exiguum si modo tempus habet.
Sed neque te facilem iuveni promitte roganti,
nec tamen e duro, quod petit ille, nega!
Fac timeat speretque simul, quotiensque remittes,
spesque magis veniat certa minorque metus!
Munda, sed e medio consuetaque verba, puellae,
scribite: Sermonis publica forma placet.
A! Quotiens dubius scriptis exarsit amator,
et nocuit formae barbara lingua bonae!

472 **fingat** *lies:* utrum fingat
ex animō von Herzen
474 **exiguus** wenig, gering
476 **ē dūrō** (*ergänze* animō) hartherzig
477 **fac** *ergänze* ut *(m. Konj.)*
remittēs *ergänze* epistulam
479 **mundus** *(Adj.)* nett, gepflegt
ē mediō … verba alltägliche und gebräuchliche Worte
481 **exārdēscere** (*Perf.* exārsī) in Liebe entbrennen
482 **et** *(hier)* und umgekehrt

Plenum

4 Vergleichen Sie die Ratschläge an die Männer mit denen an die Frauen.

5 Ovid behauptet beiden Seiten faire Ratschläge zu geben. Erörtern Sie, ob er dem gerecht wird.

6 Zu Molière: Erschließen Sie Arnolphes Beweggrund für „Eheregel Nr. 7“.
→ Ovid im höfischen Frankreich

Molière: „Schule der Frauen“ (1662)
In dieser Komödie will der alte Arnolphe die 17jährige Agnes heiraten und lehrt sie diverse Eheregeln. Regel Nr. 7 lautet:
Gänzlich halte fern von dir
Tinte, Feder und Papier!
Was zu schreiben ist im Haus,
führt der Ehemann weit besser aus.

→ MEHR ERFAHREN
Ovid im höfischen Frankreich

Im Frankreich des 17./18. Jh. war die *Ars* sehr beliebt; Ovids Schreibunterricht wirkte auf Liebes- und Briefromane fort: Z. B. wurde ein (fiktiver) Liebesbrief von Julia, der Tochter des Augustus, an Ovid veröffentlicht. In Laclos' *Gefährliche Liebschaften* geht der Vicomte de Valmont, ein notorischer Verführer, nach allen Regeln der Liebeskunst vor. Auch der Komödiendichter Molière greift auf Ovid zurück.

→ BD lateinlex.de/d1wb

→ S. 196 Kursorisch lesen
→ S. 218 Wörterbuchgebrauch
→ S. 208 Hyperbaton

Schritt 3: Wie man sich die Gunst erhält

Zwischenbilanz Ars 2.11–14

Am Anfang von Buch II zieht der *magister* mit seinem Schüler eine Zwischenbilanz, wie weit sie im Curriculum bereits gekommen sind:

Non satis est venisse tibi me vate puellam:
Arte mea capta est, arte tenenda mea est.
Nec minor est virtus, quam quaerere, parta tueri:
Casus inest illic; hoc erit artis opus.

Es ist nicht genug, dass unter meiner Führung ein Mädchen zu dir gekommen ist: Durch meine Kunst wurde sie erobert, durch meine Kunst muss sie gehalten werden. Es ist keine geringere Leistung als das Suchen, das Erworbene zu bewahren: Bei jenem ist Zufall dabei, dieses wird (nur) die Kunst bewirken.

Liebe ist ein harter Job Ars 2.223–238

Liebevolle Softies und/oder harte Männer? Ovid jongliert mit Rollenklischees:

1. Geben Sie zu den hervorgehobenen Partizipien – wo möglich – das Bezugswort an.
2. Übersetzen Sie die grünen Verbformen und geben Sie deren Gemeinsamkeit an.
3. V. 233–238: Stellen Sie Begriffe zur *militia amoris* zusammen. → „Liebe ist …“, S. 77

Iussus adesse foro, iussā maturius horā
fac semper venias, nec nisi serus abi!
Occurras aliquo, tibi dixerit, omnia differ,
curre, nec inceptum turba moretur iter!
Nocte domum repetens epulis perfuncta redibit:
Tum quoque pro servo, si vocat illa, veni!
Rure erit et dicet: „Venias!“ Amor odit inertes:
Si rota defuerit, tu pede carpe viam!
Nec grave te tempus sitiensque Canicula tardet,
nec via per iactas candida facta nives.
Militiae species amor est; discedite, segnes!
Non sunt haec timidis signa tuenda viris.
Nox et hiems longaeque viae saevique dolores
mollibus his castris et labor omnis inest.
Saepe feres imbrem caelesti nube solutum,
frigidus et nuda saepe iacebis humo.

223 **iussus** *(hier)* wenn es dir befohlen wird
225 *Lies:* (sī) tibi dīxerit (ut) (oc)currās, …
aliquō *(hier)* irgendwo
227 **epulīs perfuncta** wenn sie endlich fertig ist mit ihrem Gelage
229 **iners**, *-tis* untätig, faul
230 **rota** *(hier)* Fahrzeug
viam pede carpere die Strecke zu Fuß gehen
231 **grave tempus** drückende Hitze
Canīcula sitiēns die heißen Hundstage (*wörtl.* „der dürstende Hund[sstern]“)
tardāre aufhalten
232 **nix**, *nivis f* Schnee
233 **est speciēs** *(m. Gen.)* ist eine Art von
sēgnis, *-e* Faulpelz, Schlaffi

→ BD lateinlex.de/d1wc

→ S. 196 Kursorisch lesen
→ S. 218 Wörterbuchgebrauch
→ S. 208 Hyperbaton

4 V. 11–14:

a V. 11 f.: Geben Sie an, welche Arbeitsschritte schon gemeistert wurden und was noch fehlt.

b V. 13 f.: Begründen Sie, warum der bevorstehende Teil der schwierigste ist.

c Das Zitat von Ludwig Tieck ist typisch für die Liebesauffassung der Romantik. Erläutern Sie anhand des Zitats, warum die Romantiker Ovids *Ars amatoria* nicht schätzten.

Ludwig Tieck: Wunder der Liebe (1803)
Liebe lässt sich suchen, finden
Niemals lernen, oder lehren.

→ GUT ZU WISSEN

„Liebe ist Kriegsdienst!"

Für seine Liebste schreckt der elegisch Liebende vor nichts zurück, keine Mühe ist ihm zu schwer, kein Weg zu weit. Daher wird der elegische „Liebesdienst" nicht nur ***servitium*** (→ S. 64), sondern auch ***militia amoris*** genannt. Darauf bezieht sich Ovid – aber mit Augenzwinkern. Ironisch stellt er militärische Begriffe in den Kontext der Liebe: Wer den „Feldzeichen" Amors folgt, darf kein „Feigling" sein, denn im „Feldlager" der Liebe wartet harte „Arbeit" auf ihn. Er übernachtet sogar – falls die Geliebte ungnädig ist und ihn nicht ins Haus lässt – auf der Türschwelle.

5 V. 223–238: → „Liebe ist Kriegsdienst!"

a Gliedern Sie den Text in zwei Abschnitte (*servitium amoris* und *militia amoris*). Geben Sie aus jedem Abschnitt eine Aussage an, die als Überschrift oder Fazit dienen könnte.

b Erläutern Sie, worin die Situation eines Liebhabers der eines Sklaven bzw. Soldaten gleicht.

c Analysieren Sie V. 223–226 und V. 235–238 sprachlich-stilistisch und erläutern Sie das Verhältnis zwischen Textgestaltung und -aussage.

6 Ordnen Sie dem Verliebten und der Geliebten passende Redensarten zu und belegen Sie dies am Text:
nach jemands Pfeife tanzen – jemanden an die kurze Leine nehmen – die Hosen anhaben – eine treulose Tomate sein

7 Diskutieren Sie in der Lerngruppe: Wie würden Sie reagieren, wenn Ihr Freund/ Ihre Freundin Sie auf einer Party nicht dabeihaben will?

8 a Beschreiben Sie das Renaissance-Fresko und weisen Sie darauf Elemente der *militia amoris* nach.

b **EXTRA:** Erläutern Sie möglichst viele Bildsymbole anhand von Recherche.

Triumph der Venus (Teil des April im „Saal der Monate", Palazzo Schifanoia, Ferrara. Fresko von Francesco del Cossa, um 1470)

→ S. 204 Übersetzungsvergleich (zu V. 11–14)
→ S. 206 Stilmittel

Erkenne dich selbst! Ars 2.497–506

Plötzlich erscheint dem Dichter der Gott der Weissagung, der Dichtung und Schutzgott des Augustus – Phoebus Apollon höchstpersönlich! Will er die *Ars amatoria* nun doch – ungebeten – mit tieferen göttlichen und philosophischen Einsichten bereichern, wie sie sich auch als Inschriften *(litterae)* in seinem Orakel in Delphi finden?

1 V. 498–500: Metrik hilft beim Übersetzen!
- **a** Geben Sie an, in welchen Kasus/Numeri/Deklinationen die Endung -a kurz und wann sie lang ist.
- **b** Bestimmen Sie Kasus und Numerus der blauen Wörter.

2 V. 499 f.: Hier stehen nebensatzeinleitende Wörter nicht an erster Stelle im Nebensatz. Geben Sie diese an.

3 V. 501 f.: Weisen Sie den Versen je eine delphische Maxime zu und belegen Sie sie am Text.
→ Das Orakel in Delphi, S. 79

4 V. 503–506: Formulieren Sie anhand der Maximen aus **3** eine Erwartung an die nun folgenden konkreten Ratschläge Apolls.

497 Is mihi „Lascivi“ dixit „praeceptor amoris,
duc, age, discipulos ad mea templa tuos,
est ubi diversum fama celebrata per orbem
500 littera, cognosci quae sibi quemque iubet!
Qui sibi notus erit, solus sapienter amabit,
atque opus ad vires exiget omne suas.
503 Cui faciem naturā dedit, spectetur ab illā!
Cui color est, umero saepe patente cubet!
Qui sermone placet, taciturnā silentiā vitet!
506 Qui canit arte, canat, qui bibit arte, bibat!“
[...]
509 Sic monuit Phoebus: Phoebo parete monenti!

497 **is** *(gemeint ist Apoll)*
lascīvus frivol, übermütig, frech
499 **dīversum per orbem** weltweit
500 **sibi cōgnōsci** *(Pass.)* sich selbst erkennen
502 **exigere ad** *(hier)* beurteilen nach, anpassen an
503 **ab illā** = ā puellā/amīcā
504 **color**, *-ōris m (hier)* schöne Hautfarbe
504 **cubāre** *(hier)* zu Tische liegen, speisen

5 V. 497: Erklären Sie, wie sich die Bedeutung ändert, wenn man *Amoris* groß schreibt.

6 Vergleichen Sie den Inhalt von V. 503–506 mit Ihren Erwartungen (Aufgabe **4**).

7 V. 501 f.:
- **a** Untersuchen Sie (u. a. durch metrische Analyse), wie in Klang und Inhalt ein Orakelspruch nachgeahmt wird.
→ Das Orakel in Delphi, S. 79
- **b** **EXTRA:** Tragen Sie die Verse entsprechend vor.

→ BD lateinlex.de/d1wd

→ S. 208 Hyperbaton
→ S. 210 Versanalyse

→ GUT ZU WISSEN

Das Orakel in Delphi

Im Apollon-Orakel in Delphi weissagte die Pythia. Ihre Sprüche wurden von den Priestern meist in die Form eines Distichons gebracht. Oft waren sie dunkel und doppeldeutig. Neben den Weissagungen waren auch die Inschriften berühmt, die sich dauerhaft an alle Menschen richten, etwa: *„Erkenne dich selbst!" (lat.: Nosce te ipsum!)* und *„Nichts im Übermaß!"*

Erich Fromm: Die Kunst des Liebens (1956)

Der Psychoanalytiker und Philosoph Erich Fromm (1900–1980) erläutert in seinem Buch „Die Kunst des Liebens":

Ist Lieben eine Kunst? Dann erfordert es Wissen und Bemühung. Oder ist Lieben ein angenehmes Gefühl, das zu verspüren nur eine Sache des Zufalls ist, etwas, dem man „verfällt", wenn man Glück hat? (S. 15) [...] Im Lieben, im Hingeben, im Durchdringen des anderen finde ich mich selbst, entdecke ich mich selbst, entdecke ich uns beide, entdecke ich den Menschen. Das Verlangen, uns selbst und unsere Mitmenschen zu kennen, hat seinen Ausdruck in dem Delphischen Motto „Erkenne dich selbst" gefunden. Es ist der Ursprung der gesamten Psychologie. (S. 52)

8 V. 503–506:
- **a** Fassen Sie die fünf Anweisungen Apolls zu einer Lehre zusammen.
- **b** Weisen Sie nach, dass er seine Lehre sprachlich klar strukturiert.

9
- **a** Stellen Sie auf der Grundlage Ihres Wissens über Mythologie in der Lerngruppe Eigenschaften des Gottes Apoll zusammen.
- **b** Diskutieren Sie, ob Apoll der geeignete Gott ist, um solche Liebeslehren zu verkünden.
- **c** Respekt gegenüber einer Lichtgestalt? Diskutieren Sie, inwiefern zum einen Ovid, zum anderen die Abbildung rechts die Haltung gegenüber dem altehrwürdigen Gott neu interpretieren.

10 Diskutieren Sie: Ist *sapienter amare* überhaupt möglich oder erstrebenswert? Beziehen Sie die Meinung Erich Fromms (Kasten) mit ein.

11 Projekt: Setzen Sie die *Ars amatoria* kreativ um, indem Sie
- einzelne Ratschläge und Szenen aus den gelesenen Kapiteln auswählen
- und arbeitsteilig einen Blog oder Vlog erstellen, der dieselben Szenen einmal aus der Sicht des *iuvenis* und einmal aus der Sicht der *puella* schildert.

Kopf des Apollo von Belvedere
(röm. Marmorkopie eines griech. Originals aus dem 4. Jh. v. Chr.),
hier verfremdet mit 3D-Effekt und Sonnenbrille.

→ S. 220 Projektarbeit

Nobody is perfect – no body is perfect

1 Vergleichen Sie die **fettgedruckten** Stellen der Übersetzungen mit dem Original.

Männliche Schönheit Ars 1.505–522

Schönheit ist für Ovid auch eine Frage der „Kultur". Den *vir cultus* beschreibt er so:

509 Forma viros neglecta decet.

505 Sed tibi nec ferro placeat torquere capillos
nec tua mordaci pumice crura teras. [...]
513 Munditie placeant, fuscentur corpora campo;
Sit bene conveniens et sine labe toga. [...]
517 Nec male deformet rigidos tonsura capillos.
Sit coma, sit trita barba resecta manu.
Et nihil emineant et sine sint sordibus ungues,
520 inque cava nullus stet tibi nare pilus.
Nec male odorati sit tristis anhelitus oris,
nec laedat nares vir paterque gregis.

Übersetzung (C. Schopper)

Schönheit steht Männern, **wenn sie lässig ist**. Lass dir nicht einfallen, **mit dem heißen Eisen dir die Haare zu Löckchen zu drehen** oder mit rauem Bimsstein dir die Beine zu glätten. Mit einem dezent gepflegten Äußeren heißt es Eindruck machen, **der Körper soll gut trainiert und gebräunt sein**. Gut sitzen und fleckenlos sein soll die Toga! Kein schlechter Schnitt soll die hochstehenden Haare **verhunzen**. Haar und Bart seien von geübter Hand gestutzt! Und lass die Fingernägel nicht zu lang wachsen, und ohne **Trauerränder** sollen sie sein, und im Nasenloch soll dir kein Haar stehen! Nicht komme **ekliger** Atem aus schlecht riechendem Mund, noch steige einem der widerliche Geruch nach altem Ziegenbock in die Nase!

Weibliche Schönheit Ars 3.257; 3.103–106; 135 f.

Und dies empfiehlt er der *culta puella:*

257 Formosae non artis opem praeceptaque quaerunt.

103 Forma dei munus. Forma quota quaeque superbit?
Pars vestrum tali munere magna caret.
Cura dabit faciem; facies neglecta peribit,
106 Idaliae similis sit licet illa deae. [...]

135 Nec genus ornatus unum est: quod quamque decebit
eligat, et speculum consulat ante suum.

Schöne Frauen brauchen keine hilfreichen Tricks und Lehren der Kunst ...
Schönheit ist ein Gottesgeschenk. Wie viele Frauen können sich denn mit Schönheit brüsten? Ein solches Geschenk fehlt dem Großteil von euch. **Pflege** erst wird euch ein schönes **Gesicht** geben; Schönheit – **vernachlässigt** – vergeht, und wärt ihr auch ähnlich schön wie die Göttin Venus. Und es gibt nicht nur einen **Style**: Jede soll wählen, was **zu ihrem Typ passt** – und zuvor ihren Spiegel konsultieren!

2 Arbeiten Sie das männliche und das weibliche Schönheitsideal heraus und fassen Sie es jeweils in einem Satz zusammen. Vergleichen Sie die beiden.

→ BD lateinlex.de/d1we

→ S. 196 Kursorisch lesen
→ S. 218 Wörterbuchgebrauch
→ S. 204 Übersetzungsvergleich

3 V. 1.509–521: Erklären Sie mit Hilfe der im Text vorkommenden Wörter *neglegere – tonsura – barba – pilus – odoratus* die Begriffe *(Mönchs-) Tonsur, Barbier, epilieren, Deodorant, Negligée.*

4 V. 3.257; 103 ff.:

- **a** Entwerfen Sie den inneren Monolog der Römerin auf dem Bild: Wie wird sie auf die Aussage des *magister* (V. 103 f.) reagieren, kaum eine Frau sei von Natur aus schön?
- **b** Stellen Sie Vermutungen an, wieso der *magister* dies behauptet.

5

- **a** Diskutieren Sie, ob die Ergebnisse von **2** sich auf die heutige Zeit übertragen lassen.
- **b** Überprüfen Sie Ihre Antworten anhand von Social Media, Werbeanzeigen etc.
- **c** Schön sein wollen oder schön sein müssen? Diskutieren Sie, ob der Druck auf Männer und Frauen sich geändert hat.
  Beurteilen Sie dabei auch die (positive oder negative) Rolle von Instagram-Schönheiten und Influencer*innen in Bezug auf Körperwahrnehmung und Schönheitskult.

6 Weisen Sie nach, dass Ovids „Heilmittel" gegen die Liebe (siehe Kasten) eine gute Portion Selbstironie enthält.

Heilung durch Hässlichkeit?
Remedia 317–322

In seinen Remedia amoris („Heilmittel gegen die Liebe") empfiehlt Ovid als Mittel gegen Liebeskummer, sich an die Schönheitsmängel der Geliebten zu erinnern:

„Wie hässlich", sagte ich mir immer wieder, „sind die Beine meiner Geliebten!" (Und um die Wahrheit zu sagen: Sie waren es nicht.) „Und wie wenig schön", sagte ich mir, „sind ihre Arme!" (Und um die Wahrheit zu sagen: Sie waren es doch.) „Wie mickrig ist sie!" (Was sie nicht war.) „Wieviel fordert sie dem Liebenden ab!" Das – war der Hauptgrund für meinen Hass.

Frau mit Spiegel.
Fresko aus Pompeji (1. Jh. n. Chr.)

Und wer ist nun der „Gewinner“?

Die Freuden der Venus Ars 3.793 f.

1 V. 793 f.: Erklären Sie, was dem *magister* bei den *gaudia Veneris* (wie die Römer Sex bezeichneten) wichtig ist.

793 Sentiat ex imis Venerem resoluta medullis
femina, et ex aequo res iuvet illa duos.

793 **ex īmīs medullīs** im innersten Mark; zutiefst
resolūtus gelöst, entspannt
794 **ex aequō** *(hier)* gleichermaßen

2 V. 744 und 812: Erfassen Sie mit einem Blick die Besonderheit der beiden Buchschlüsse.

Triumph am Ende von Buch II Ars 2.739–744

739 Me vatem **celebrate**, **viri**, mihi **dicite laudes**,
cantetur toto nomen in orbe meum.
Arma dedi vobis; dederat Vulcanus Achilli.
742 **Vincite** muneribus, vicit ut ille, datis.
Sed quicumque meo superarit Amazona ferro,
inscribat spoliis: „NASO MAGISTER ERAT.“

742 *Ordne:* vincite, ut ille vīcit, mūneribus datīs
743 **Amāzona** *(hier Akk.)*
744 **spolia**, *-ōrum n Pl.:* Trophäen
→ Trophäen, S. 83

Triumph am Ende von Buch III Ars 3.809–812

809 Lusus habet finem: Cygnis descendere tempus,
duxerunt collo qui iuga nostra suo!
Ut quondam iuvenes, ita nunc, mea turba, **puellae**
812 **inscribant spoliis** „NASO MAGISTER ERAT.“

809 **cygnus** Schwan
810 **iugum** Joch *(zum Anschirren eines Gespanns)*
812 **spolia**, *-ōrum n Pl.:* Trophäen
→ Trophäen, S. 83

→ BD lateinlex.de/d1wf

→ S. 208 Hyperbaton

→ GUT ZU WISSEN
Trophäen

Nach einer **siegreichen Schlacht** stellte der Feldherr stolz die dem besiegten Feind abgenommene **Rüstung und Waffen *(spolia)*** als **Trophäen** zur Schau, um den **Sieg** und seinen **Ruhm** zu feiern. Im **Triumphzug** wurden die Besiegten als Gefangene mitgeführt. Anschließend wurde der Triumph in Bauwerken (z.B. Triumphbögen oder Tempel) verewigt, die mit Bildern des Sieges geschmückt waren. Auch mythologische Szenen (z.B. Amazonenschlacht) waren beliebt.

Ein Tropaion und zwei Besiegte.
Fries aus dem Apollo-Sosianus-Tempel, der wohl an Octavians dreifachen Triumph 29 v.Chr. erinnert.

3 V. 793 f: Erläutern Sie, wie Ovid das Enjambement für einen Überraschungseffekt nutzt.

4 V. 2.739 ff/3.811 f.: Beschreiben Sie, wie Ovid den Brauch der Spolien und die Kriegsmetaphorik auf das Liebesspiel überträgt.
→ Trophäen

5 V. 809 f.:
  a Am Schluss schreibt Ovid vieldeutig: *Lusus habet finem*. Interpretieren Sie, was er mit *lusus* bezeichnet.
  b Erläutern Sie das Bild *cygnis ... suo* mithilfe der Abbildung auf S. 77.
  c **EXTRA:** Erläutern Sie, was die Schwäne mit Apoll zu tun haben (→ S. 173 4). Interpretieren Sie dann nochmals *Ars* 1.25 (S. 66).

6 Diskutieren Sie abschließend die Eingangsfrage, wer der „Gewinner" ist. Gehen Sie dabei auf die farbig gedruckten Verse ein.

Rückblick auf Ovids *Ars amatoria*

7 Zu Beginn hat Ovid versichert, keine verbotene Liebe zu lehren (siehe Kasten).
  a Arbeiten Sie aus V. 1.33 f. das von Ovid verwendete Wortspiel heraus. Erläutern Sie (u.a. durch metrische Analyse), inwiefern dieses durch die Anordnung der Wörter und die metrische Struktur unterstützt wird.
  b Die *Ars* – eine Anleitung zum Rechtsbruch? Untersuchen Sie die von Ihnen gelesenen Texte im Hinblick auf diese Frage und diskutieren Sie den Befund in der Lerngruppe.
  → S. 65; → Die Sittengesetze des Augustus, S. 67

8 Entwerfen Sie einen Nachruf auf Publius Ovidius Naso, den *tenerorum lusor amorum*, wie er sich selbst in **Tristia IV, 10** nannte.

Die reine Unschuld? Ars 1.33 f.
Nos Venerem tutam concessaque furta canemus
  inque meo nullum **carmine crimen** erit.
Ich singe nur über sichere Liebe und Heimlichkeiten, die erlaubt sind.
Und in meinem Gedicht wird keine Unzucht zu finden sein.

→ S. 210 Versanalyse

GRUNDWISSEN Liebe und Leidenschaft

Catull: *Carmina*

Autor
- Gaius Valerius Catullus, geb. ca. 85 v. Chr. in **Verona** (Ritterstand)
- vornehme und reiche Familie, die mit Caesar bekannt war
- geht als Jugendlicher nach Rom
- lebt in der Zeit innenpolitischer Machtkämpfe in der ausgehenden Republik (→ S. 238)
- wählt – unüblich für einen vornehmen Römer – statt einer Laufbahn als Redner und Politiker Dichtung als Hauptberuf
- mit Cornelius **Nepos** befreundet
- kaum unabhängige Informationen über sein Leben (wie weit seine Gedichte dieses widerspiegeln, ist ungewiss)
- stirbt jung, wohl um 55 v. Chr.

Werk: *Carmina* (Gedichtbuch)
- *Carmina maiora* (Kurz-Epen zu mythischen Themen in Hexametern)
- *Carmina minora* (Gedichte in verschiedenen Versmaßen zu persönlichen Themen);
- Versmaß u. a.: **elegisches Distichon** (**Hexameter + Pentameter** → S. 210–212)
- **Inhalte:**
  - **Liebe:** leidenschaftliche, vorwiegend unglückliche Beziehung mit **„Lesbia"**, so genannt nach der Dichterin **Sappho** aus Lesbos
  - Liebesgedichte über andere Beziehungen
  - **Dichtung** und Dichtungsideale
  - politische Persönlichkeiten, z. B. **Cicero** und **Caesar**
  - **Schmähungen**

Gattung
- Dichtungsideale der **Neoteriker *(poetae novi)***:
  - **neuartig** in Rom
  - **frech** und geistreich, zugleich ausgefeilt und **kunstvoll**
  - **gelehrt** *(poeta doctus)*
  - **Kleinform** statt (langem) Epos
  - **persönlich** statt staatstragend
- **griechische Tradition**:
  - **hellenistische** Dichtung, besonders **Kallimachos** (3. Jh. v. Chr.)
  - Rückgriff auf frühere DichterInnen, insbesondere **Sappho** aus Lesbos (6. Jh. v. Chr.)
- unterschiedliche Versmaße:
  - **elegisches Distichon**
  - Hendekasyllabus
  - Hinkjambus
  - Sapphische Strophe

Rezeption
- Einfluss auf römische **Liebeselegie**, z. B. **Ovid**
- Einfluss auf Epigrammatiker wie **Martial**
- enorme Wirkung zu allen Zeiten, besonders auf **Liebeslyrik**
- **Vertonung** durch Carl **Orff**

→ S. 210 Versanalyse (Grundwissen: S. 210–212)

Ovid: *Ars amatoria*

Autor

- Publius Ovidius Naso, geb. **43 v. Chr.** in **Sulmo** (Ritterstand)
- geht nach Rom, macht aber (wie Catull) keine politische Karriere
- genießt *Pax Augusta*, aber seine Spottlust macht auch vor **Augustus** keinen Halt
- **8 n. Chr. Verbannung** nach **Tomi** am Schwarzen Meer; Gründe unklar *(„carmen et error")*; vielleicht Verwicklung in einen Ehebruchskandal um die Kaisertochter Julia und/oder in eine politische Affäre um die Nachfolge des Augustus
- **gestorben** ca. **17 n. Chr.** in **Tomi**, drei Jahre nach Augustus' Tod

Werke (in Auswahl)

- *Amores* (Liebeselegien)
- ***Ars amatoria* (Liebeskunst)**, ein **Lehrgedicht** in drei Büchern:
  - **Buch 1–2:** Unterweisung der **männlichen** Leser (Finden, Gewinnen und Erhalten der Gunst einer Geliebten)
  - **Buch 3:** Unterweisung der **Leserinnen**
- *Remedia amoris* („Heilmittel gegen die Liebe")
- *Heroides* (**Versbriefe:** fiktive Briefe mythischer Frauen)
- **Hauptwerk:** Epos ***Metamorphosen*** („Verwandlungssagen" vom Beginn der Welt bis zur Herrschaft des Augustus)
- In der Verbannung:
  - ***Tristia*** („traurige Gedichte, Klagelieder"),
  - ***Epistulae ex Ponto*** („Briefe vom Schwarzen Meer")

Die Gattungen Elegie und Lehrgedicht

- **Elegie:** ursprünglich Klagelied; in Rom vor allem **Liebeselegie** im ebenfalls oft klagenden Tonfall
  - **unerfüllte** oder schwierige Liebe
  - **Umkehrung** der damaligen **Geschlechterrollen**: *puella* als *domina*, Mann leistet *servitium* oder *militia amoris*
  - Versmaß: **elegisches Distichon**
  - Vertreter: **Properz**, **Tibull**, **Ovid** *(Amores)*
- **Lehrgedicht:** systematische Darstellung eines Wissensgebietes
  - dichterische Großform **(Epos)**
  - Versmaß: **Hexameter**
  - Anrufung einer Muse oder Gottheit als Inspirationsquelle
  - didaktische, klare Struktur
  - Vertreter: z. B. Lukrez, *De rerum natura* (Atomlehre) Vergil, *Georgica* (Landwirtschaft).
- ***Ars amatoria:*** **Mischform** aus **Elegie** (Distichon, Liebesthema) und **Lehrgedicht** (Didaktik, Lehrer-Schüler-Konstellation, Anrufung einer inspirierenden Gottheit)

Rezeption der *Ars amatoria*

- Jahrhundertelang eher heimlich gelesen, aber „Bestseller"
- Intensiv rezipiert im höfischen Frankreich, z. B. Molière, *Schule der Frauen* (1662); Laclos, *Gefährliche Liebschaften* (1782)

ROM UND EUROPA

Latein und Europa – das sind zwei Begriffe, die seit über zwei Jahrtausenden untrennbar miteinander verbunden sind. Keine andere Sprache prägte das Leben der Menschen auf unserem Kontinent so wie Latein: als internationales Kommunikationsmittel, als Sprache der Wissenschaft und Literatur, in Form von Mythen und Geschichten. Die enorme Strahlkraft des Lateinischen und der antiken Kultur bewirkt, dass wir auch heute noch ständig von Latein umgeben sind – auch wenn wir es vielleicht nicht immer so richtig bemerken.

Kurz gesagt: Ohne Latein wäre unsere heutige Kultur Europas undenkbar – und zum Teil wohl auch kaum verständlich.

Latein im Mittelalter

Auch nach dem Ende des (west)römischen Reiches blieb Latein die Sprache, die alle beherrschen mussten, wenn sie in Europa gehört bzw. gelesen werden wollten. Vor allem die **karolingische Bildungsreform** etablierte für das Mittelalter und weit darüber hinaus Latein als Sprache der Bildung, des Rechts, der Verwaltung und der Kirche, aber auch der weltlichen Literatur. Selbstverständlich ist auch die wichtigste zeitgenössische Biografie **Karls des Großen**, des Urhebers der karolingischen Renaissance, auf Latein geschrieben. Wie jede lebende Sprache, wandelte sich die lateinische im Laufe der Jahrhunderte: Nicht nur entstanden aus ihr die romanischen Sprachen, auch das Latein des Mittelalters (**Mittellatein**) nimmt Elemente der Volkssprachen auf und unterscheidet sich in mancher Hinsicht vom antiken Latein.

Latein als Sprache der Kirche

In der **Kirche** wurde Latein neben anspruchsvollen theologischen Texten auch für schlichtere, erzählende und unterhaltende Texte wie z. B. **Heiligenlegenden** verwendet, die für ein breiteres Publikum verständlich sein sollten.

Lachen, Singen und Grölen auf Latein

Daneben lachte man von Irland bis Sizilien über durchaus „deftige" lateinische **Lieder und Gedichte**, deren Inhalte nicht immer an der Moral der Kirche orientiert waren.

Latein überall – bis heute

Dieser „Trend" setzte sich auch in den folgenden Jahrhunderten fort: Unzählige Gedichte, Satiren, Romane ebenso wie wissenschaftliche Abhandlungen verbreiteten sich in ganz Europa oft wie ein Lauffeuer – nicht zuletzt unterstützt durch den im 15. Jahrhundert erfundenen Buchdruck.

Auch wenn Latein heute kein Medium der aktiven Kommunikation mehr ist, finden sich überall in unserem Alltag Beispiele für die Präsenz dieser Sprache: Inschriften auf öffentlichen Gebäuden, auf Münzen oder Gedenktafeln, lateinische Vokabeln oder Zitate in der Werbung – sogar im Sport zieren lateinische Motti die Vereinswappen zahlreicher Clubs. Immer wollte oder will irgendjemand seinen Zeitgenossen und der Nachwelt etwas ganz Wichtiges mitteilen – natürlich auf Latein, damit es auch nach Jahrhunderten noch jeder versteht …

→ S. 239 Geschichtlicher Überblick

1 Erläutern Sie, weshalb ein Bild wie das von Matthias Koeppel ohne die Kenntnis des antiken Mythos unverständlich wäre.

Lateinische Sprüche:
a Emblem der USA
b Motto verschiedener (häufig militärischer) Vereinigungen in Großbritannien und USA; hier auf einem Polizeiabzeichen zum 10. Jahrestag des 11. September 2001
c Wahlspruch des Fußballclubs Arsenal London

2 **a** Übersetzen Sie die Wahlsprüche.
b Erläutern Sie, was ihnen gemeinsam ist.
c Erörtern Sie die Gründe, warum man diese Wahlsprüche und Aufschriften wohl auf Latein formuliert hat.

3 Projekt: Erstellen Sie – ggf. digital – eine Präsentation zum Thema „Strahlkraft der Antike". Die Abbildungen können zur Anregung dienen.

a

b

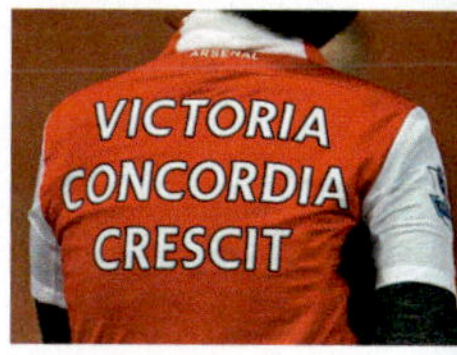

c

Zeus? (Kreta, Südküste). Gemälde von Matthias Koeppel (2. Hälfte 20. Jh.)

→ S. 217 Präsentation
→ S. 220 Projektarbeit

EINHARD: VITA KAROLI MAGNI

Einhard als Biograf Karls des Großen

Einhard (ca. 770–840) erlebte den Aufstieg Karls selbst mit. Er stammte aus einer Adelsfamilie in der Maingegend und erhielt seine Erziehung im Kloster Fulda. Aufgrund seiner Begabung schickte man ihn ab 790 zur weiteren Ausbildung an den Hof Karls des Großen in Aachen, wo unter anderem Alkuin von York sein Lehrer war. Später erhielt Einhard die Aufsicht über die literarischen und mathematischen Studien Karls sowie über die kaiserlichen Bauten. So erwarb er sich eine Vertrauensstellung am Hofe, und es entwickelte sich sogar eine Freundschaft zwischen ihm und dem Kaiser. Nach Karls Tod 814 wurde er von dessen Nachfolger Ludwig dem Frommen mit einigen Besitztümern beschenkt. Er selbst starb 840 in Seligenstadt.

→ MEHR ERFAHREN
Einhard und die Antike

Einhard hatte die antike Literatur intensiv studiert, was sich auch in seinem Werk niederschlägt. Seine Biografie Karls lehnt sich in vieler Hinsicht an die Caesarenviten des römischen Biografen Sueton an: Wie Sueton geht er in seiner Darstellung nicht streng chronologisch vor, sondern unterteilt seine Darstellung in Rubriken: z. B. Ämter, Kriege, Privatleben, Charakter. Auch sprachlich orientiert er sich an antiken Vorbildern, vor allem an Cicero.

Karl der Große

Bereits Karls Vater Pippin hatte das Reich der Franken erweitert und sich die Unterstützung des Papstes erworben. Mit Karl setzte sich der Aufstieg der Karolinger fort. Der Höhepunkt war erreicht, als Karl an Weihnachten **800** als erster Herrscher seit dem Ende des weströmischen Reiches in **Rom** zum **Kaiser** gekrönt wurde und sich damit in die Nachfolge der antiken römischen Kaiser stellte.

Der dankbare Autor **Karol. 1**

Einhard nennt folgende Gründe, warum er die Taten Karls der Nachwelt überliefern will:

„Es sind dies vor allem die Erziehung, die mir König Karl während meiner Kindheit angedeihen ließ, und auch die lebenslange Freundschaft, die mich seit meiner Ankunft am Hof mit ihm und seinen Kindern verband. [...] Man könnte mich also mit Recht undankbar nennen, wenn ich die großartigen Taten dieses Mannes, der sich um mich so sehr verdient gemacht hat, stillschweigend überginge [...]" *(Übersetzung: S. E. Firchow).*

1. Diskutieren Sie, wie sich die Freundschaft zwischen einem Biografen und seinem Helden auf die Darstellung auswirken kann.
2. Erläutern Sie, inwiefern die Münze an antike Vorbilder anknüpft.
3. Beschreiben Sie die Miniatur und erläutern Sie, was die Kombination der beiden Hälften ausdrücken soll.

Links: Einhard und Krönung Karls. Buchmalerei (14. Jh).
Rechts: Münze Karls.

→ S. 239 Geschichtlicher Überblick

Themen einer Biografie Karol. 4

Nach der Darstellung des Aufstiegs der Karolinger kommt Einhard auf sein eigentliches Thema, das Leben Karls (lat. mit Betonung auf der 1. Silbe: *Károlus/Cárolus*), zu sprechen. Hier „enttäuscht" er den Leser gleich zu Beginn.

1 Stellen Sie aus Z. 1–13 ein „Inhaltsverzeichnis" zu Einhards Karlsvita zusammen.

Da ich es für unangebracht halte, über Karls Geburt, Kindheit oder auch Jugend zu schreiben, weil nichts in irgendwelchen Schriften überliefert ist und auch keiner mehr am Leben sein kann, der behauptet, dass er davon Kenntnis hat, habe ich mich entschlossen, das Unbekannte wegzulassen und zur Darstellung und Erklärung seiner Taten, seines Charakters und der übrigen Bereiche seines Lebens überzugehen ...

... ita tamen, ut, primo res gestas et domi et foris, deinde mores et studia eius, tum de regni administratione et fine narrando, nihil de his, quae cognitu vel digna vel necessaria sunt, praetermittam.

9 **ita tamen** *ergänze gedanklich: habe ich den Stoff angeordnet*
forīs *(Adv.)* draußen, außerhalb
9/10 **rēs gestās ... studia eius** *ergänze* nārrandō

2 a Vergleichen Sie die Angaben zum Inhalt der *Vita Karoli Magni* mit denen Suetons in seiner Augustus-Vita und weisen Sie nach, dass Einhard sich am antiken Vorbild orientiert.
→ Einhard und die Antike, S. 88

b Wenngleich auch Nepos im 9. Jh. viel gelesen wurde, orientiert sich Einhard im Aufbau seiner Biografie nicht an ihm. Erläutern Sie aufgrund Ihres Wissens das Strukturprinzip des Nepos in Abgrenzung von Sueton bzw. Einhard.

3 a Historiker legen Wert darauf, sich auf verlässliche Quellen berufen zu können. Arbeiten Sie heraus, inwiefern auch Einhard diesem Prinzip folgt.

b Erörtern Sie u. a. auch auf der Grundlage von S. 88 („Der dankbare Autor"), ob Einhard selbst uneingeschränkt als verlässliche Quelle angesehen werden kann.

Sueton: Das Leben des Augustus
Div. Aug. 61
Da ich nun dargelegt habe, wie Augustus sich als Befehlshaber und Amtsinhaber und bei der Regierung des Staates in Krieg und Frieden auf der ganzen Welt verhielt, möchte ich nun über sein Privat- und Familienleben berichten und darüber, mit welchen Sitten und welchem Erfolg er von seiner Jugend bis zu seinem Todestag im häuslichen Bereich sein Leben führte.

→ BD lateinlex.de/d1wg

→ *Legamus!* 1, S. 52 Die Gattung Biografie

Karls Aussehen Karol. 22

Einhard als Karls Vertrauter konnte eine genaue Beschreibung von ihm geben.

Gruppen:
(A) Z. 1–4 | (B) Z. 5–7 | (C) Z. 8–11 | (D) Z. 12–14 | (E) Z. 15–17

1 Erarbeiten Sie in Gruppen Informationen über Karls Äußeres, seine Wirkung auf andere und seine körperliche Verfassung. Schlagen Sie unbekannte Wörter nach oder erschließen Sie deren Bedeutung.
a Geben Sie zunächst das Thema jedes Abschnitts anhand der fettgedruckten Wörter an.
b Erschließen Sie dann weitere Details.

Corpore fuit amplo atque robusto, **statura** eminenti, quae tamen iustam non excederet – nam septem suorum pedum **proceritatem** eius constat habuisse mensuram –,

apice capitis rotundo, **oculis** praegrandibus ac vegetis, **naso** paululum mediocritatem excedenti, **canitie** pulchra, **facie** laeta et hilari.

Unde **formae** auctoritas ac dignitas tam stanti quam sedenti plurima adquirebatur; quamquam **cervix** obesa et brevior **venter**que proiectior videretur, tamen haec ceterorum **membrorum** celabat aequalitas.

Incessu firmo totaque corporis **habitudine** virili;

voce clara quidem, sed quae minus corporis formae conveniret.

Valetudine prospera, praeter quod, antequam decederet, per quattuor annos crebro febribus corripiebatur, ad extremum etiam uno pede claudicaret.

1 **ēminēns**, *-entis* herausragend
2 **iūstus** *(hier)* normal
suōrum pedum *(gemeint ist der von Karl eingeführte Fuß als Maßeinheit)*
5 **apice capitis** ~ capite
prae-grandis, -e *(verstärktes* grandis)
vegetus lebhaft
6 **mediocritātem excēdere** den Durchschnitt übertreffen
8 **unde** *(hier)* daher
8/9 **stantī; sedentī** *ergänze* Karolō
9 **adquīrī** *(hier)* zu eigen sein
10 **prōiectus** *(hier)* hervorstehend
13 **quae** *(Bezugswort ist* vōce)
14 **convenīre** *(hier m. Dat.)* passen zu
15 **praeter quod** abgesehen davon, dass
17 **ad extrēmum** zum Schluss

→ BD lateinlex.de/d1wh

→ S. 196 Kursorisch lesen
→ S. 218 Wörterbuchgebrauch

→ MEHR ERFAHREN

Wie groß war Karl der Große?

Immer wieder wurde der Karlsschrein im Aachener Dom später geöffnet. Die darin gefundenen Gebeine – 94 Knochen – wurden untersucht. Dies ergab den Befund, dass Karl etwa 1,85 m groß war, was für damalige Verhältnisse erstaunlich groß war. Die Forscher gehen von einem Gewicht von etwa 78 kg aus.

→ MEHR ERFAHREN

Ist das wirklich Karl?

Die Beschreibung der äußeren Gestalt Karls vermittelt nur auf den ersten Blick den Eindruck einer individuellen Person; in Wirklichkeit ist sie aus mehreren Kaiserbiografien Suetons zusammengestückelt: Karl erfährt eine Versteinerung seiner Person zur Maske, eine Typisierung zum ikonenhaften Monument. Nur eins ist anders als bei Suetons Caesaren: Karls heiterer Gesichtsausdruck – dieser stammt aus der christlichen Heiligendarstellung. *(nach D. Walz, Lateinische Prosa des Mittelalters)*

1 (Forts.) Tragen Sie die Informationen aus der Gruppenarbeit zusammen:
- **c** Beschreiben Sie gemeinsam das Aussehen und die Haltung Karls.
- **d** Erstellen Sie ein Phantombild (als Zeichnung oder digital).

2
- **a** Geben Sie an, auf welche Merkmale Einhard besonderen Wert gelegt hat.
- **b** Erörtern Sie, warum wohl Einhard für seine Beschreibung Karls so ausgiebig auf Sueton zurückgegriffen hat.
  → Ist das wirklich Karl?
- **c** Diskutieren Sie, ob Einhards Beschreibung dadurch unglaubwürdig wird.

3 Vergleichen Sie die Abbildungen
- **a** mit der Beschreibung Karls und
- **b** den Ergebnissen der Wissenschaft.
  → Wie groß war Karl der Große?
- **c** Recherchieren Sie im Internet weitere Untersuchungen zu Karls sterblichen Überresten und beziehen Sie sie in den Vergleich mit ein.

Links: Karl der Große. Reiterstatue (9. Jh.)
Rechts: Karl der Große.
Gemälde von Albrecht Dürer (um 1511)

Karls Leben und Wirken in Aachen Karol. 22–24; 26

Einhard beschreibt Karls Leben in Aachen, seine persönlichen Gewohnheiten, aber auch seine Bautätigkeit.

1 Erschließen Sie anhand der **ersten Wörter** jedes Abschnitts, welche Themen hier jeweils angesprochen werden.

2 Übersetzen Sie Z. 1–8 und Z. 14–27.
EXTRA: Wer früher fertig ist, erschließt den Abschnitt Z. 9–13 mithilfe eines Wörterbuchs.

Exercebatur assidue equitando ac venando; quod illi gentilicium erat, quia vix ulla in terris natio invenitur, quae in hac arte Francis possit aequari. Delectabatur etiam vaporibus aquarum naturaliter calentium, frequenti natatu corpus exercens; cuius adeo peritus fuit, ut nullus ei iuste valeat anteferri. Ob hoc etiam Aquisgrani regiam exstruxit.

Vestitu patrio, id est Francico, utebatur. [...] In festivitatibus veste auro texta et calciamentis gemmatis et fibula aurea sagum adstringente, diademate quoque ex auro et gemmis ornatus incedebat.

In cibo et potu temperans, sed in potu temperantior, quippe qui ebrietatem in qualicumque homine, nedum in se ac suis plurimum abominabatur. [...] Vini et omnis potus adeo parcus in bibendo erat, ut super cenam raro plus quam ter biberet.

Religionem Christianam (qua ab infantia fuerat inbutus) sanctissime et cum summa pietate coluit, ac propter hoc plurimae pulchritudinis basilicam Aquisgrani exstruxit auroque et argento et luminaribus atque ex aere solido cancellis et ianuis adornavit. Ad cuius structuram cum columnas et marmora aliunde habere non posset, Roma atque Ravenna devehenda curavit.

1 **venārī** jagen
2 **gentīlicius** (stammes-) eigentümlich
4 **aequārī** gleichkommen
vapor, *-ōris m* Dampf
5 **calēre** warm sein
7 **ante-ferre** *(m. Dat.)* vorziehen, für besser halten als
10 **texere** *(PPP textum)* weben
11 **adstringere**, *-ō* zusammenhalten
14 **temperāns**, *-antis (hier)* maßvoll
15 **quippe quī** weil er nämlich
ēbrietās, *-ātis f* Trunkenheit
16 **quālis-cumque** jeder
nēdum geschweige denn; vor allem
17 **abōminārī** verabscheuen
18 **super** *(m. Akk.) (hier)* während
21 **inbūtus** tief durchdrungen
24 **lūminar**, *-āris n* Leuchter
solidus massiv
cancellī, *-ōrum m Pl.* Gitter
26 **aliunde** anderswoher
27 **dēvehere**, *-ō* herbeibringen

→ BD lateinlex.de/d1wk

→ S. 196 Kursorisch lesen
→ S. 218 Wörterbuchgebrauch

3 Beschreiben Sie Karls Lebensgewohnheiten und vergleichen Sie sie mit Ihren Vorstellungen vom Leben an einem mittelalterlichen Hof.
→ Aachen

4 Recherchieren Sie, was die Architektur der Pfalzkapelle symbolisieren sollte.
·→ Aachen als neues Rom

5 **a** Erklären Sie, wie die Inschrift im Oktogon (s. u.) formal und inhaltlich an antike Vorbilder anknüpft.
b Einhard erwähnt die Inschrift im Zusammenhang mit einem Wunderzeichen (s. u.). Erklären Sie, was diese Geschichte über die Person des Autors und die Karls aussagt.

→ MEHR ERFAHREN
Aachen

Schon die Römer hatten in Aachen nicht nur ein Militärlager, sondern auch Thermenanlagen errichtet, um die mineral- und schwefelreichen warmen Quellen zu nutzen. Die Entscheidung Karls, hier eine Pfalzanlage zu bauen, verdankt sich neben der zentralen Lage im karolingischen Reich auch der Heilkraft dieser Quellen, die er gerne in Anspruch nahm.

·→ MEHR ERFAHREN
Aachen als neues Rom

Karl der Große ließ eine bereits bestehende Anlage zu seiner Kaiserpfalz (Residenz) ausbauen, die größer war als alle bisherigen Pfalzen fränkischer Könige. Den zentralen Bau bildete die Pfalzkapelle, für deren Ausstattung Karl sogar Marmor aus Italien beschaffte: Der Kuppelbau, das Oktogon mit zweigeschossigem Sechszehneck und einer Höhe von 31 Metern, verbindet in seiner Gestaltung Prinzipien antiker Architektur mit christlicher Zahlensymbolik.

Das Karolingische Oktogon im Aachener Münster (Pfalzkapelle)

Ein wundersames Zeichen? Karol. 32

Einhard erzählt zu dieser Inschrift:
In seinem Todesjahr, mehrere Monate bevor er starb, bemerkten einige Leute, dass die Buchstaben, die das Wort PRINCEPS formten, so verblasst waren, dass sie gar nicht zu sehen waren. Er aber tat so, als gingen ihn diese Dinge nichts an, oder er hielt nichts von diesen Dingen, als ob sie nichts mit ihm zu tun hätten.

Die Inschrift im Oktogon

Sic deus hoc tutum stabili fundamine templum,
Quod Karolus princeps condidit, esse velit.

So wolle Gott, dass dieser Tempel, den unser Princeps Karl gegründet hat, auf festem Fundament sicheren Bestand habe! (Übers. Clemens Bayer)

Kaiser wider Willen?

Papst Leo III. sollte im April 799 aus nicht ganz geklärten Gründen amtsunfähig gemacht werden: Der Anschlag misslang und der Papst floh zu Karl nach Paderborn. Im Folgejahr reiste Karl nach Rom. In der Weihnachtsmesse setzte der Papst Karl die Kaiserkrone auf.

1 Z. 1–3: Geben Sie die *nd*-Form und alle Elemente an, die sich darauf beziehen bzw. davon abhängen.

2 Z. 4–7: Analysieren Sie den Satz nach einer Ihnen geläufigen Methode.

3 Z. 9–12: Geben Sie die *nd*-Formen und alle Elemente an, die sich darauf beziehen bzw. davon abhängen.

Karls Krönung nach Einhard Karol. 28

Romam veniens propter reparandum, qui nimis conturbatus erat, ecclesiae statum ibi totum hiemis tempus extraxit. Quo tempore imperatoris et Augusti nomen accepit. Quod primo in tantum aversatus est, ut adfirmaret se eo die, quamvis praecipua festivitas esset, ecclesiam non intraturum, si pontificis consilium praescire potuisset. Invidiam tamen suscepti nominis – Romanis imperatoribus super hoc indignantibus – magna tulit patientia. Vicitque eorum contumaciam magnanimitate, qua eis procul dubio longe praestantior erat, mittendo ad eos crebras legationes et in epistulis fratres eos appellando.

3 **extrahere** (*Perf.* -trāxī) (Zeit) verbringen
4 **in tantum āversārī** so sehr von sich weisen
5/6 **sē nōn intrātūrum (fuisse)** er hätte nicht betreten
8 **super hoc** *(hier)* deswegen
9 **Rōmānus** *(hier)* byzantinisch
→ Rom in Byzanz, S. 95
10 **contumācia** Widerstand
māgnanimitās, *-ātis f* Hochherzigkeit, edle Gesinnung
procul *(hier)* ohne

Karls Krönung nach Johannes Diaconus

Gesta Episcoporum Neapolitanorum 48 (gekürzt)

Wie es zur Krönung kam, schildert Johannes Diaconus (um 880 bis nach 906) etwas anders:

Leo fugiens ad Cárolum regem spopondit ei, ut, si de suis illum defenderet inimicis, augustali diademate eum coronaret.

Cárolus optatam audiens promissionem statim urbem cepit, Leonem in suam sedem revocavit. At Leo statim Cárolum coronavit.

14 **illum** *(gemeint ist Leo)*
dēfendere dē verteidigen gegen
augustālis, *-e* kaiserlich
diadēma, *-atis n* Diadem, Krone

→ BD lateinlex.de/d1wm

4 Fassen Sie zusammen, wie die Krönung Karls bei Einhard geschildert wird.

5 Vergleichen Sie beide Darstellungen der Krönung Karls und erörtern Sie, wie beide Quellen historisch ausgewertet werden könnten.

→ GUT ZU WISSEN

Rom in Byzanz

Nach dem Untergang des weströmischen Reiches bestand das oströmische in Byzanz (= Konstantinopel) bis zur Eroberung durch die Türken 1453 weiter. Die Einwohner bezeichneten sich selbst als „Rhomäer“, also Römer.

Münze Karls
Karolus-Monogramm

Die Kaisertitulatur

Cárolus serenissimus Augustus,
a Deo coronatus magnus pacificus imperator,
Romanum gubernans imperium,
qui et per misericordiam Dei rex Francorum
et Langobardum.

6 **a** Karl verwendete seine Signatur, um Dokumente zu unterzeichnen. Stellen Sie Vermutungen an, weshalb er sie auch auf Münzen prägen ließ.
b Wenn man Karls Signatur mit dem Finger nachfährt, ergibt sich das Kreuzeszeichen. Probieren Sie das aus und ziehen Sie daraus Rückschlüsse auf Karls Selbstverständnis als Herrscher.
c Belegen Sie Ihre Schlüsse am lateinischen Text auf S. 94.

7 Untersuchen Sie, was in der Kaisertitulatur und in dem Monogramm über die Herrschaft Karls und die Rolle Gottes dabei ausgesagt wird.

8 Karls Krönung begründet eine Jahrhunderte andauernde Tradition der Kaiserkrönung durch den Papst als Nachfolger des hl. Petrus: Erklären Sie u. a. mithilfe des Mosaiks, was in diesem Akt zum Ausdruck kommt und welcher Konflikt darin von Anfang an steckte.

9 Recherchieren Sie, wie es nach Karl mit seinem Reich weiterging.

Petrus überreicht Leo III. das Pallium als Zeichen kirchlicher Würde und Karl dem Großen ein Banner als Zeichen königlicher Würde. Mosaik im Lateran aus der Zeit Karls (im 19. Jh. restauriert).

→ S. 196 Kursorisch lesen
→ S. 218 Wörterbuchgebrauch
→ S. 239 Geschichtlicher Überblick

Bildung, Bücher, Buchstaben Karol. 25

Zu den großen Leistungen Karls gehört die karolingische Bildungsreform. Einhard bescheinigt auch Karl persönlich eine gute Bildung in vielen Bereichen, was nicht zuletzt an den namhaften Lehrern liegt, die er aus ganz Europa in Aachen zusammenbrachte.

1 Z. 1–8: Erschließen Sie anhand von Schlüsselbegriffen, von welchem Bereich der Bildung Karls hier die Rede ist.

2 Z. 9–18: Erschließen Sie die Bedeutung der hervorgehobenen Wörter.
→ *Artes liberales*, S. 97

3 Z. 19–23: Karl nutzt offenbar jede freie Minute zum Lernen. Erschließen Sie seinen „Trick" und belegen Sie Ihre Aussage am Text.

Erat eloquentia copiosus et exuberans poteratque, quicquid vellet, apertissime exprimere. Nec patrio tantum sermone contentus, etiam peregrinis linguis ediscendis operam impendit. In quibus Latinam ita didicit, ut aeque illa ac patria lingua orare sit solitus, Graecam vero melius intellegere quam pronuntiare poterat. Adeo quidem facundus erat, ut etiam dicaculus appareret.

Artes liberales studiosissime coluit, earumque doctores plurimum veneratus magnis adficiebat honoribus. In discenda grammatica Petrum Pisanum diaconem senem audivit, in ceteris disciplinis Albinum cognomento Alcuinum, item diaconem, de Brittania Saxonici generis hominem, virum undecumque doctissimum, praeceptorem habuit, apud quem et rhetoricae et dialecticae, praecipue tamen astronomiae ediscendae plurimum et temporis et laboris inpertivit. [...]

Temptabat et scribere; tabulasque et codicellos ad hoc in lecto sub cervicalibus circumferre solebat, ut, cum vacuum tempus esset, manum litteris effingendis adsuesceret, sed parum successit labor praeposterus ac sero inchoatus.

1 **cōpiōsus et exūberāns** überreich ausgestattet mit
3 **peregrīnus** fremd
5 **aequē ac** ebenso gut wie
ōrāre *(hier)* reden
7 **fācundus** redegewandt
8 **dicāculus** geschwätzig; scharfzüngig
12 **diācōn**, *-onis m* Diakon *(kirchl. Rang)*
13 **cōgnōmentum** Beiname
15 **undecumque** *(hier)* in allen Fächern
18 **inpertīre** *(m. Dat.)* widmen, aufwenden für
19 **codicellus** Schreibheft
20 **cervīcal**, *-ālis n* Kopfkissen
circumferre *(hier)* stets bei sich haben
22 **effingere**, *-ō* darstellen
adsuēscere, *-ō (m. nd-Form im Dat.)* (etwas) gewöhnen an
23 **praeposterus ac sērō inchoātus** zu spät / in zu hohem Alter begonnen

→ BD lateinlex.de/d1wn

Karls Bildungsreform

Der Philologe Manfred Fuhrmann beschreibt die Reformen, die die Karolingische Renaissance überhaupt erst ermöglichten (Latein und Europa, S. 12 f.): Er bediente sich hierbei zweier Mittel: Er erließ Gesetze und schuf als eine Art Musteranstalt die Hofschule, an die er die besten Köpfe nicht allein des Frankenreichs, sondern ganz Europas berief und die er in eigener Person ständig beaufsichtigte. Unter den gesetzgeberischen Maßnahmen ragt die *Admonitio generalis* des Jahres 789 hervor, worin sowohl die Einrichtung von Schulen angeordnet als auch deren Lehrpensum umschrieben wird. […] Bei der in der *Admonitio generalis* genannten Zweiheit von Institutionen, den Kloster- und Kathedral- oder Domschulen, ist es im Wesentlichen geblieben, sowohl unter Karl selbst als auch in den Jahrhunderten nach ihm. In der Praxis haben vor allem die Klöster den Klerikernachwuchs herangezogen.

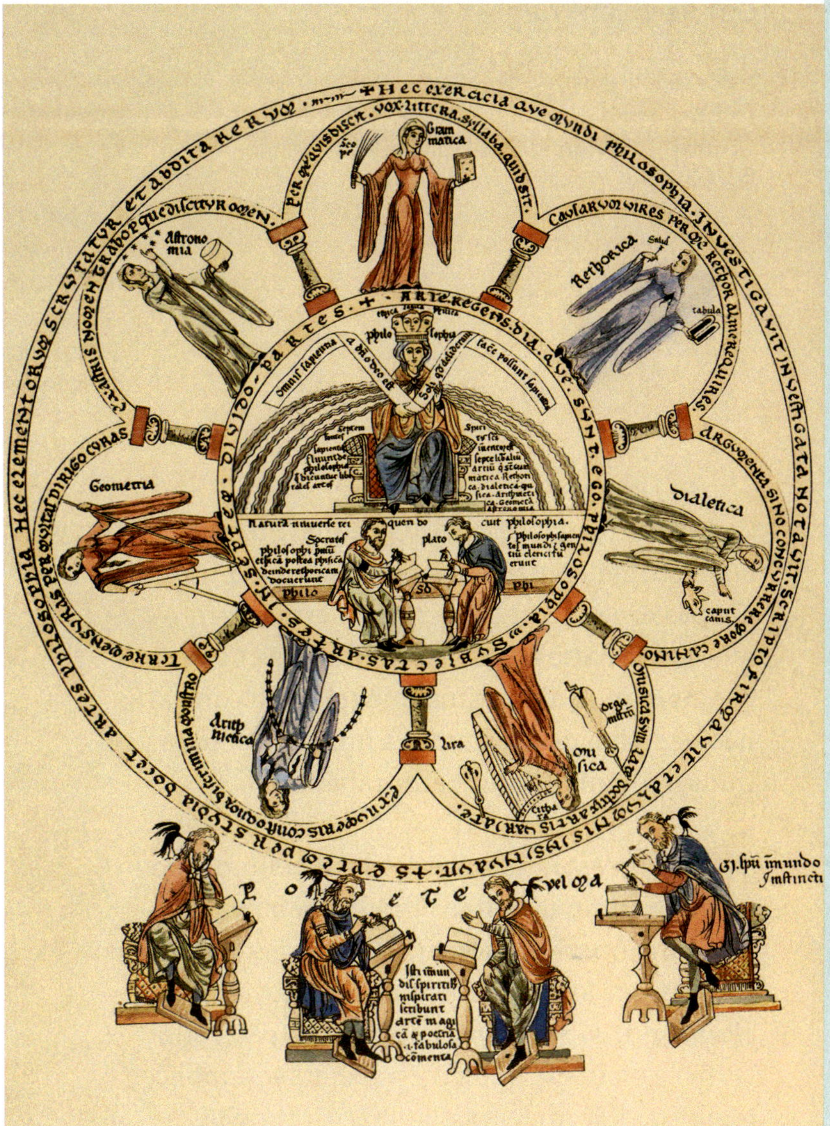

Die *septem artes liberales* aus dem *Hortus deliciarum* der Herrad von Landsberg (1125–1195)

4 Stellen Sie den Fächerkanon zusammen, in dem sich Karl bildet. Vergleichen Sie diesen mit dem Ihres Gymnasiums.

5 Fassen Sie Karls Bildungsreform zusammen.

6 Diskutieren Sie mögliche Gründe für den Eifer Karls auf diesen Gebieten.

7 Erläutern Sie, was der Bildaufbau (die *artes* im Kreis um *philosophia*, unten die vier Evangelisten) ausdrückt. → *Artes liberales*

→ GUT ZU WISSEN

Artes liberales

Bereits in der Antike entwickelte sich der Kanon der *septem artes liberales*. Liberales (frei) nannte man sie, weil sie „eines freien Mannes würdig" seien, im Mittelalter leitete man das Wort jedoch von *liber* („Buch") ab. Sie teilen sich in das **Trivium** (Grammatik, Rhetorik, Dialektik) und das **Quadrivium** (Arithmetik, Musik, Geometrie, Astronomie).

Der Sachsenkrieg Karol. 7

Karls bedeutendste kriegerische Auseinandersetzung war die mit den Sachsen (vgl. S. 233, *Sáxones*). Ihr widmet Einhard eine eingehende Darstellung.

1. Z. 1–7: Stellen Sie mithilfe der Übersetzung lateinische Ausdrücke zusammen, die a) den Krieg, b) die Sachsen selbst beschreiben.
2. Z. 8–17: Gliedern Sie den Abschnitt in „Sachsenkrieg" und „Verhalten der Sachsen" (mit Textbelegen).
3. 18–24: Geben Sie – wo möglich – die Bezugswörter zu den Partizipien an und erschließen Sie so Informationen über den Erfolg von Karls Sachsenpolitik.

Quo nullum neque prolixius neque atrocius Francorumque populo laboriosius susceptum est; quia Saxones, sicut omnes fere Germaniam incolentes nationes, et natura feroces et cultui daemonum dediti nostraeque religioni contrarii, neque divina neque humana iura vel polluere vel transgredi inhonestum arbitrabantur. […]

Susceptum est igitur adversus eos bellum, quod magna utrimque animositate, tamen maiore Saxonum quam Francorum damno, per continuos triginta tres annos gerebatur. Poterat siquidem citius finiri, si Saxonum hoc perfidia pateretur. Difficile dictu est, quotiens superati ac supplices regi se dediderunt, imperata facturos polliciti sunt. Sed sicut ad haec facienda aliquoties proni, sic ad eadem pervertenda semper fuere praecipites. […]

9 **animōsitās**, *-ātis f* Erbitterung
10 **continuus** ununterbrochen, fortwährend
11 **sīquidem** = quidem
12 **perfidia** Treulosigkeit
14 *Ergänze:* <sē> imperāta factūros <esse>
15 **aliquotiēs** einige Male
prōnus ad bereit zu
16 **pervertere**, *-ō* umwerfen

Schließlich stellt Karl Friedensbedingungen.

Eaque condicione a rege proposita et ab illis suscepta tractum per tot annos bellum constat esse finitum, ut – abiecto daemonum cultu et relictis patriis caerimoniis – Christianae fidei atque religionis sacramenta susciperent et Francis adunati unus cum eis populus efficerentur.

18/21 *Ordne:* Cōnstat eā condiciōne … bellum esse fīnītum
20 **daemōn**, *-onis m (hier)* falscher Gott; Götze
23 **adūnāre** *(m. Dat.)* vereinen mit

→ BD lateinlex.de/d1wp
→ S. 233 *Sáxones*
→ S. 196 Kursorisch lesen
→ S. 218 Wörterbuchgebrauch
→ S. 204 Übersetzungsvergleich

4 Arbeiten Sie mithilfe der Abbildung aus dem Text heraus, welches Ziel und welches Ergebnis der Krieg gegen die Sachsen in den Augen Einhards hatte.

5 **a** Weisen Sie nach, dass die Abbildung die Vorgänge sehr tendenziös darstellt.
b Diskutieren Sie, ob eine solche Darstellung heute noch möglich wäre.

6 **a** Erläutern Sie, inwieweit Einhard den Sachsenkrieg als *bellum iustum* darstellt.
b Diskutieren Sie, ob Einhards Rechtfertigung auch heute überzeugt.

7 **a** Stellen Sie nun insgesamt die Eigenschaften Karls nach Einhards Darstellung zusammen, auch anhand des Zusatztextes „Karl der Größte".
b Der Aachener Karlspreis wird jährlich an Persönlichkeiten oder Institutionen verliehen, die sich um Europa und die europäische Einigung verdient gemacht haben. Diskutieren Sie, ob die Benennung dieses Preises nach Karl gerechtfertigt ist. Beziehen Sie dabei auch die Beinamen „der Große" und „Vater Europas" mit ein.

Übersetzung Z. 1–7:
Im Vergleich zu dem Sachsenkrieg wurde kein längerer und heftigerer und auch kein für das Volk der Franken mühsamerer Krieg begonnen; weil die Sachsen – wie fast alle Völker, die in Germanien wohnen – von Natur aus wild, dem Götzenkult ergeben und unserer Religion feindlich gesinnt waren, hielten sie es nicht für unehrenhaft, göttliches oder menschliches Recht zu beschmutzen oder zu überschreiten.

Karl der Größte **Karol. 8**
Denn der König war unter allen Herrschern seiner Zeit der Größte an Klugheit und der Herausragendste an edler Gesinnung; nie schreckte er vor der Übernahme oder der Erledigung einer Aufgabe zurück, weil sie ihm zu mühsam oder zu gefährlich gewesen wäre. Vielmehr nahm er alles in Angriff und führte es entsprechend seinen großen Fähigkeiten zu Ende. Weder gab er im Unglück auf, noch traute er im Erfolgsfall dem trügerischen Glanz des Glücks.

Die Taufe des Sachsenherzogs Widukind nach Karls Sieg. Illustration aus Frankreich (um 1900)

→ *Legamus!* 1, S. 82 *Bellum iustum*
→ S. 239 Geschichtlicher Überblick

JACOBUS: LEGENDA AUREA

Die Entstehung der *Legenda Aurea*

Im christlichen Mittelalter spielten Heilige eine große Rolle – nicht nur, weil sie vorbildhaft ihren Glauben gelebt hatten, sondern auch, weil sie Stoff für unzählige Geschichten und Anekdoten lieferten. So kam der Dominikanermönch Jacobus de Voragine (ca. 1228–1298) einem verbreiteten Bedürfnis nach, als er eine umfangreiche Sammlung von Berichten über Heilige und deren wundersame Taten, angeordnet nach dem Heiligenkalender des Kirchenjahres, zusammenstellte.

Quellen

Dafür zog er vielfältige Quellen heran: Neben der Bibel verarbeitete er u. a. Märtyrerakten (offizielle Aufzeichnungen über Gerichtsverfahren gegen Christen zur Römerzeit) und geistliche Theaterstücke, aber auch sog. apokryphe Evangelien (also Texte, die von der Kirche nicht offiziell als Evangelium anerkannt, aber durchaus bekannt waren) sowie zahlreiche mündlich überlieferte Geschichten und Anekdoten.

Stil

Dabei entwickelte Jacobus einen eigenen Stil: Seine Texte sind knapp, verdichtet und sprachlich bewusst einfach und verständlich. Zugleich baute er gekonnt stilistische Elemente zur Spannungssteigerung ein, wie wir sie heute aus Kriminalgeschichten oder Thrillern kennen.

Verbreitung

Bald setzte sich für Jacobus' Sammlung die Bezeichnung *Legenda Aurea* durch („Lesenswertes aus Gold", also von besonderem Wert, später „Goldene Legende"). Sie wurde bald zum verbreitetsten religiösen Volksbuch des Mittelalters – und zu einer schier unerschöpflichen Fundgrube für Motive in der kirchlichen Kunst, die noch heute in ganz Europa zu sehen sind.

→ GUT ZU WISSEN

Mythos und Legende

Der **Mythos** ist eine Erzählung, die die Welt der Menschen mit der der Götter verknüpft und dabei die Welt oft auch erklärt.
Der Begriff **Legende** leitet sich von *legenda* ab (n Pl.: „das, was gelesen werden muss", später als f Sg. verstanden). Im Mittelalter engte sich der Begriff auf auf Geschichten über vorbildliche Menschen, meist wundertätige Heilige, ein. Die Legende knüpft oft an Historisches an, überhöht aber die Figuren, erfindet hinzu und ist auch mit **Märchen** und **Sage** verwandt.

Der Heilige Georg.
Brevier von John the Fearless (um 1413/1419)

→ S. 239 Geschichtlicher Überblick

Der heilige Georg Leg. Aur. 58.261

Eine heidnische Stadt wird von einem Drachen geplagt. Ihm wurden bereits alle Kinder der Stadt geopfert; nun ist als letzte die Königstochter an der Reihe. Georg will sie retten; er findet sie weinend am Ufer des Sees, in dem der Drache haust.

1 Z. 1–5: Erschließen Sie den Inhalt von Georgs Angebot und die Reaktion der Königstochter.

2 Z. 6–11: Erschließen Sie anhand der auf Georg bezogenen Partizipialausdrücke und der Prädikate Georgs Vorgehen.

Ait Georgius: „Filia, noli timere, quia in Christi nomine te iuvabo!" Et illa: „Bone miles, sed te ipsum salvare festines! Mecum non pereas! Sufficit enim, si sola peream. Nam me liberare non posses et tu mecum perires." Dum haec loquerentur, ecce draco veniens caput de lacu levavit. [...] Tunc Georgius equum ascendens et cruce se muniens draconem contra se advenientem audaciter aggreditur et lanceam fortiter vibrans et se Deo commendans ipsum graviter vulneravit et ad terram deiecit dixitque puellae: „Proice zonam tuam in collum draconis nihil dubitans, filia!" Quod cum fecisset, sequebatur eam velut mansuetissima canis.

Als die drei so in die Stadt kommen, ruft Georg der entsetzten Bevölkerung zu:

„Nolite timere! Ad hoc enim me misit Dominus ad vos, ut a poenis vos liberarem draconis. Tantummodo in Christum credite et unusquisque vestrum baptizetur et draconem istum occidam!"

Daraufhin lassen sich alle taufen und werden so von ihren Sünden und vom Drachen erlöst.

3 **salvāre** retten
4 **sufficit** *(hier)* es genügt
6 **dracō**, *-ōnis m* Schlange; Drache
levāre *(hier)* heben
9 **lancea** Lanze
vibrāre schleudern
10 **sē commendāre** sich empfehlen, sich anvertrauen
11 **prōicere** *(-iō)* in *(hier)* schlingen um, werfen um (etwas)
zōna Gürtel
12 **nihil** *(hier)* nicht
13 **sequebātur** *(Subjekt ist der Drache)*
mānsuētus zahm
15 **tantummodo** nur
16 **vestrūm** *(hier Gen. Pl.)* von euch
baptizāre taufen

3 a Zeigen Sie, dass es sich bei diesem Text um eine Legende handelt.
→ Mythos und Legende, S. 100

b Zeigen Sie, dass die Geschichte auch in der Tradition antiker Mythen steht und erörtern Sie aufgrund Ihrer Kenntnisse, inwiefern Georg römische *virtus* zeigt.

4 Vergleichen Sie den Text mit dem Bild und erläutern Sie die Unterschiede.

→ BD lateinlex.de/d1wr

Der liebestolle Präfekt (I) Leg. Aur. 7.48

Die heilige Anastasia, die zur Zeit der Christenverfolgungen Kaiser Diokletians (4. Jh. n. Chr.) lebt, hat drei sehr fromme, aber auch sehr schöne Mägde. Dies führt unweigerlich zu Problemen: Der Präfekt der kaiserlichen Leibwache hat ein Auge auf sie geworfen ...

1 Z. 1–13: Erarbeiten Sie in Gruppen mithilfe der Komödienszene (S. 103; der Präfekt heißt dort Dulcitius) den Inhalt je eines Textabschnittes.

2 **EXTRA:** Z. 14–17: Wer eher fertig ist, erschließt mit lateinischen Belegen, was die Soldaten mit dem Präfekten anstellen.

Anastasia habebat tres ancillas pulcherrimas, quae sorores erant: quarum una dicebatur Agape, altera Chionia et alia Irene.

Quae cum Christianae essent et praefecti monitis nullatenus oboedirent, in cubiculum eas reclusit, ubi coquinae utensilia servabantur.

Praefectus autem in earum ardens amorem ad eas ivit, ut suam libidinem exerceret.

Qui – in amentiam versus, putans se tractare virgines – cacabos, patellas, caldaria et his similia amplexans osculabatur, et cum ex hoc satiatus fuisset, foras exiit nigerrimus et deformis et vestimentis conscissis.

Quem servi, qui eum pro foribus exspectaverant, sic aptatum videntes, cogitantes, quod in daemonem versus esset, eum verberibus affecerunt et fugientes solum reliquerunt.

5 **nūllātenus** *(Adv.)* nicht im Mindesten
reclūdere (*Perf.* -clūsī) einschließen
6 **coquīnae ūtēnsilia** Kochgeschirr
8 **īvit** = iit
10 **cacabus** Bratpfanne
patella Schale
caldārium *(hier)* Kochtopf
12 **satiātus** gesättigt, befriedigt
13 **cōnscindere** (*PPP* -scissum) zerreißen, zerfetzen
14 **forēs**, *-ium f Pl.* Tür
15 **aptāre** zurichten
quod *(hier)* dass
16 **daemōn**, *-onis m* Dämon
verbera, -um *n Pl.* Schläge

3 Vergleichen Sie die beiden Texte; arbeiten Sie dabei die Unterschiede, aber auch die gemeinsame Aussageabsicht heraus.
→ Roswitha von Gandersheim, S. 103

4 Die Mägde haben „sprechende Namen“ griechischen Ursprungs. Erläutern Sie anhand von Recherche, mit welcher Aussageabsicht diese gewählt wurden.

→ BD lateinlex.de/d1ws

→ S. 196 Kursorisch lesen
→ S. 218 Wörterbuchgebrauch

Roswitha von Gandersheim: Dulcitius scaen. 2–4

Dulcitius: Potzblitz! Was für schöne, reizende, außergewöhnliche Mädchen! **Soldaten:** Perfekte Schönheit! – **D.:** Bin ganz gefangen von ihrem Anblick! – **S.:** Kein Wunder ... – **D.:** Ich bin ganz wild darauf, sie in mich verliebt zu machen. – **S.:** Keine Chance! – **D.:** Wieso? – **S.:** Sind ziemlich glaubensstabil. – **D.:** Wie wärs, sie mit Schmeicheleien rumzukriegen? – **S.:** Machen sich nix draus. – **D.:** Und wenn ich ihnen mit Marter drohe? – **S.:** Ist denen egal. – **D.:** Und was nun? – **S.:** Denk doch selber nach! – **D.:** Sperrt sie in das innere Verlies, wo davor die großen Gefäße stehen. – **S.:** Und warum gerade da? – **D.:** Weil ich sie da, sooft ich will, „besuchen" kann. – **S.:** Zu Befehl!

Die Soldaten führen den Befehl aus. Als die drei Mädchen in ihrer Zelle sitzen, will Dulcitius sein Vorhaben in die Tat umsetzen ...

Agape: Was ist da draußen für ein Lärm? – **Eirene:** Der unselige Dulcitius kommt gerade herein. – **Chionia:** Gott schütze uns! – **A.:** Amen! – **Ch.:** Was soll denn das Gescheppere von Kochtöpfen, Bratpfannen und Tiegeln? – **Ei.:** Ich werde mal nachsehen. – **A.:** Was ist? – **Ei.:** Das gibt's nicht: Der spinnt, ist verrückt, er glaubt, dass er uns umarmt! – **A.:** Was macht er denn? – **Ei.:** Jetzt drückt er gerade Töpfe an seine Weichteile, jetzt umarmt er die Tiegel und Pfannen, drückt sanfte Küsse auf sie! – **Ch.:** Lächerlich! – **Ei.:** Und sein Gesicht, die Hände und sein Gewand sind so dreckig, so über und über schmutzig – komplett schwarz ist er! – **A.:** So wie er aussieht, könnte man meinen, dass er im Geist von einem Teufel besessen ist. – **Ei.:** Oh, er kommt gerade zurück. Lass uns sehen, was seine Soldaten, die ihn draußen erwarten, mit ihm anstellen ...

→ MEHR ERFAHREN

Roswitha von Gandersheim

Jacobus de Voragine benutzte offenbar auch die Werke Roswithas von Gandersheim als Quelle. Roswitha (~ 935–973, altdeutsch: Hrotswit) war Nonne im Stift Gandersheim (Niedersachsen) und gilt als erste deutsche Dichterin. Sie verfasste u. a. die ersten Dramen seit der Antike, wobei sie die oft recht derben und anzüglichen Inhalte der Komödien des römischen Dichters Terenz durch christliche Themen (z. B. Glaubensfestigkeit, Keuschheit) ersetzte. So entstand um 965 das sogenannte Dramenbuch, das sechs „Dialoglegenden" enthält, darunter auch die Komödie *Dulcitius*.

Roswitha von Gandersheim liest ihre Legenden vor. Holzstich (19. Jh.), später koloriert.

→ S. 109 Die Christenverfolger
→ S. 42 f. Was tun mit den Christen?
→ S. 239 Geschichtlicher Überblick

Der liebestolle Präfekt (II) Leg. Aur. 7.48

Ohne sich seines desolaten Aussehens bewusst zu sein, eilt der Präfekt direkt zum Kaiser, um ihm über das skandalöse Verhalten seiner Soldaten zu berichten. Aber auch dort erfährt er nicht die Behandlung, die er sich vorstellt.

1 Z. 2–4: Die Bedeutung von Verben kann durch Präfixe noch verstärkt werden. Arbeiten Sie anhand solcher Komposita heraus, was mit dem Präfekten beim Kaiser geschieht.

Cumque imperatorem adiret, ut de hoc conquereretur, alii virgis percutiebant, alii in eius faciem exspuebant, alii lutum et pulverem in eum proiciebant, alii pugnis eum percutiebant suspicantes, quod in furiam versus esset. Oculi autem eius tenebantur, ne sic se deformem videret. Quapropter mirabatur plurimum, cur sic eum omnes deridebant, quem in tanto honore habere consueverant. Videbatur enim ei, quod ipse et omnes albis vestibus essent induti.

Putans vero
 – cum sic se deformem ab aliis didicisset –,
 quod puellae sibi per artem magicam hoc fecissent,
iussit eas coram se exspoliari,
 ut eas saltem nudas aspiceret,
sed statim earum vestimenta sic corporibus adhaeserunt,
 ut nullo modo exui valerent.
Praefectus autem prae admiratione ita obdormivit stertens, quod etiam a pulsantibus non poterat excitari.

1 **conquerī** = querī
2 **virga** Rute
percutere, *-iō* heftig schlagen
exspuere spucken
3 **lutum** Dreck
pūgnus Faust(schlag)
4 **furia** *(hier)* böser Geist, Dämon
5 **tenērī** (hier) mit Blindheit geschlagen sein
nē = ut nōn
6 **quāpropter** *(Adv.)* deswegen
7 **dērīdēre** = rīdēre
9 **indūtus** *(m. Abl.)* bekleidet mit
13 **cōram** *(m. Abl.)* vor Augen von
exspoliārī sich ausziehen
14 **saltem** *(Adv.)* wenigstens
15 **adhaerēre** = haerēre
16 **exuere** ausziehen
valēre ~ posse
17 **prae** *(m. Abl.)* vor lauter
obdormīre = dormīre
stertere, *-ō* schnarchen
18 **pulsāre** heftig schlagen

→ BD lateinlex.de/d1wt

2 Der Präfekt, immerhin ein hoher Rang, macht sich hier völlig lächerlich. Begründen Sie, weshalb der Autor ihn so zeichnet.
→ Die Christenverfolger, S. 109

3 Auch der Präfekt gleicht einem mythischen Helden. Recherchieren Sie den Wahn des Aias und erläutern Sie, inwiefern der Präfekt ein „komischer Aias“ ist.

4 In den drei Darstellungen (*Legenda*, Roswitha, Wandmalerei) werden die Mägde ganz unterschiedlich charakterisiert. Begründen Sie die Unterschiede; beziehen Sie dabei die Zielsetzungen der jeweiligen Darstellung mit ein.

5 **a** Geben Sie, ggf. durch Recherche, die Bedeutungen der christlichen Tugenden an und vergleichen Sie sie mit römischen Werten.
→ Reichlich Tugenden
b Erläutern Sie, inwiefern die Mägde *exempla* christlicher Tugenden sind.

6 Märtyrerinnen als „role models“? Entwickeln Sie das in dieser Legende entworfene Frauenideal und diskutieren Sie, inwiefern es auch heute noch Gültigkeit hat.
→ Christliche Märtyrer

Die drei frommen Mägde, hier dargestellt als Allegorien für die christlichen Tugenden Glaube, Liebe, Hoffnung. Byzantinische Wandmalerei (um 1500)

→ MEHR ERFAHREN

Christliche Märtyrer

Die Opfer der antiken Christenverfolgungen wurden als **Märtyrer** (wörtl. **„Zeugen“**) verehrt, weil sie durch ihren Tod für den Glauben Zeugnis abgelegt hatten. Auch die drei Mägde wurden schließlich Märtyrerinnen. Um Märtyrer und ihre Verfolger (→ S. 109) ranken sich besonders viele Legenden, die im Laufe der Zeit immer weiter ausgeschmückt wurden.

→ MEHR ERFAHREN

Reichlich Tugenden

Im Mittelalter kursierten mehrere Tugendkataloge: die (aus der Antike übernommenen) vier sog. Kardinaltugenden *fortitudo – temperantia – sapientia – iustitia*, die drei christlichen Tugenden *fides – caritas – spes* sowie sieben „himmlische Tugenden“, die aus der Liste der sieben Todsünden abgeleitet sind: *caritas – castitas – humilitas – temperantia – patientia – humanitas – industria*.

Petrus und Paulus im Einsatz gegen den Zauberer Simon Leg. Aur. 89.373 f.

Zu der Zeit, als sich die Apostel Petrus und Paulus in Rom aufgehalten haben sollen (ab ca. 60 n. Chr.), trat der Legende nach auch ein „Magier" namens Simon auf, der das Volk und auch Kaiser Nero durch Wunder beeindruckte. Damit wurde er zum Konkurrenten für die beiden Apostel, die gerade versuchten, das junge Christentum in Rom zu etablieren. → Die Christenverfolger, S. 109

1 Z. 1–5: Geben Sie die von den farbigen Verben abhängigen AcI an und analysieren Sie die Satzstruktur.

2 Z. 8–18: Gruppenarbeit: Wählen Sie aus dem Dialog zwischen Paulus (leichter) und Petrus (anspruchsvoller) die direkten Reden eines der beiden Gesprächspartner aus und erschließen Sie den Inhalt. Tragen Sie dann das gesamte Gespräch in der Lerngruppe zusammen.

Simon magus in Neronis amicitiam est receptus. Simon igitur populum convocavit et se a Petro et Paulo graviter offensum esse perhibuit et ideo urbem, quam tueri solebat, se deserere velle dixit et diem statuere, quo in caelum deberet ascendere, quia dedignabatur in terris amplius habitare. Statuto igitur die turrim excelsam vel, ut alii dicunt, Capitolium ascendit et inde se deiciens coronatus lauro volare coepit.

Dixit autem Paulus ad Petrum: „Meum est orare et tuum est impetrare."

Dixitque Nero: „Verax est homo iste; vos autem seductores estis."

Petrus autem dixit ad Paulum: „Paule, erige caput et vide!" Cumque elevasset caput et vidisset Simonem volantem, dixit ad Petrum: „Petre, quid cessas? Perfice, quod coepisti, iam enim vocat nos dominus!"

Tunc Petrus ait: „Adiuro vos, o angeli Satanae, qui eum cura in aera fertis, per dominum nostrum Iesum Christum, ut ipsum amplius non feratis, sed corruere dimittatis!"

Et continuo dimissus corruit et confractis cervicibus exspiravit.

Audiens hoc Nero talem virum se perdidisse doluit dixitque apostolis: „Suspecto animo me fecistis, propterea malo exemplo vos perdam."

3 **perhibēre** erzählen
5 **dēdīgnārī** als unwürdig erachten
amplius (*Adv. hier und im ff.*) noch länger, weiterhin
7 **laurus** *f* Lorbeer
8 **meum est** meine Aufgabe ist es
10 **vērāx**, *-ācis* die Wahrheit verkündend
sēductor, *-ōris m* Verführer
13 **ēlevāre** erheben
16 **adiūrāre** beschwören
17 **aera** = aerem
per (*bei Anrufungen*) bei
18 **corruere** zu Boden stürzen
dīmittere (*hier*) lassen (*m. Inf.*), loslassen
19 **continuō** (*Adv.*) sofort, unverzüglich
cōnfrāctus ~ frāctus
20 **exspīrāre** sein Leben aushauchen
22 **suspectō animō facere** misstrauisch machen

→ BD lateinlex.de/d1wu

Simon Magus, Kaiser Nero und die Apostel. Miniatur von Vincent de Beauvais (1320)

3 Auf der Illustration sind die im Text geschilderten Szenen wie in einem Comic nachgezeichnet. Gliedern Sie den Text mithilfe der Abbildung.

4 Identifizieren Sie auf der Abbildung die einzelnen Akteure und erläutern Sie, welche Schwerpunkte der Zeichner im Vergleich zum Text setzt. → Simon der Magier

5 **a** Arbeiten Sie aus dem Text heraus, mit welchem Anspruch Simon einerseits und die Apostel andererseits gegenüber Nero auftreten.

b Beschreiben Sie, wie Petrus und Paulus auf Simon reagieren, und erläutern Sie deren „Rollenverteilung" (Z. 8 f.).

6 Das Verhalten von Petrus und Paulus mag heute „unchristlich" erscheinen. Erläutern Sie, weshalb sie aus christlich-mittelalterlicher Sicht richtig handeln.

→ GUT ZU WISSEN

Simon der Magier

Verschiedene Quellen (u. a. auch die Apostelgeschichte) berichten über das Auftreten eines Simon Magus zur Zeit der Apostel. Nach einigen Quellen war Simon sogar getauft, versuchte aber, die Gaben des Heiligen Geistes gegen Geld zu erkaufen. Davon ist der Begriff „Simonie" für den Kauf geistlicher Ämter – der im Mittelalter weit verbreitet war – abgeleitet.
Häufig wird Simon Magus als Gegenspieler des (Simon) Petrus dargestellt. In diesen Geschichten vollbringt er unter Mithilfe teuflischer Mächte zahlreiche Wunder, wird aber – selbstverständlich! – stets von den Aposteln besiegt.

„Mama Nero“ (I) Leg. Aur. 89.376 f.

Kaiser Nero war im Mittelalter wegen seiner Christenverfolgungen berüchtigt. In der *Legenda Aurea* tritt er daher oft als Feind und Gegenspieler der Apostel Petrus und Paulus auf (vgl. auch S. 106 f.). Darüber hinaus war Nero als Muttermörder und angeblicher Brandstifter zu einer Symbolfigur für Überheblichkeit, Grausamkeit und jede Art von Verrücktheit geworden. So traute man ihm auch die folgende irrsinnige Idee zu.

1 Z. 1–9: Erschließen Sie, ggf. in Gruppen, anhand der hervorgehobenen Ausdrücke: Neros Wunsch – die Entgegnung der *medici* – die Reaktion Neros.

2 Z. 10–12: Erschließen Sie, wie sich die *medici* durch einen Frosch zu helfen wissen.

Dixit Nero medicis suis:

„Faciatis ergo me puero impraegnari et postea parere, ut, quantus dolor matri meae fuerit, possim scire.“

Dicunt ei:

„Non est possibile, quod naturae est contrarium, nec est scibile, quod rationi non est consentaneum.“

Dixit eis Nero:

„Nisi me feceritis puero impraegnari et parere, omnes vos crudeli morte faciam interire.“

Tunc illi eum impotionantes ranam sibi occulte ad bibendum dederunt et eam in eius ventre excrescere fecerunt.

Et subito venter eius naturae contraria non sustinens intumuit ita, ut Nero se puero gravidum aestimaret. Faciebantque sibi servare diaetam, qualem nutriendae ranae convenire noverant, dicentes, quod propter conceptum talia eum observare oporteret.

2 **impraegnārī puerō** schwanger werden (mit einem Buben)
6 **cōnsentāneus** *(m. Dat.)* übereinstimmend, in Einklang mit
9 **inter-īre** (-eō, -iī) zugrunde gehen
10 **impōtiōnāre** *(m. Akk.)* jdm. einen Trank verabreichen
sibi *lies:* eī
11 **excrēscere** ~ crēscere
14 **intumēscere** (*Perf.* -tumuī) anschwellen
gravidus puerō schwanger mit einem Buben
15 **sibi** *lies:* Nerōnem
nūtrīre (er)nähren
17 **conceptum** Ungeborenes, Leibesfrucht

rāna, *-ae f*

→ BD lateinlex.de/d1wv

3 Nero und seine *medici* nehmen im Text wie in einem Theaterstück feste Rollen ein. Beschreiben Sie diese und erläutern Sie den Zweck dieser Gestaltung.

4 Münzen dienten immer auch der Propaganda. Beschreiben Sie die Münze Kaiser Neros und arbeiten Sie drei für ihn typische Charaktereigenschaften heraus.
··→ Römische Münzen, S. 125

5 Beschreiben Sie die modernen Abbildungen und erläutern Sie, ob Nero jeweils eher dem Münzbildnis oder dem mittelalterlichen Nerobild entsprechend charakterisiert ist.
→ Die Christenverfolger

6 Erläutern Sie, warum Jacobus wohl diese abstruse Geschichte um Nero so ausführlich schildert.

7 Entwerfen Sie eine mögliche Fortsetzung der Geschichte.

Viermal Nero: Münze Neros (um 66 n. Chr.) –
Buchillustration (20. Jh.) (oben) –
Peter Ustinov in *Quo Vadis* (USA 1951) (Mitte) –
Emil Jannings in *Quo Vadis* (Stummfilm, D 1924) (unten)

→ MEHR ERFAHREN
Die Christenverfolger

In der christlich-mittelalterlichen Legendenbildung sind die Rollen klar verteilt: Die frommen Märtyrer sind Lichtgestalten (→ S. 105); ihre Verfolger, die römischen Kaiser und ihre Handlanger, erscheinen durchweg finster. Einer der „beliebtesten" Bösewichte ist Kaiser Nero. Als Muttermörder, angeblicher Verursacher des großen Brandes (64 n. Chr.) und grausamer Verfolger nicht nur von Christen hatte Nero schon in der Antike einen sehr schlechten Ruf. Im Mittelalter sagte man ihm außerdem allerhand Verrücktheiten nach, die ihn nicht nur gottlos, sondern auch lächerlich wirken lassen.

→ S. 239 Geschichtlicher Überblick

„Mama Nero" (II) Leg. Aur. 89.377

Nero bekommt recht bald die Folgen seiner „Schwangerschaft" zu spüren ...

1 Z. 1–5: Hier finden sich je zwei Beispiele für einen Ablativ des Grundes und des Mittels. Arbeiten Sie diese heraus und übersetzen Sie die jeweiligen Wendungen.

Tandem nimio dolore vexatus medicis ait: „Accelerate tempus partus, quia languore pariendi vix anhelitum habeo respirandi."

Tunc ipsum ad vomitum impotionaverunt et ranam visu terribilem, humoribus infectam et sanguine cruentatam edidit.

Aspiciensque Nero partum suum ipsum abhorruit et mirabatur eum adeo monstruosum esse. Praecepit ergo, ut foetus suus aleretur et testudini lapidum servandus includeretur. [...]

Romani vero eius vesaniam ulterius non ferentes in eum impetum fecerunt et usque extra civitatem persecuti sunt. Qui videns, quod evadere non posset, se per medium palo transfixit et tali morte vitam finivit.

Redeuntes igitur Romani ranam in testudine latitantem invenerunt et ipsam extra civitatem proicientes combusserunt. Unde et pars illa civitatis, ut aliqui dicunt, ubi latuerat rana, *Lateranis* (a latente rana) nomen accepit.

2 **languor**, *-ōris m* Anstrengung
2/3 **anhēlitus** *(-ūs m)* **respīrandī** Luft zum Atmen
4 **vomitus**, *-ūs m* das Erbrechen
impōtiōnāre *(m. Akk.)* jdm. einen Trank verabreichen
5 **hūmōribus īnfectus** schleimig
cruentātus (blut)verschmiert
6 **abhorrēre** *(m. Akk.)* schaudern vor
7 **foetus**, *-ūs m* Leibesfrucht
8 **tēstūdinī lapidum servandus** *(hier)* im Schmuckkästchen verwahrt
9 **vēsānia** Wahnsinn, Verrücktheit
ulterius *(Adv.)* noch länger
10 **ūsque** *(hier)* bis
11 **pālus** Pfahl
12 **trānsfīgere** (*Perf.* -fīxī) durchbohren
14 **combūrere** (*Perf.* -ussī) verbrennen
15 **unde** *(hier)* von daher

→ BD lateinlex.de/d1ww

2 **a** Beschreiben Sie, wie Nero auf sein „Neugeborenes" reagiert.
b Entwerfen Sie in Partnerarbeit eine kurze Szene, in der Nero anders reagiert. Vergleichen Sie die Ergebnisse in der Lerngruppe.

3 Man könnte meinen, nach dem Tod Neros sei das Schicksal seines „Babys" bedeutungslos. Doch in der Legende beseitigen die Römer sogleich auch sein „Baby". Nennen Sie mögliche Gründe dafür.

4 Überprüfen Sie mit Hilfe Ihres Wörterbuchs, ob die im Text gegebene etymologische Erklärung des Wortes *Lateran(is)* sprachlich haltbar ist.

5 Recherchieren Sie die Geschichte und historische Bedeutung des heute Lateran genannten Areals in Rom.
Beziehen Sie dabei auch die abgebildete Inschrift mit ein. (Die erste Zeile lautet: SACROSANCTA LATERANENSIS ECCLESIA)

6 Charakterisieren Sie Nero und erläutern Sie, warum diese Geschichte in die *Legenda* aufgenommen wurde.
→ Mythos und Legende, S. 100

7 Sowohl bildliche Darstellungen als auch überlieferte Fakten fließen in die Legenden ein. Belegen Sie das
a anhand der Münze auf S. 109 und
b indem Sie den Tod Neros recherchieren.

S. Giovanni in Laterano: Basilika und Inschrift auf der dortigen Portalsäule

CARMINA BURANA

Eine ganz besondere Textsammlung

Bei den *Carmina Burana* („Lieder aus **Benediktbeuern**“, abgekürzt **CB**) handelt es sich um eine Sammlung mittelalterlicher Texte, die **um 1230** im süddeutschen Raum entstand und sich bis 1803 im Besitz des Klosters **Benediktbeuern** ***(Benedictobura)*** befand. Dieser ***Codex Buranus*** ist eine ganz besondere Textsammlung, denn er enthält verschiedenste Texte teils gewagten Inhalts.

Die Autoren der *Carmina Burana*

Über die Entstehung der Lieder weiß man wenig. Sie stammen von verschiedenen, meist anonymen Autoren; berühmt ist jedoch der sog. **Archipoeta („Erzdichter“)**, der als bedeutendster Vertreter der **Vagantenlyrik** gilt.

→ GUT ZU WISSEN

Vagantenlyrik

Zur Vagantenlyrik zählt ein großer Teil der weltlichen lateinischen Lyrik des 12./13. Jh. Ihre Verfasser geben sich als **Vaganten** („Herumtreiber“, zu *vagārī* „umherschweifen, sich herumtreiben“), waren in Wirklichkeit aber oft hochrangige Männer. Inhaltlich umfasst sie Trink- und Spielerlieder, aber auch Flirt- und Liebesgedichte. Man findet sogar Kritik an der Kirche bis hin zu bitterbösen **Parodien** auf kirchliche Einrichtungen wie das **Ordenswesen**, die **Messe** oder die **Beichte**.
Anders als die antike Lyrik ist die **Vagantenstrophe** nicht durch die regelmäßige Abfolge von langen und kurzen, sondern von **betonten** und **unbetonten Silben** gestaltet. Eine wesentliche Neuerung des Mittelalters ist der **Reim**.

Themen und Sprachen der *Carmina Burana*

Die **Themen** der Sammlung sind bunt gemischt. Neben Vagantenlyrik sind auch ernstere Texte enthalten. Insgesamt lassen sich die Texte vier Abteilungen zuordnen: Die **moralisch-satirischen** Dichtungen **(CB 1–55)**, die **Liebeslieder (CB 56–186)**, die **Trink- und Spielerlieder (CB 187–226)** sowie die **geistlichen Dramen (CB 227–228)**. Doch nicht nur inhaltlich, sondern auch sprachlich ist Vielfalt geboten: Neben mehrheitlich **mittellateinischen** findet man außerdem **altfranzösische** und **mittelhochdeutsche** Texte.

1. Beschreiben Sie, was die Figuren auf dem Bild tun, und erschließen Sie, welcher der Abteilungen aus den *Carmina Burana* der Textauszug demnach zuzuordnen ist.
2. Recherchieren Sie, weshalb sich der *Codex Buranus* nur bis zum Jahr 1803 im Besitz des Klosters Benediktbeuern befand und wo er heute aufbewahrt wird.

Illustration aus dem *Codex Buranus* (um 1230)

Der Vaganten-„Orden“ CB 219

In diesem – insgesamt 16 Strophen umfassenden – Lied trifft der Leser auf eine recht befremdliche Ordensgemeinschaft ...

1 Z. 1–5: Bei diesem Text handelt es sich um eine „Ordensregel“. Belegen Sie das u. a. anhand des Modusgebrauchs.

2 Erschließen Sie die Bedeutung der hervorgehobenen Begriffe in den Strophen 9 (V. 5) und 11 (V. 9).

2 In secta nostra scriptum est: „Omnia probate!“
Vitam nostram optime vos considerate,
contra pravos clericos vos perseverate,
qui non large tribuunt vobis in caritate! [...]

9 De vagorum ordine dico vobis iura,
quorum vita nobilis, dulcis est natura,
quorum delectat animos pinguis assatura
revera, quam faciat hordei mensura. [...]

11 Ordo noster prohibet semper matutinas,
sed statim, cum surgimus, quaerimus popinas;
illuc ferri facimus vinum et gallinas.
Nil hic expavescimus praeter Hashardi minas.

1 **secta** *(hier)* Regel
2 **cōnsīderāre** (kritisch) betrachten
3 **prāvus** schlecht
persevērāre beharrlich bleiben
4 **largē** reichlich, viel
5 **vagī**, *-ōrum m Pl.* die Vaganten
Ordne: iura de ordine vagorum vobis dico
7 **pinguis assātūra** fetter Braten
8 **rēvērā** wirklich
quam *ergänze davor* magis
faciat *(gemeint)* delectet
hordeī mēnsūra Stück Gerstenbrot
9 **(hōra) mātūtīna** die Matutin *(Gebet vor Tagesanbruch)*
10 **popīna** Kneipe
11 **gallīna** Huhn
12 **expavēscere** *(m. Akk.)* zurückschrecken vor
minae Hashardi Drohungen des Hasard *(Arabisches Wort für „Würfel“)*

3 Weisen Sie im Text Charakteristika von Vagantenlyrik nach, indem Sie
a die poetische Form analysieren,
b typische Inhalte herausarbeiten. Recherchieren Sie dazu auf der offiziellen Seite des Benediktinerordens die *Regula Benedicti* und weisen Sie nach, dass deren Kapitel *Prologus* und 8 hier parodiert werden.
→ Vagantenlyrik, S. 112
→ Parodie, S. 115

4 **a** Erklären Sie, was mit *minae Hashardi* gemeint ist.
b In den CB finden sich öfter Wörter, die aus dem Arabischen stammen könnten.
→ Arabisch oder Tralala, S. 123
Erläutern Sie mit Ihrem Geschichtswissen oder ggf. durch Recherche, durch welche Ereignisse im Mittelalter ein Kulturkontakt mit der arabischen Welt stattgefunden hat.

→ BD lateinlex.de/d1wx

→ S. 213 Versanalyse/Mittelalter
→ S. 239 Geschichtlicher Überblick

Die Vagantenbeichte CB 191

In dieser Beichtparodie (→ Parodie, S. 115) des sog. Archipoeta (vgl. S. 112) gesteht ein Sünder seine Verfehlungen und bittet um Gnade.

1 Entwickeln Sie in Gruppen pro Strophe Vermutungen, welche Verfehlungen der Beichtende gesteht; belegen Sie diese jeweils am Text.

1 Aestuans intrinsecus   ira vehementi
in amaritudine   loquor meae menti.
Factus de materia   levis elementi
folio sum similis,   de quo ludunt venti. [...]

5 Via lata gradior   more iuventutis,
implico me vitiis   immemor virtutis,
voluptatis avidus   magis quam salutis,
mortuus in anima   curam gero cutis.

6 Praesul discretissime,   veniam te precor,
morte bona morior,   dulci nece necor,
meum pectus sauciat   puellarum decor,
et quas tactu nequeo,   saltem corde moechor. [...]

10 Secundo redarguor   etiam de ludo,
sed cum ludus corpore   me dimittit nudo,
frigidus exterius   mentis aestu sudo;
tunc versus et carmina   meliora cudo.

11 Tertio capitulo   memoro tabernam:
illam nullo tempore   sprevi neque spernam,
donec sanctos angelos   venientes cernam
cantantes pro mortuis: „Requiem aeternam."

12 Meum est propositum   in taberna mori,
ut sint vina proxima   morientis ori;
tunc cantabunt laetius   angelorum chori:
„Sit Deus propitius   huic potatori!" [...]

22 Sum locutus contra me,   quicquid de me novi,
et virus evomui,   quod tam diu fovi.
Vita vetus displicet,   mores placent novi;
homo videt faciem,   sed cor patet Iovi. [...]

1 **aestuāre** brennen, glühen
intrīnsecus im Inneren
2 **amāritūdō**, *-inis f* Bitternis, Erbitterung
3 **māteriā levis elementī** *lies:* māteriā levī
4 **folium** Blatt
6 **implicāre** *(m. Dat.)* sich verstricken in
8 **cūram gerere cutis** für sein leibliches Wohl sorgen
9 **praesul**, *-is m* Bischof
discrētus erhaben
11 **sauciāre** verwunden
decor, *-ōris m* Schönheit, Liebreiz
12 **tāctus**, *-ūs m* Berührung
nequīre nicht können *(ergänze:* moechārī)
saltem wenigstens
moechārī *(m. Akk.)* Unzucht treiben mit ...
13 **secundō** *(hier)* zweitens
redarguī dē sich schuldig bekennen wegen
15 **exterius** *(Adv.)* äußerlich
sudāre schwitzen
16 **cūdere** schmieden
17 **tertiō capitulō** drittens
19 **dōnec** solange bis
20 **requiēs**, *-ētis f* Ruhe *(requiēs aeterna: Anspielung auf lat. Totenliturgie)*
21 **prōpositum** Vorsatz
23 **angelōrum chorī** Engelschöre
24 **propitius** gnädig
pōtātor, *-ōris m* Zecher, Säufer
26 **vīrus** *n* Gift
ēvomere *(Perf.* ēvomuī) ausspeien
fovēre *(Perf.* fōvī) *(hier)* in sich haben
27 **displicēre** missfallen

→ BD lateinlex.de/d1wy

→ **GUT ZU WISSEN**

Die Beichte

Eine Beichte hat einen festen Ablauf:
1. Gewissenserforschung
2. Mundbeichte (Aufzählung der Sünden)
3. Bitte um Vergebung
4. Versprechen der Besserung

2 Die gesamte „Vagantenbeichte" ist aufgebaut wie eine echte Beichte; hier sind allerdings nur Auszüge wiedergegeben.
Ordnen Sie die vorhandenen Strophen in den Ablauf einer Beichte ein.
→ Die Beichte

3 In V. 24 wird eine Stelle aus dem Lukasevangelium verulkt. Recherchieren Sie diese **(Lk 18.13)** und formulieren Sie eine Übersetzung von V. 24, die den Scherz zum Ausdruck bringt.

4 Erläutern Sie, inwiefern die Abbildung die Beichtpraxis der Kirche parodiert.

→ **GUT ZU WISSEN**

Parodie

Unter einer Parodie versteht man eine verzerrende, übertreibende oder verspottende Nachahmung eines allgemein bekannten, ernsten Textes oder formalisierten Vorgangs wie etwa der Beichte. Bibeltexte, die Liturgie und kirchliche Bräuche waren im Mittelalter fester Bestandteil des täglichen Lebens – jeder kannte sie. Deshalb lag es nahe, dass sie auch immer wieder Gegenstand von Parodien wurden.

Kapitell mit zwei Wölfen und einem als Mönch verkleideten Esel. (Dom von Parma, 12. Jh.)

→ **MEHR ERFAHREN**

Vertonungen der CB

Viele *Carmina* lassen sich gut singen. Es sind sogar originale Vertonungen im Codex Buranus erhalten. Die bis heute populärste Chorversion ist die des Münchner Komponisten **Carl Orff** (1937 uraufgeführt). Orff schuf damit etwas völlig Neues, was mit den mittelalterlichen Melodien nichts mehr zu tun hat. (→ S. 214)

5 Hören Sie sich gemeinsam Carl Orffs Vertonung von **CB 191** an und diskutieren Sie, ob diese den Text eher parodistisch oder nicht-parodistisch musikalisch umsetzt.
→ Vertonungen der CB

→ S. 214 Dichtung und Musik

In der Kneipe CB 196

Feucht-fröhlich geht es in der Kneipe zu und das alles bei ausgelassenem Spiel und Spaß, wie dieser Ausschnitt aus einem Trinklied zeigt.

1 In taberna quando sumus,
non curamus, quid sit humus,
sed ad ludum properamus,
cui semper insudamus.
Quid agatur in taberna,
ubi nummus est pincerna,
hoc est opus, ut quaeratur.
Sed quid loquar, audiatur!

2 Quidam ludunt, quidam bibunt,
quidam indiscrete vivunt.
Sed in ludo qui morantur,
ex his quidam denudantur;
quidam ibi vestiuntur,
quidam saccis induuntur.
Ibi nullus timet mortem,
sed pro Baccho mittunt sortem. [...]

5 Bibit hera, bibit herus,
bibit miles, bibit clerus,
bibit ille, bibit illa,
bibit servus cum ancilla,
bibit velox, bibit piger,
bibit albus, bibit niger,
bibit constans, bibit vagus,
bibit rudis, bibit magnus.

1 Strophe 1: Stellen Sie aus dem Text ein Sachfeld „Kneipe, Trinken" zusammen. Das Fresko kann Anregungen dafür geben.

2 Strophe 2: Geben Sie die Textstelle an, an der sich ein Hinweis auf die Redewendung „er hat sein letztes Hemd verspielt" findet.

3 Strophe 5: Die Trinkenden hier sind in (Gegensatz-)Paaren angeordnet: Erschließen Sie die unbekannten Nomina und überprüfen sie Ihre Lösungen anhand eines Wörterbuchs.

1 **quandō** *(hier)* wenn
4 **īnsūdāre** *(m. Dat.)* bei etwas schwitzen
5/6 *Ordne:* Hoc est opus, ut quaeratur, quid agatur ... pincerna.
6 **pincerna**, *-ae m* Kellner, Mundschenk
10 **indiscrētus** liederlich
11/12 *Ordne:* Sed quidam ex his, qui ... morantur, denudantur.
12 **dēnūdāre** entblößen, ausziehen
14 **saccus** Sack
induere bedecken, einhüllen
16 **sortem mittere** die Würfel rollen lassen
17 **hera** Herrin
21 **piger**, *-gra, -grum* träge, langsam
23 **vagus** unstet, unbeständig
24 **rudis**, *-e (hier Subst.)* Anfänger

→ BD lateinlex.de/d1wz

4 V. 2: Erläutern Sie die Bedeutung des Verses mithilfe der Aussage Isidors von Sevilla (7. Jh. n. Chr.).

5 V. 6: Erläutern Sie die Worte *in taberna … nummus est pincerna*.

6 Charakteristisch für Trinklieder ist nicht nur die Thematik, sondern dass sie sich beim Konsum von alkoholischen Getränken gemeinsam gut singen lassen. Erörtern Sie, inwieweit die Form des Textes bewusst darauf abzielt.

7 Arbeiten Sie die „Botschaft“ des Trinkliedes heraus und vergleichen Sie sie mit

a dem berühmten Zitat aus F. S. Fitzgeralds Roman *The Great Gatsby*: „It's a great advantage not to drink among hard drinking people.“

b den Aussagen der beiden Abbildungen.

Isidor von Sevilla: Der Mensch

Etymologien 11.4

Homo dictus, quia ex humo est factus, sicut [et] in Genesi dicitur.

3 *Der Mensch ist so benannt, weil er aus Erde gemacht ist, wie es im Buch Genesis* [Gen 2,7] *gesagt wird.*

8 Hören Sie Orffs Vertonung an und beschreiben Sie die Wirkung. Recherchieren Sie im Internet nach einer „Originalvertonung“ von **CB 196** und vergleichen Sie diese mit Orff.

→ Vertonungen der CB, S. 115

9 **EXTRA:** Verfassen Sie nach dem Schema von Strophe 5 eine weitere Strophe auf Latein oder auf Deutsch. Vergleichen Sie Ihre Ergebnisse untereinander sowie (durch Recherche) mit der originalen 6. Strophe.

„Saufteufel“ beim Gelage. Holzschnitt (um 1600)

Mittelalterliche Kneipenszene. Fresko aus dem Castello di Issogne (Italien, um 1500)

→ S. 214 Dichtung und Musik

Alles hängt am Schicksal ... CB 17

Übersetzung A (C. Fischer)		Übersetzung B (R. Reisacher)
1 O Fortuna,	**1** O Fortuna,	**1** O Fortuna,
rasch wie Luna	velut luna	so wie der Mond
wechselhaft und wandelbar,	statu variabilis,	veränderlich im Zustand,
ewig steigend	semper crescis	wächst du stets
und sich neigend:	aut decrescis;	oder du schrumpfst;
Fluch der Unrast immerdar!	vita detestabilis	das abscheuliche Leben –
Eitle Spiele,	nunc obdurat	jetzt ist es hart
keine Ziele,	et tunc curat	und dann sorgt es sich
also trügts den klaren Sinn;	ludo mentis aciem,	spielerisch um die Geistesschärfe,
Not, Entbehren,	egestatem,	bittere Armut,
Macht und Ehren	potestatem	Macht
schwinden wie der Schnee dahin.	dissolvit ut glaciem.	lässt es schmelzen wie Eis.
2 So gewichtig,	**2** Sors inmanis	**2** Schicksal, grausam
Glück, so nichtig,	et inanis,	und eitel,
kreisend Rad, das weiterdreht,	rota tu volubilis,	du rollendes Rad,
hier erhoben,	status malus,	du schlechter Zustand,
dort zerstoben,	vana salus	du vergängliches Heil,
so entsteht, was bald vergeht;	semper dissolubilis,	stets auflösbar,
als Bedrängnis	obumbrata	umschattet
und Verhängnis	et velata	und verhüllt
hangst du über meinem Haupt;	mihi quoque niteris;	ergreifst du auch mich;
Würfelglücke,	nunc per ludum	jetzt ertrage ich
deiner Tücke	dorsum nudum	einen nackten Rücken
dank ich, daß ich ausgeraubt.	fero tui sceleris.	durch dein verbrecherisches Spiel.
3 Rechter Wandel,	**3** Sors salutis	**3** Das Geschick des Heils
guter Handel,	et virtutis	und der Tugend,
alles nur ein Spott und Spiel.	mihi nunc contraria,	mir jetzt entgegengesetzt,
Sich erheben,	est affectus	ist ein Aufbäumen
sich ergeben,	et defectus	und Erschöpfung
kein Verweilen und kein Ziel. –	semper in angaria.	immer im Frondienst.
Auf, ihr Leute,	Hac in hora	In dieser Stunde
und noch heute	sine mora	ohne Verzögerung
rührt die Saiten jetzt und hier:	chordae pulsum tangite;	schlagt die Saite an;
Glanz und Glücke,	quod per sortem	weil durch das Schicksal
Schicksalstücke:	sternit fortem,	der Starke fällt,
Darum klaget all mit mir!	mecum omnes plangite!	klagt alle laut mit mir!

→ BD lateinlex.de/d1w1

→ S. 196 Kursorisch lesen
→ S. 218 Wörterbuchgebrauch

Die *Rota Fortunae* (Schicksalsrad) aus dem *Codex Buranus* (um 1230). Rings um das Schicksalsrad stehen die Aussagen *regno*, *regnavi*, *sum sine regno*, *regnabo*.

1 Weisen Sie den Figuren auf dem Rad die lateinischen Aussagen in der Bildunterschrift zu. Erläutern Sie, weshalb sie als Beschreibung zu *Fortuna* passen.

2 Gruppenarbeit: Die Abbildung zeigt den originalen Text von **CB 17**. Ermitteln Sie, wo er beginnt, und entziffern Sie ihn dann mithilfe der Seite links. Listen Sie schwer lesbare Stellen auf und erläutern Sie, worauf die Schwierigkeiten beruhen. → Textüberlieferung, S. 121

3 **a** Vergleichen Sie die Übersetzungen A und B mit dem Original (achten Sie auf formale Nähe zum Original und poetische Gestaltung).

b Bewerten Sie die Übersetzungen (→ S. 204).

4 Weisen Sie nach, dass in **CB 17** Elemente des Hymnus zu finden sind. → Der antike Hymnus, S. 51

5 Hören Sie sich gemeinsam die Vertonung des **CB 17** von Carl Orff an und diskutieren Sie, ob sie zum Text passt. → Vertonungen der CB, S. 115

→ S. 204 Übersetzungsvergleich
→ S. 214 Dichtung und Musik

Frühlingsflirt CB 90

Den größten Anteil an den CB machen die Liebeslieder aus (vgl. S. 112). Darunter gibt es kleine Liedchen wie diese Pastourelle (zu der übrigens auch die Melodie überliefert ist), zwischen einem Mädchen und einem jungen Mann.

1. Recherchieren Sie vor der Übersetzung, worum es sich bei einer Pastourelle handelt.
2. Geben Sie dann aufgrund Ihrer Rechercheergebnisse an, worin sich dieses Lied von dem Prototyp der Pastourelle unterscheidet. Die hervorgehobenen Wörter helfen dabei.

1 Exiit diluculo
rustica puella
cum grege, cum baculo,
cum lana novella.

2 Sunt in grege parvulo
ovis et asella,
vitula cum vitulo,
caper et capella.

3 Conspexit in caespite
scholarem sedere:
„Quid tu facis, domine?
Veni mecum ludere!“

1 **dīlūculum** Tagesanbruch
3 **baculum** Hirtenstab
7 **vitulus/vitula** Kälbchen (männlich/weiblich)
8 **caper**, *caprī m* Ziegenbock
capella *(erschließen Sie selbst!)*
9 **caespes**, *-itis m* Rasen
10 **scholāris**, *-is m* Student

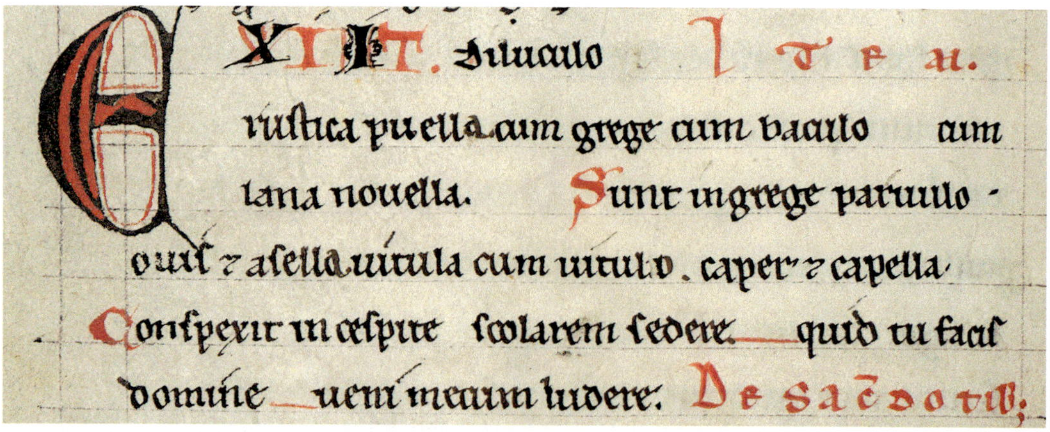

Originaltext von **CB 90** aus dem *Codex Buranus* (um 1230)

→ BD lateinlex.de/d1w2

Schäferszenen. Illustration (15. Jh.).

→ MEHR ERFAHREN
Hirtendichtung

Bereits in der Antike war Hirtendichtung (**Bukolik**) sehr beliebt. Z. B. verfasste **Vergil** sog. **Eklogen**, in denen Hirten in ländlicher Idylle ein bescheidenes, friedliches Leben führen, das sich vor allem um Musik, Dichtung und – oft unglückliche – Liebe dreht. Das (idealisierte) Landleben bildet dabei eine Gegenwelt zur römischen Realität mit ihren Kriegen und Bürgerkriegen. In der Neuzeit (Barock) lebte das Thema in Form der Schäferdichtung wieder auf.

3 Beschreiben Sie die Stimmung in den ersten beiden Strophen und belegen Sie dies anhand sprachlicher und stilistischer Mittel.

4 In der letzten Strophe fällt eine rhythmische Unregelmäßigkeit auf. Erläutern Sie, welchem Zweck sie dienen könnte.

5 Beschreiben Sie die abgebildete Schäferszene und erörtern Sie, ob sie eher zu **CB 90** oder zu Vergil passen könnte.
→ Hirtendichtung

6 Arbeiten Sie anhand beider Textdarstellungen auf S. 120 heraus, wo sich im Originaltext von **CB 90** *et*-Ligaturen finden und wie sie sich von den rechts abgebildeten unterschieden.
·→ Textüberlieferung

·→ MEHR ERFAHREN
Textüberlieferung

Von der mittelalterlichen Handschrift zur modernen Druckausgabe ist es ein weiter Weg. Um die Handschriften zu entziffern, braucht man Kenntnisse in **Paläografie** („Lehre von den alten Schriften"). Unter anderem erschweren Abkürzungen und Buchstabenverbindungen, sog. **Ligaturen**, das Lesen.
Ein schönes Beispiel für eine einfache Ligatur ist unser heute gebräuchliches **„&"** für „und". Bei genauer Betrachtung ist das lateinische „et" zu erkennen: „ε" links und ein schräg daran angelehntes „τ" rechts. Unten sind zwei Formen zu sehen: links die karolingische *et*-Ligatur (in ihrer modernen Form, der sog. Kaufmannsligatur), rechts eine *et*-Ligatur aus dem 16. Jh.

& &

→ S. 206 Stilmittel

Liebelei auf Latein ... CB 174

Ein Liebender wirbt um ein Mädchen.

1 Paraphrasieren Sie den Inhalt der lateinischen Strophen. Die zentralen Wörter jeder Strophe sind farbig hervorgehoben.

2 Lesen Sie sich die mittelhochdeutschen Verse langsam gegenseitig vor. Entwickeln Sie dabei ein erstes Textverständnis.

1 Veni, veni, venias!
Ne me mori facias!
hyria hyrie
nazaza trillirivos!

2 Pulchra tibi facies,
oculorum acies,
capillorum series –
o quam clara species!

3 Rosa rubicundior,
lilio candidior,
omnibus formosior –
semper in te glorior!

3/4 **hyria hyrie nazaza trillirivos**
→ Arabisch oder Tralala?, S. 123
6 **aciēs**, *-ēī f (hier)* Blitzen
7 **seriēs** , *Akk. -em (hier)* Geflecht
9 **rosa** Rose
rubicundus rötlich
10 **līlium** Lilie
candidus weiß
12 **in tē** = tē

... und auch auf Deutsch! CB 174a

1 Chume, chume, geselle mîn,
ih enbîte harte dîn!
ih enbîte harte dîn,
chum, chum, geselle mîn!

2 Suozer rôservarwer munt,
chum unde mache mich gesunt!
chum unde mache mich gesunt,
suozer rôservarwer munt!

1 **geselle** Gefährte, Freund
2/3 **harte enbîten** sehr warten (auf)

Zur Aussprache:

î, ô	*(langer Vokal)*
ih	ich
z	ß

→ BD lateinlex.de/d1w3

→ GUT ZU WISSEN
Arabisch oder Tralala?

Für die Wortfolge *„hyria hyrie / nazaza trillirivos“* (**CB 174**, V. 3 f.) wird von Philologen als Hilfe zur Übersetzung bisweilen „eine Art Tralala“ angegeben. Andere nehmen an, dass diese Wörter der Versuch sein könnten, arabische Laute mit lateinischen Buchstaben nachzuahmen. So könnte *hyria hyrie* auf arab. *hurriya* „Freiheit“ und *nazaza* auf arab. *nazza* „Leidenschaft, Lust“ zurückgehen. Das *trillirivos* ist eventuell aus arab. *tiirliy* „verwirren“ und *ru´ūs* „Köpfe“ zusammengesetzt. Mit Sicherheit zu beweisen sind diese Annahmen jedoch nicht, sie bleiben spekulativ.

Ausschnitt aus einem Wandteppich (Flandern, um 1500)

3 Vergleichen Sie die mittelhochdeutschen mit den lateinischen Strophen: Wer spricht hier wohl? Welche Aspekte des lateinischen Textes werden im deutschen aufgegriffen?

4 **CB 174**:

a Erarbeiten Sie zu V. 3–4 einen Übersetzungsvorschlag. → Arabisch oder Tralala?

b Erläutern Sie, wie man auf den Gedanken kommt, dass in den CB arabische Wörter enthalten sein könnten (vgl. S. 113).

c Diskutieren Sie in der Lerngruppe, ob die Rückführung von V. 3–4 auf das Arabische plausibel erscheint.

5 Beschreiben Sie die Abbildung und setzen Sie die Figuren in Bezug zu **CB 174** und **CB 174a**.

6 Hören Sie sich gemeinsam die Vertonung der beiden Gedichte von Carl Orff an. Nehmen Sie im Anschluss daran Stellung zu der Frage, ob Orff die Stimmung des Textes mit seinem Chorstück einzufangen vermag.
→ Vertonungen der CB, S. 115

7 Drei Liebesdichter im Vergleich: Charakterisieren Sie die Haltung Catulls, Ovids und des CB-Dichters anhand ausgewählter Textstellen.

→ S. 214 Dichtung und Musik
→ S. 239 Geschichtlicher Überblick

INSCHRIFTEN

Inschriften waren in der Antike allgegenwärtig. Für den antiken Menschen waren sie die Art von Schriftzeugnissen, mit denen sie am häufigsten in Kontakt kamen: Inschriften findet man nicht nur auf öffentlichen Bauwerken wie Triumphbögen, Tempeln oder Grabmälern, sondern auch auf Münzen – dem gebräuchlichsten „Massenmedium" der Zeit – oder als Graffiti auf Hauswänden. Sie dienten u. a. der Information, der Propaganda und der Selbstdarstellung. Inschriften blieben auch in nachantiker Zeit und bis heute ein wichtiges Mittel der öffentlichen Kommunikation.

→ **GUT ZU WISSEN**
Inschriften entziffern

Öffentliche Inschriften weisen oft das Schema „Wer? Wem?" auf, nennen also:
- den **Auftraggeber**, meist im **Nominativ** (Wer?)
- den **Adressaten**, dem die Inschrift gewidmet ist, meist im **Dativ** (Wem?); z. B. IMP. CAES. = *IMPeratori CAESari*: „dem/für den Imperator Caesar"

Ein **Verb** wie „hat es gestiftet / errichten lassen / geweiht" **fehlt** oft, da sich dies von selbst verstand.
Das Gleiche gilt für den **Gegenstand** der Widmung (also das „Was"), wenn die Inschrift sich direkt auf diesem befindet.
- Bei **römischen Kaisern** geben die **Zahlen** zu den Ämtern an, **wie oft** der Kaiser das jeweilige Amt innehatte; daraus lässt sich das **Datum** der Inschrift ableiten. Inschriften **christlicher Zeitrechnung** enthalten die **Jahreszahl** und ggf. die Amtsdauer, z. B.: *PONT(ificatūs) A(nno) IV* „im 4. Jahr seines Pontifikats" (bei einem Papst).

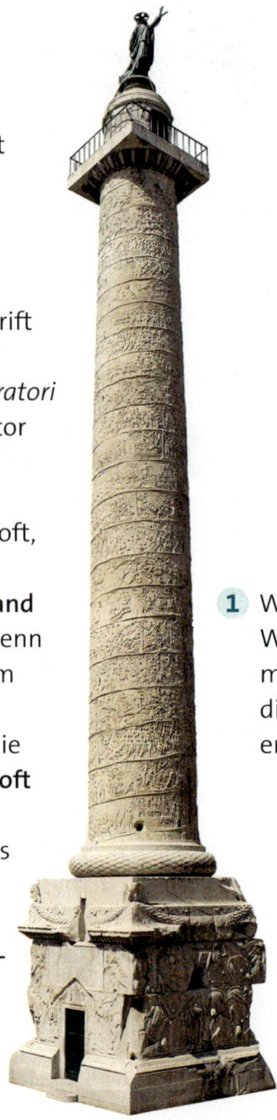

Die Trajanssäule in Rom

→ **GUT ZU WISSEN**
Abkürzungen

Da der Platz, auf dem Inschriften eingefügt wurden, in der Regel beschränkt war, bediente man sich eines Abkürzungssystems. Z. B. werden typische Ämter, Ehrentitel und Namen römischer Kaiser fast immer abgekürzt.
A(nno) AUG(ustus)
CAES(ar) CO(n)S(ul) DAC(icus)
D(ono)D(edit) F(ilius) FL(avius)
GER(manicus) IMP(erator) L(ucius)
M(arcus) P(ater)P(atriae) Q(ue)
S(enatus)C(onsulto)
S(enatus)P(opulus)Q(ue)R(omanus)
P(ontifex)M(aximus) /
PONT(ifex) MAX(imus) PONT(ificatus)
TRIB(unicia) POT(estas) /
TR(ibunus)P(lebis)

1 Wählen Sie durch Recherche (z. B. in einem Wörterbuch; oft sind dort geeignete Zusammenstellungen geboten) alle Abkürzungen aus, die Teil der offiziellen Kaisertitulatur sind, und erläutern Sie diese.

Die Inschrift am Sockel der Trajanssäule

Die Trajanssäule steht auf der Fläche des Trajansforums, für dessen Bau ein ganzer Hügelausläufer weichen musste. Sie ist berühmt für ihre meisterhaften Reliefs, auf denen die Kämpfe Trajans gegen die Daker dargestellt sind. Ihre Inschrift preist allerdings etwas anderes ...

2 Z. 1–4: Geben Sie alle Ausdrücke an, die sich auf den „Verfasser“ (Wer?) oder auf den „Adressaten“ (Wem?) beziehen, und vervollständigen Sie die Inschrift. → Inschriften entziffern, S. 124
··→ Abkürzungen, S. 124

3 Z. 5–6: Geben Sie die Formulierung an, die auf den Zweck der Säule hinweist.

SENATUS POPULUSQUE ROMANUS
IMP. CAESARI DIVI NERVAE F. NERVAE TRAIANO
AUG(usto), GERM(anico), DACICO, PONTIF. MAXIMO,
TRIB. POT. XVII, IMP. VI, COS. VI, P. P.
AD DECLARANDUM, QUANTAE ALTITUDINIS MONS
ET LOCUS TANTIS OPERIBUS SIT EGESTUS.

1 **Nerva** *(Kaiser von 96–98 n. Chr.)*
4 **tribūnīcia potestās** Amtsgewalt des Volkstribunen
5 **dēclārāre** kennzeichnen
6 **ēgerere** (*PPP* ēgestum) wegschaffen, beseitigen

Sesterz Trajans

··→ GUT ZU WISSEN
Römische Münzen

Münzen waren das erste Massenmedium der Geschichte und damit auch ein ideales Mittel der Propaganda und der Selbstdarstellung für Herrscher und Politiker. Im römischen Kaiserreich mit seiner riesigen Ausdehnung gilt das ganz besonders: Durch Münzbilder gelangte das Porträt des Kaisers mit der Botschaft von seinen Erfolgen bis in die entferntesten Gegenden.

4 **a** Arbeiten Sie aus dem obigen Text heraus, welche Bedeutung die Höhe der Säule hat.
b Schätzen Sie die Höhe mithilfe der Abbildung auf S. 124 und recherchieren dann die tatsächlichen Maße.

5 Recherchieren Sie in Gruppen nach den Reliefs auf der Säule, wählen Sie je eines aus und präsentieren Sie es im Plenum.

6 **a** Arbeiten Sie aus dem Text auf der Münze heraus, welche politische Botschaft sie vermitteln sollte. ··→ Römische Münzen
··→ Abkürzungen, S. 124
b Stellen Sie einen Bezug zur Trajanssäule her.

→ BD lateinlex.de/d1w4

→ S. 42 f. (zu Kaiser Trajan)
→ S. 239 Geschichtlicher Überblick
→ S. 217 Präsentation

Der Obelisk vor dem Lateran

Der 522 Tonnen schwere Obelisk auf der Piazza San Giovanni in Laterano in Rom ist mit seinen 32 m Höhe (mit Sockel und Spitze 41 m) der größte ägyptische Obelisk weltweit. Die Inschriften (alle 16. Jh.) auf der Ost-, West- und Nordseite beschreiben die drei Etappen seiner Reise dorthin.

1 Erschließen Sie in Gruppen die drei Etappen der Reise des Obelisken. Geben Sie jeweils die Partizipien an, die den Obelisken beschreiben, und erschließen Sie:

a Wer ist der Initiator?

b Was ist der Ausgangs-, was der Endpunkt der jeweiligen Etappe? → Abkürzungen, S. 124

Ostseite

FL. CONSTANTINUS MAXIMUS AUG.
CHRISTIANAE FIDEI VINDEX ET ASSERTOR
OBELISCUM AB AEGYPTIO REGE
IMPURO VOTO SOLI DEDICATUM,
SEDIB(us) AVULSUM SUIS
PER NILUM TRANSFERRI ALEXANDRIAM IUSSIT,
UT NOVAM ROMAM AB SE TUNC CONDITAM
EO DECORARET MONUMENTO.

1 **vindex**, *-icis m* Beschützer
2 **assertor**, *-ōris m* Beschirmer, Verteidiger
3 **Aegyptius** ägyptisch
4 **impūrus** frevelhaft
5 **āvellere** (*PPP* āvulsum) entreißen
6 **Nīlus** der Nil
Alexandria *(die Stadt)* Alexandria

Westseite

FL. CONSTANTIUS AUG. CONSTANTINI AUG(usti) F.
OBELISCUM A PATRE LOCO SUO MOTUM
DIUQ(ue) ALEXANDRIAE IACENTEM,
TRECENTORUM REMIGUM IMPOSITUM
NAVI MIRANDAE VASTITATIS PER MARE TIBERIMQ(ue)
MAGNIS MOLIBUS ROMAM CONVECTUM
IN CIRCO MAX. PONENDUM S(enatui) P. Q. R. D. D.

10 **Alexandriae** in Alexandria
12 **rēmex**, *-igis m* Ruderer
13 **mīrandus** bewundernswert
vāstitās, *-ātis f* Riesenhaftigkeit
14 **mōlēs**, *-is f* Masse; Mühe
convehere ~ vehere

Nordseite

SIXTUS V PONT. MAX. OBELISCUM HUNC
SPECIE EXIMIA TEMPORUM CALAMITATE FRACTUM
CIRCI MAX(imi) RUINIS HUMO LIMOQ(ue)
ALTE DEMERSUM MULTA IMPENSA EXTRAXIT
HUNC IN LOCUM MAGNO LABORE TRANSTULIT
FORMAEQ(ue) PRISTINAE ACCURATE RESTITUTUM
CRUCI INVICTISSIMAE DICAVIT.
A. M D LXXXVIII PONT(ificatus) IIII

18 **līmus** Schlamm
19 **dēmersus** versunken
impēnsa Aufwand, Kosten
21 **accūrātus** genau, präzise
23 **pontificātus**, *-ūs m* Pontifikat *(Amtszeit eines Papstes)*

→ BD lateinlex.de/d1w5

2 Gruppenarbeit:

a Arbeiten Sie aus den drei Inschriften folgende zusätzlichen Informationen heraus:
Ostseite: Erläutern Sie ggf. anhand von Recherche, auf welche Stadt mit *novam Romam ... tunc conditam* angespielt wird. Erläutern Sie, was der (christliche) Verfasser der Inschrift mit *ab Aegyptio rege impuro voto soli dedicatu[s]* ausdrücken wollte.
Westseite: Arbeiten Sie heraus, wie der Aufwand des Transports betont wird.
Nordseite: Arbeiten Sie heraus, aus welchen Gründen der Obelisk abermals den Standort wechselt.

b Tragen Sie die Informationen zusammen und weisen Sie nach, dass Sixtus sich als „krönenden Abschluss" der Reihe der römischen Kaiser darstellt.
→ Sixtus V. – der „Obeliskenpapst"

c Diskutieren Sie, ob diese Selbstdarstellung zu einem christlichen Papst passt.

Der Obelisk vor dem Lateran: oben in Gänze, unten Sockelinschrift (Nordseite)

→ MEHR ERFAHREN

Sixtus V. – der „Obeliskenpapst"

Papst Sixtus V. (1521–1590) war fasziniert von Obelisken. Daher ließ er vor den bedeutendsten Kirchen Roms (z. B. Lateran, St. Peter, S. Maria Maggiore) diese antiken Bauwerke (wieder)aufrichten. Durch Weihe und das Anbringen von Kreuzen an ihrer Spitze machte er sie zu christlichen Monumenten. Auch die **Säulen Trajans** und **Marc Aurels** bezog er in dieses Programm ein, indem er die Kaiserfiguren an der Spitze der Säulen durch Statuen des heiligen Petrus und Paulus ersetzte. Durch diese Umwidmungen förderte Sixtus nicht nur seinen eigenen Ruhm, sie hatten auch eine ganz konkrete Funktion: Das „Obelisken-Netz" sollte als Schutz der ewigen Stadt gegen alles Böse dienen. Er hatte gleichsam geistliche „Blitzableiter" über die Stadt gelegt.

→ S. 239 Geschichtlicher Überblick
→ S. 110 f. mit Aufgabe 4 und 5 (zum Lateran)
→ S. 217 Präsentation

Letzte Grüße – zwei Grabinschriften

Die beiden Verstorbenen könnten verschiedener nicht sein: nach Geschlecht, Stand und Epoche. Auch ihre Grabinschriften unterscheiden sich: sowohl im Versmaß (Domitius, V. 3–8: Distichen; Larcia: jambischer Senar [vgl. Phaedrus]) als auch in dem, was jeweils lobend hervorgehoben wird.

1 Z. 1–10: In der Antike gab es noch keinen „Duden", jeder schrieb, wie er (aus)sprach – was sich oft in Inschriften zeigt. So war bisweilen der Unterschied zwischen V und B offenbar gering. Belegen Sie dies anhand der drei „fehlerhaften" Formen.

2 Erschließen Sie jeweils den Sprecher der Inschrift.

„Ich hab's genossen!"

Domitius Primus, ca. 2. Jh. n. Chr.

D M
C(ai) Domiti Primi
„Hoc ego sum in tumulo Primus notissimus ille;
vixi Lucrinis, potabi saepe Falernum.
Balnia, vina, Venus mecum senuere per annos;
hec ego si potui, sit mihi terra lebis –
et tamen ad Manes Foenix me serbat in ara,
qui mecum properat se reparare sibi."
Locus datus funeri Cai Domitii Primi a tribus Messiis Hermerote, Pia et Pio.

1 **D M** → Grabinschriften, S. 129
3 **tumulus** Grab(hügel)
4 **Lucrīna** *n Pl. (hier)* Austern aus dem Lucriner See
Falernum *(hier)* Falernerwein *(beides Inbegriff des Luxus)*
5 **balnium = balneum** Bad
senēscere (*Perf.* senuī) alt werden
6 **hēc** = haec
7 **Foenix** → Der Vogel Phönix, S. 129
8 **sē sibi reparāre** sich (für sich) erneuern, wiederauferstehen
9/10 **Messiīs ... Piō** *(Hermeros, Pia und Pius gehören zur Familie Messius)*

„Ich bin stolz auf meine Tugend!"

Die Freigelassene Larcia Heraea, ca. 1. Jh. v. Chr.

Larcia Heraea wurde von einem älteren Ehepaar freigelassen und heiratete den Sohn ihrer ehemaligen Herrschaft.

„Bonis probata, invisa sum a nulla proba.
Fui parens dominis senibus, huic autem obsequens.
Ita libertate illi me, hic me decorabat stola.
A pupula annos viginti obtinui domum omnem.
Supremus fecit iudicium dies:
Mors animam eripuit, non vitae ornatum abstulit."

1 **bonīs** = ā bonīs
2 **dominī senēs** *(hier)* die ehemaligen Herren
huic *(gemeint ist ihr Ehemann)*
3 **decorāre** *(m. Abl.)* ehren, auszeichnen mit
stola Stola *(typisches Gewand der ehrbaren römischen Ehefrau)*
→ Die Sittengesetze des Augustus, S. 67
4 **ā pūpulā** vom Mädchenalter an

→ BD lateinlex.de/d1w6

→ S. 238–239 Übersichten zur Geschichte
→ S. 25 Freigelassene in Rom (zu Larcia)

→ GUT ZU WISSEN
Grabinschriften

Antike römische **Grabinschriften** beginnen meist mit der Abkürzung **D M** (*Dis Manibus*: „den Manen“ = Totengöttern), die Christen änderten die Bedeutung in *Deo Maximo* bzw. *Deo Optimo Maximo*, das aus **I O M** entwickelt wurde, der (heidnischen) Abkürzung für *Iovi Optimo Maximo*. Geläufige Schlussformeln sind z. B.: **R I P** (*Requiescat In Pace*; meist christlich), **S T T L** *(Sit Tibi Terra Levis)*.

3 Zu Domitius Primus:

a Analysieren Sie den Aufbau des Gedichts.

b V. 4 passt nicht in das elegische Versschema. Begründen Sie dies, indem Sie den Vers analysieren.

c Diskutieren Sie, welche Rückschlüsse Form und Inhalt dieser Grabinschrift auf ihren Verfasser ermöglichen.

d Einige Interpreten meinen, der Phönix stehe hier nur für heitere Lebensfreude und nicht für einen ernsthaften religiösen Hintergrund. Diskutieren Sie diese Auffassung.
→ Der Vogel Phönix

4 Zu Larcia Heraea:

a Weisen Sie nach, dass der Text ganz bewusst gestaltet ist, indem Sie ihn gliedern und sprachlich-stilistisch analysieren.

b Die Verstorbene hat in zwei Stufen einen gesellschaftlichen Aufstieg geschafft. Arbeiten Sie diese aus dem Text heraus.

c Erschließen Sie das hinter diesem Text stehende Frauenbild und nehmen Sie Stellung dazu.

5 a Vergleichen Sie die beiden Inschriften daraufhin, was den Verstorbenen in ihrem Leben wichtig war und welches Bild von sich sie der Nachwelt hinterlassen wollen.

b Diskutieren Sie dies aus heutiger Sicht.

→ GUT ZU WISSEN
Der Vogel Phönix

Der sagenhafte Vogel Phönix lebt 500 Jahre, verbrennt dann und ersteht aus seiner eigenen Asche wieder neu. Schon im alten Ägypten war er ein Symbol für die ewige Wiederkehr, in der Spätantike für Unsterblichkeit, im Christentum für die Auferstehung und das ewige Leben im Jenseits. Er war aber auch Teil der Alltagskultur und konnte einfach für irdisches Glück oder das gefühlte „Jungbleiben“ eines Greises stehen. In Redewendungen wie „Wie Phönix aus der Asche“, aber auch in Kunst, Film und Literatur ist der Phönix bis heute präsent.

Der Vogel Phönix.
Buchmalerei aus Oberdeutschland
(2. Hälfte 15. Jh.)

→ S. 210 Versanalyse (zu Domitius)
→ S. 206 Stilmittel

Chronogramme

Diese beiden Chronogramme wurden vor dem Hintergrund der Erhebung Bayerns zum Königreich verfasst; durch Flugblätter wie das abgebildete wurden sie landesweit verbreitet.

1 Geben Sie an, welche lateinische Formulierung dem „Haus Wittelsbach“ entspricht.

aLta DoMVs baVarICa pro patrIa baVarI
proprIIs JVnCtIsqVe VIrIbVs pVgnaVIt.
Quonam Exitu? -- Sciſcitanti ſequens reſpondebit Chronoſtichon.
oVans aCCepIt a Deo CoronaM.

hoCh Leben -- herrsChen rVhIg -- In sV̈ssester VVonne
napoLeon -- JosephIne kaIserLIChe,
MaXen -- CaroLIne baIerns,
eVgen -- aVgVste könIgLIChe hoheIten.

1 **Bavaricus**, *-a, -um* / **Bavaris**, *-e* bayerisch
3 **quōnam** ~ quō
scīscitārī wissen wollen
Chronostichon ~ Chronogramm
4 **ovāre** jubeln

2 Z. 1–4: Ermitteln Sie die Jahreszahlen beider lateinischer Chronogramme – sie sind nicht gleich – und begründen sie diese Abweichung. Tipp: Das zweite Chronogramm verrät Ihnen, in welchem Jahr Bayern zum Königreich wurde.
→ Chronogramme, S. 131

3 Z. 5–8: Ordnen Sie anhand von Recherche die Personen ihrem historischen Kontext zu. Geben Sie auch an, welche Nation mit *iunctis viribus* gemeint ist.

→ BD lateinlex.de/d1w7

→ GUT ZU WISSEN
Chronogramme

Das Chronogramm („Zeit-Schrift") ist eine besondere Art von Inschrift: In ihm wird nämlich neben dem eigentlichen Text noch eine zweite Botschaft, eine Datumsangabe, vermittelt. Dabei werden alle Buchstaben, die römischen Zahlzeichen entsprechen (also I, V, X, L, C, D, M), z. B. durch Größerschreibung und/oder farbige Fassung hervorgehoben. Zählt man all diese Zahlzeichen zusammen, ergibt sich das Datum, auf das sich der Text des Chronogramms bezieht. So gibt das Chronogramm HABEMVs PAPAM das Jahr der Wahl Papst Benedikts XVI. 2005 an (M + V + M = 1000 + 5 + 1000).
Vor allem in der Renaissance und im Barock erfreuten sich die in der Antike unbekannten Chronogramme großer Beliebtheit und sind in ganz Europa auf Gebäuden, Gräbern, Münzen oder Titelblättern von Büchern zu finden. Doch auch heute noch werden Chronogramme verfasst.

Chronogramme heute

Auch aktuelle Ereignisse des Zeitgeschehens können durch ein Chronogramm gewürdigt werden:

3 GERMANIA ARGENTINIAM SVPERAVIT

4 Erstellen Sie in Gruppen eigene Chronogramme (z. B. für ein Jubiläum der Schule, für ein bekanntes historisches Ereignis, Geburtstag einer Lehrkraft ...) → Chronogramme selbst erstellen

→ MEHR ERFAHREN
Chronogramme selbst erstellen

- Beginnen Sie mit einem Chronogramm auf Deutsch.
- Erstellen Sie zunächst eine Übersicht der Buchstaben, die ein lat. Zahlzeichen bilden können, mit dem jeweiligen Zahlenwert. Dabei gilt: dt. W = VV, U = V, Ü = VE (geschrieben wird nur in Großbuchstaben).
- Legen Sie das Jahr fest, das das Chronogramm ergeben soll. Überlegen Sie sich auch die Textaussage.
- Beachten Sie:
  - Im Text dürfen maximal zwei „M"s auftauchen; zwei „D" ersetzen ein „M".
  - Legen Sie fest, welche Namen verwendet werden, und beachten Sie eine ggf. vom Deutschen abweichende lateinische Form dieses Namens.
  - Verwenden Sie bei Substantiven Kasus, in denen kein I oder U (= V!) vorkommt. So können Sie einen längeren Text erstellen.

In einem nächsten Schritt können Sie sich auch an die Erstellung lateinischer Chronogramme wagen. Ein „Chronogramm-Generator" im Internet kann Ihnen dabei helfen.

GRUNDWISSEN Rom und Europa

Einhard: *Vita Karoli magni*

Autor
- ca. 770–840 (Grab in Seligenstadt)
- Ausbildung im Kloster Fulda und am Hof in **Aachen**
- Bedeutender **Gelehrter** seiner Zeit und **Berater Karls des Großen**

Werk: Biografie Karls des Großen
- Karl als **christlicher Kaiser** und positives **Beispiel**
- Schreibmotiv: **Dankbarkeit** für den Gönner
- **Gliederung** in vier Bereiche:
  - Taten im Inneren und außerhalb des Reiches,
  - Charakter und Interessen,
  - Verwaltung
  - Tod
- **Bedeutung Karls:**
  - Karolingische **Bildungsreform** (u. a. Gründung von Klosterschulen, Bemühen um Latein; Minuskelschrift)
  - Hof in **Aachen** (Architektur)
  - **800: Kaiserkrönung** in **Rom** durch den **Papst**
  - **Sachsenkriege** und gewaltsame Christianisierung der Sachsen

Gattung
- **antike** Tradition der **Biografie**
- Anknüpfung an **Sueton**
- stilistische Anknüpfung an **Cicero**

Jacobus: *Legenda Aurea*

Autor
- Jacobus de Voragine (ca. 1228–1298)
- lebte in Genua (Italien)
- verfasste ca. 1270 die *Legenda Aurea*
- Dominikaner-Mönch

Werk
- **Sammlung** von **Erzählungen** über das Leben und Wirken von **Heiligen**
- **Quellen:** religiöse Texte (z. B. Bibel, geistliche Theaterstücke), antike Autoren, mündliche Überlieferung

Gattung
- **Heiligenlegende**
- Titel ***„Legenda Aurea“***: wörtl. **„Lesenswertes aus Gold“** (=besonders wertvoll), später „Goldene Legende“
- schlichter Stil (Verständlichkeit), kurze Texte, aber durchaus bewusster Spannungsaufbau
- klare Verteilung von **Gut und Böse**

Rezeption
- *Legenda Aurea* wird zum meistverbreiteten **religiösen Volksbuch** des Mittelalters
- Quelle vieler **bildlicher Darstellungen** u. a. in Kirchen in ganz Europa

Carmina Burana

Autoren
- Verschiedene Autoren, meist unbekannt
- Berühmtester, wenn auch nicht namentlich identifizierter Autor: sog. ***Archipoeta*** („Erzdichter")

Werk *Codex Buranus*
- Sammlung **mittelalterlicher Texte** (12./13. Jh.)
- gefunden 1803 im Kloster Benediktbeuern (*Benedictobura*, daher der Name; heute in München (Bayerische Staatsbibliothek)
- **Vielfalt** von **Themen** und Gattungen:
  - Moralisch-satirische Dichtungen **(CB 1–55)**,
  - Liebeslieder **(CB 56–186)**,
  - Trink- und Spielerlieder **(CB 187–226)**,
  - Geistliche Dramen **(CB 227–228)**.
- Teils auch **Noten** überliefert
- **Vielfalt** von **Sprachen**: Mittellatein, Altfranzösisch, Mittelhochdeutsch

Rezeption
- Lieder (***Carmina Burana***) im Zentrum der Rezeption des Codex
- zahlreiche Vertonungen und **musikalische** Umsetzung anhand der **überlieferten Noten** oder im mittelalterlichen Stil
- **Neuvertonung** der CB in **modernem Stil** durch **Carl Orff** (Uraufführung **1937**); bis heute populärste Chorversion

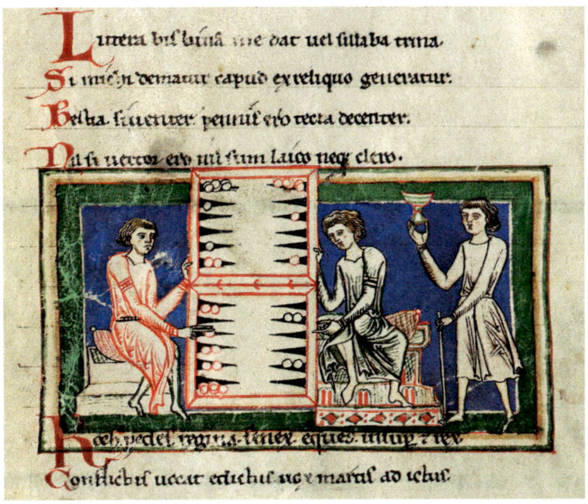

Inschriften

Autoren/Auftraggeber
- Verschiedene: von Institutionen (z. B. Senat bei Monumenten) bis hin zu Privatleuten (Privathäuser, Grabmäler, Graffiti)

Form
- sowohl **Prosa** als auch **Verse** (z. B. Grabepigramme)
- Typische Merkmale:
  - **dauerhafter** Beschreibstoff (Stein, Metall, Hauswände)
  - **Knappheit** (begrenzter Platz)
  - zahlreiche, oft standardisierte **Abkürzungen**
- Bei **Widmungen** oft nach dem Schema **„Wer? – Wem?** (– Was?)".
- Chronogramm: römische Zahlzeichen im Text ergeben eine Jahreszahl (z. B. HABE**MV**S PAPA**M** = 2005)

Orte
- auf **Bauwerken**, **Monumenten**, **Grabmälern**, **Münzen**, als **Graffiti** ...
- meist im **öffentlichen** / öffentlich zugänglichem **Raum**

Funktionen
- **Öffentliche Kommunikation**, z. B.:
  - **Bauwerke** „sprechen" zum Betrachter;
  - **Münzen** als „Massenmedium"
- **Selbstdarstellung** des Auftraggebers (z. B. des römischen Senats oder des „Obeliskenpapstes")
- **Propaganda** (z. B. auf Münzen)
- **Ehrung** des **Adressaten**, dem ein Monument gewidmet ist (z. B. Kaiser; Verstorbener beim Grabdenkmal)
- **Gedenken** historischer Ereignisse

WERKSTATT Lernwortschatz und Übungen

Cicero: Pro Sex. Roscio

Spezialwortschatz: Die Sprache des Gerichts

Die folgende Tabelle enthält Fachbegriffe aus der Gerichtswelt. Zum Teil sind dies bekannte Vokabeln, die aber im Kontext „Gericht“ eine Spezialbedeutung haben. Sie ist nicht als Lernwortschatz gedacht, sondern soll eher als Spickzettel dienen.

accūsāre	anklagen; die Anklagerede halten
accūsātor, -ōris *m*	Ankläger, Vertreter der Anklage
adversārius, -ī *m*	Prozessgegner
causa, -ae *f*	Prozess; Sache (die verhandelt wird), Fall
causam dīcere	sich vor Gericht verteidigen; sich (durch einen Anwalt) verteidigen lassen
crīmen, -inis *n*	Verbrechen; Vorwurf, Gegenstand der Anklage
dēfendere, dēfendō, dēfendī, dēfēnsum	(jmd.) als Anwalt verteidigen
iūdicēs, -um *m Pl.*	die Richter, die Geschworenen *(oft vom Redner im Plural angesprochen)*
iūdicium, -ī *n*	Urteil; Gericht
patrōnus, -ī *m*	Schutzherr, Anwalt

Warum gerade ich aufstehe Rosc. 1; 3

Lernwortschatz

4	**ōrātor**, -ōris *m*	Redner
11	**comparāre**	(vor)bereiten, beschaffen; vergleichen
14	**oportēre**	sich gehören, sollen
	oportet, oportuit	es gehört sich, man soll
15	**propter** *m. Akk.*	wegen
18	**propterea quod**	deswegen weil
	idcircō *Adv.*	deshalb
20	**vītāre**	meiden, vermeiden
21	**occultus**, -a, -um	verborgen, geheim, versteckt
22	**accēdere ad rem pūblicam**	die politische Laufbahn einschlagen

Aufgaben: Wortschatz

1 Wiederholen Sie folgende Wörter:

credere | iudex | mirari | tot | summus | surgere | aetas | ingenium | auctoritas (Z. 1–11)
iniuria | scelus | defendere | audere | fieri | officium | sequi | liber, -a, -um | ignoscere (Z. 12–21)

2 Erschließen Sie die Bedeutung, ausgehend von den Wörtern in Klammern:

a (aequus) → **iniquus**, -a, -um → **iniquitas**, -atis *f* (Z. 15)
b (adulescens, -entis) → **adulescentia**, -ae *f* (Z. 23)

3 Geben Sie die im Zusammenhang passende Bedeutung an:

a Cicero orator optimus est: Nemo cum Cicerone eloquentiā *(eloquentia: Redegewandtheit)* **comparari** potest. (Z. 11)
b Multi iudices in hac **causa** adsunt. (Z. 13)

4 Erschließen Sie eine passende Wiedergabe:

a Cicero officium non neglegit, sed **officium sequitur**. Itaque Sex. Roscium defendit. (Z. 18)
b Cicero: „Sine timore dico id, quod sentio: **Libere dico**." (Z. 21)
c Si orator ille praeclarus orationem praeclaram habuerit, **occultum esse** non poterit. (Z. 21)

→ Fortsetzung s. nächste Seite

Aufgaben: Grammatik

5 **Infinitiv Passiv.** Wählen Sie die Formen im Infinitiv Passiv aus und übersetzen Sie diese: (Z. 14 ff.)

> defendi | accessi | accedenti | ignosci | ignoscendi | cognoscendi | cognovi

6 **Verschränkter Relativsatz mit AcI.** Übersetzen Sie: (Z. 12)

> Omnes, quos hic adesse videtis, homines nobiles sunt.

7 ***nd*-Formen (Gerund/Gerundiv).**
a Wählen Sie aus **5** alle *nd*-Formen aus.
b Geben Sie an, ob es sich jeweils um eine *nd*-Form mit *esse* (prädikatives Gerundiv) oder eine *nd*-Form ohne *esse* (attributives Gerundiv bzw. Gerund) handelt, und übersetzen Sie entsprechend: (Z. 11 ff.)

> Nemo cum Cicerone eloquentiā *(eloquentia: Redegewandtheit)* comparandus est. | Ciceroni non fuit metus libere dicendi.

8 **Indefinitpronomen *aliquis/aliqui.*** Nach manchen Subjunktionen (*si, nisi, ne, num* usw.) kann *„ali"* bei *aliquis/aliqui* ausfallen. Übersetzen Sie: (Z. 21)

> Orator audientibus: „Nolite clamare, si quid mali dicam!"

Ein empörender Justizskandal Rosc. 9; 13

Lernwortschatz

1	**gravitās**, -ātis *f*	Gewicht, Ansehen, Strenge
	→ gravis, -e	schwer
3	**pudor**, -ōris *m*	Scham, Ehrgefühl; Keuschheit; Schüchternheit
4	**adversārius**, -ī *m*	Gegner
5	**venia**, -ae *f*	Nachsicht, Verzeihung
7	**fortūnae**, -ārum *f Pl.*	Güter; Vermögen
	→ fortūna, -ae *f*	Glück, Schicksal
	invādere, invādo, invāsī, invāsum	eindringen; angreifen, losgehen auf
8	**causam dīcere**	sich vor Gericht verteidigen (lassen)
	praeter *m. Akk.*	ausgenommen, außer
10	**lūctus**, -ūs *m*	Trauer
11	**vērum** *Adv.*	aber, jedoch
	nōn modo ..., vērum etiam	nicht nur ..., sondern auch

Aufgaben: Wortschatz

1 Wiederholen Sie folgende Wörter:

> ingenium | aetas | libertas | huc | accedere | dignitas | vis | obsecrare | accusare | calamitas | relinquere | occidere | iudicium | nefarius | caedes

2 Erschließen Sie eine passende Wiedergabe:

> **a** Cicero: „Calamitas Sex. Roscii magna est: Pater eius occisus est. **Huc accedit** crudelitas *(Grausamkeit)* eorum, qui eum accusant." (Z. 2)
> **b** Cicero: „**Bona cum venia**, iudices, audiatis verba mea!" (Z. 5)
> **c** Cicero: „Calamitas Sex. Roscii **luctum mihi affert.**" (Z. 10)

14	**praesidium**, -ī *n*	Schutz(truppe), Leibwache
18	**restāre**, restō, restitī, –	übrig bleiben; widerstehen

Aufgaben: Grammatik

3 Dativ des Zwecks. Übersetzen Sie, ggf. mithilfe einer Grammatik: (Z. 2; 9)

> **a** Mors patris Sex. Roscio est **luctui**.
> **b** Cui **bono** fuit patrem Sex. Roscii necari?

4 Kurzformen. Bestimmen Sie die Form:

> cupierunt (Z. 12)

Aufgaben: Stil

5 Hendiadyoin. Ein Hendiadyoin (→ S. 207) kann in zwei Erscheinungsformen auftreten:

a Zwei synonyme Begriffe stehen zur Verstärkung der Aussage nebeneinander.
Bsp.: *currere et ruere („laufen und stürzen": überstürzt eilen)*

b Statt eines Substantivs mit Attribut stehen zwei Substantive nebeneinander.
Bsp.: *vas et aurum („Gefäß und Gold": ein goldenes Gefäß).*

Weisen Sie folgende Ausdrücke einer der beiden Erscheinungsformen zu und erschließen Sie eine passende Wiedergabe: (Z. 3–5)

> natura pudorque | te oro atque obsecro

Der Ermordete und seine Feinde Rosc. 17–18

Lernwortschatz

2	**alter**, altera, alterum (*Gen.* alterīus, *Dat.* alterī)	der eine (von beiden); der andere
	alter ..., alter	der eine ..., der andere
3	**praedium**, -ī *n*	Landgut
7	**gladiātor**, -ōris *m*	Gladiator
	→ gladius, -ī *m*	Schwert
13	**assiduus**, -a, -um	unermüdlich, ununterbrochen; alltäglich
14	**rēs familiāris**, reī familiāris	Hauswesen; Familienbesitz, Vermögen
15	**rūsticus**, -a, -um	ländlich, bäuerlich, bäurisch; *Subst.* Bauer
	sē dare *m. Dat.*	sich widmen
16	**frequēns**, -entis	zahlreich, häufig; dicht bevölkert
19	**obscūrus**, -a, -um	dunkel, unverständlich
	suspīciō, -ōnis *f*	Verdacht, Vermutung

→ Fortsetzung s. nächste Seite

Aufgaben: Wortschatz

1 Wiederholen Sie folgende Wörter:

vetus | possidere | cavere | metuere | solere | scelus | audacia | voluntas | occidere | redire

2 Erschließen Sie die Bedeutung, ausgehend von den Wörtern in Klammern:

a (amicus) → **inimicus**, -i *m* → **inimicitia**, -ae *f* (Z. 1)
b (accusare) → **accusator**, -oris *m* (Z. 2)
c (male + facere) → **maleficium**, -i *n* (Z. 20)

3 Geben Sie die im Zusammenhang passende Bedeutung an und übersetzen Sie:

Accusatores homines malos **habemus**.
Accusatores homines mali **habentur**. (Z. 8)

4 Erschließen Sie eine passende Wiedergabe:

a Cicero: „Duo Roscii homines crudeles sunt. Quos **tam** cavere debemus, **quam** metuere solemus." (Z. 4)
b Sex. Roscius accusatores metuit. Neque **iniuriā** eos metuit; nam homines crudeles sunt. (Z. 5)
c Sex. Roscius vir bonus est. Accusatores homines mali sunt. **Ex hoc ipso non est obscurum**, quis patrem Sex. Roscii necaverit. (Z. 19)

5 **Komposita ohne Assimilation.** Beim Aufeinandertreffen bestimmter Konsonanten in einem Wort findet in der Regel eine Angleichung (Assimilation) statt (Bsp.: *adficere* → *afficere*). In Originaltexten sind aber oft auch nicht-assimilierte Formen zu finden.
Nennen Sie zu folgenden Wörtern die assimilierte Form: (Z. 13)

a**df**ui | a**ds**iduus

Aufgaben: Grammatik

6 **Verschränkter Relativsatz mit AcI.** Übersetzen Sie: (Z. 1 ff.)

a Accusatores, quos hic sedere videtis, duo Roscii Amerini sunt.
b Duo Roscii Amerini, quorum alterum hic sedere videtis, accusatores sunt.

7 **Wortstellung.** Geben Sie die Subjunktion an, die den Nebensatz einleitet, und übersetzen Sie: (Z. 3 ff.)

Accusatores homines crudeles sunt. Quos homines si pater Sex. Roscii cavisset, necatus non esset.

8 **Kasusfunktionen: Genitiv.** Bestimmen Sie die Funktion des Genitivs und übersetzen Sie: (Z. 6 f.)

a Accusatores homines **eiusmodi** sunt:
b Accusatores homines **magnae crudelitatis** *(crudelitas, -atis: Grausamkeit)* sunt.
c Hic gladiator plurimos adversarios vicit: Est gladiator **plurimarum victoriarum**.

9 **Lokativ.** Übersetzen Sie: (Z. 11 f.)

Domus Sex. Roscii non Romae, sed Ameriae est.

Der Beginn der Verteidigung Rosc. 35; 58

Lernwortschatz

2	**adversārius**, -ī *m*	Gegner
7	**oportēre** oportet, oportuit	sich gehören, sollen es gehört sich, man soll
9	**suspicārī**, suspicor, suspicātus sum	verdächtigen, vermuten
11	**quā dē causā**	aus diesem/welchem Grund; deswegen/weswegen
13	**dēlīberāre**	überlegen; abwägen
14	**certiōrem facere** *m. Akk.*	benachrichtigen
15	**in mentem venīre**	in den Sinn kommen, einfallen
19	**patrōnus**, -ī *m*	Schutzherr, Anwalt
20	**opīniō**, -ōnis *f*	Meinung; Erwartung

Aufgaben: Wortschatz

1 Wiederholen Sie folgende Wörter:

existimare | crimen | audacia | potentia | suscipere (Z. 1–6)
vereri | unde | palam | falsus | quisquam | putare (Z. 7–20)

2 Geben Sie die im Zusammenhang passende Bedeutung an:

a Cicero Sex. Roscium contra **crimen** adversariorum defendit. (Z. 2)
b Sullae maxima potentia in civitate est. Sulla plurimum **potest**. (Z. 5 f.)

3 Erschließen Sie eine passende Wiedergabe:

Nemo ausus est **verbum facere** contra Sullam. (Z. 21)

Aufgaben: Grammatik

4 **Fragesätze.** Wählen Sie die Sätze aus, die Fragen enthalten. Ordnen Sie diese nach direkten und indirekten Fragen und übersetzen Sie die ausgewählten Sätze: (Z. 8 ff.)

Id, quod Erucius dixit, verum non est. |
Quid Erucius dixerit, nescio. |
Cum Erucius res tam stultas dicit, nonne dicit se nihil scire? |
Nescio, quid dicam. |
Quem Sex. Roscius timet, eum hic videtis. |
Quem Sex. Roscius timeat, omnes sciunt.

5 **Ellipse.** Übersetzen Sie: (Z. 21 f.)

Puto neminem mihi responsurum.

6 **Kurzformen.** Bestimmen Sie die Form:

putasses (Z. 22)

Confictio (II) – Eine Stadt voller Mörder Rosc. 80–81

Lernwortschatz

1	**vulgō** (*und* **volgō**)	massenhaft, allgemein; in aller Öffentlichkeit
2	**propter** *m. Akk.*	wegen
	sīcārius, -ī *m*	Meuchelmörder, Auftragsmörder; Bandit
3	**interdum** *Adv.*	manchmal, bisweilen
4	**mercēs**, -ēdis *f*	Lohn, Gehalt
	assequī, assequor, assecūtus sum	erreichen
	→ sequī	folgen
8	**collum**, -ī *n*	Hals, Nacken
	bona, -ōrum *n Pl.*	Güter; Besitz
11	**assiduus**, -a, -um	unermüdlich, ununterbrochen; alltäglich
13	**obicere**, obiciō, obiēcī, obiectum	entgegenstellen, darbieten; vorwerfen
18	**propterea quod**	deswegen weil
	rūs, rūris *n*	Land, Landgut
	rūre/rūrī	auf dem Land
	quemadmodum / **quem ad modum**	auf welche Weise, wie

Aufgaben: Wortschatz

1 Wiederholen Sie folgende Wörter:

occidere | quare | negotium | videri | aio | cogitare | adducere | praeda | sanguis | versari | princeps | crimen | non modo ..., sed etiam | omnino | confiteri

2 Erschließen Sie die Bedeutung, ausgehend von den Wörtern in Klammern:

a (arma, -orum) → **armatus**, -a, -um (Z. 10)
b (acerbus) → **acerbitas**, -atis *f* (Z. 13)
c (aequus) → **iniquus**, -a, -um → **iniquitas**, -atis *f* (Z. 13)

3 Erschließen Sie eine passende Wiedergabe:

a Hoc difficile non est: Hoc **nullo negotio** facere potes. (Z. 3)
b Tu illum hominem non ipse necavisti, sed **per** sicarios. (Z. 6)
c Sicarii omni tempore **in praeda et in sanguine versantur**. (Z. 12)

4 Erschließen Sie zu folgendem Ausdruck die entsprechende deutsche Redewendung:

(Z. 3 f.) una mercede duas res assequi

5 **Komposita ohne Assimilation.** Nennen Sie, ggf. mithilfe von S. 138, Aufgabe **5**, zu folgenden Wörtern die assimilierte Form: (Z. 4; 11)

adsequi | adsiduus

Aufgaben: Grammatik

6 **Interrogativpronomina.** Übersetzen Sie folgende direkten und indirekten Fragen: (Z. 5 ff.)

A quibus necatus est? | Quid ais? | Quid agam, nescio. | Quos ibi vidisti?

7 **Formen von *esse*.** Bestimmen Sie: (Z. 1 ff.)

fuit | fuisse | fore | futurum esse | erat | fuisset

8 **Dativ des Zwecks.** Übersetzen Sie: (Z. 16)

Hoc tibi crimini erit. | Hoc tibi crimini dabitur.

Audacia – Die wahren Täter Rosc. 87 f.

Lernwortschatz

2 **rēs familiāris**, rēī familiāris	Hauswesen; Familienbesitz, Vermögen
contrōversia, -ae *f*	Streit, Streitfrage
3 **restāre**, restō, restitī, –	übrig bleiben; widerstehen
restat, ut ...	es steht noch aus, dass ...
5 **uter**, utra, utrum (*Gen. Sg.* utrīus, *Dat. Sg.* utrī)	welcher (von beiden)
potius *Adv.*	eher, lieber
6 **dīvitiae**, -ārum *f Pl.*	Reichtum
→ dīves, -itis	reich
7 **an**	ob; oder
8 **tenuis**, -e	dünn, fein, schwach; gering
10 **suī**, -ōrum *m Pl.*	seine/ihre Angehörigen, Anhänger, Leute
16 **propter** *m. Akk.*	wegen
17 **vērum** *Adv.*	aber, jedoch
nōn modo ..., vērum etiam	nicht nur ..., sondern auch
19 **postrēmō**	schließlich, zuletzt

Aufgaben: Wortschatz

1 Wiederholen Sie folgende Wörter:

concedere | necesse est | occidere | mors | fieri | ardere | avaritia | infestus | vivere | fructus | parere, pario | audacia | sententia | pertinere | utrum ... an

2 Erschließen Sie die Bedeutung:

a **inimicus**, -i *m* → **inimicitia**, -ae *f* (amicus, amicitia) (Z. 1; 21)
b **audax**, -acis (audacia): Isti accusatores homines audacissimi sunt. (Z. 15)

3 Erschließen Sie eine passende Wiedergabe:

a Iste, qui antea **tenuis** fuit, pecunia Roscii dives factus est. (Z. 8)
b Morte patris Sex. Roscius **tristis factus est**. (Z. 9)
c Inimici Sex. Roscii **avaritia ardent**. (Z. 10)
d Sex. Roscius agros semper coluit, sed **fructum parvum labore peperit**. (Z. 13 f.)
e **Mea sententia** Sex. Roscius patrem non occidit. (Z. 20)
f Non **ad rem pertinet**, quo modo Roscius pater occisus sit. Maxime **ad rem pertinet**, cui bono fuerit Roscium patrem occidi. (Z. 20)

Aufgaben: Grammatik

4 **Unpersönliche Verben.** Von manchen unpersönlichen Ausdrücken (z. B. *oportet*, *necesse est*) können folgende Konstruktionen abhängen:
a eine Infinitivkonstruktion oder
b ein bloßer Konjunktiv (vor dem ein *„ut“* gedanklich zu ergänzen ist). Ihre Bedeutung ist gleich. Übersetzen Sie: (Z. 2)

a Necesse est te verbis meis credere.
b Verbis meis credas necesse est.
c Te inimicum Sex. Roscii fuisse concedas necesse est.

5 **Kurzformen.** Bestimmen Sie die Form:

nosset (Z. 12)

Potentia (I) – Sulla und Jupiter Rosc. 130–131

Lernwortschatz

1	**propter** *m. Akk.*	wegen
4	**praeterīre,** praetereō, praeteriī, praeteritum *m. Akk.*	vorübergehen, vorbeigehen; übergehen
	→ īre	gehen
	→ abīre	weggehen
	→ adīre	hingehen
	→ exīre	herausgehen
	→ inīre	hineingehen
	→ redīre	zurückkehren
	→ subīre	auf sich nehmen
	→ trānsīre	hinübergehen
11	**nimius,** -a, -um	allzu groß, allzu viel
	tolerāre	ertragen, aushalten, erdulden
12	**frīgus,** -oris *n*	Kälte; Winter
	nocēre, noceō, nocuī, –	schaden
	frūgēs, frūgum *f Pl.*	Früchte; Feldfrüchte, Getreide
19	**gubernāre**	lenken, steuern
20	**māiestās,** -ātis *f*	Größe, Hoheit
	→ māior, māius	größer
21	**recipere,** recipiō, recēpī, receptum	zurücknehmen; aufnehmen; wiedererlangen
	→ capere	fangen, fassen
	→ accipere	annehmen
	→ incipere	beginnen
	→ suscipere	unternehmen

Aufgaben: Wortschatz

1 Wiederholen Sie folgende Wörter:

res | committere | necesse est (Z. 1–5)
mare | ventus | vehemens | tempestas | delere | perdere | pernicies | causa *(nach Gen.)* | mirari | orbis terrarum | confirmare | animadvertere | vis | mens (Z. 18–23)

2 Erschließen Sie die Bedeutung:

a improbare: Probatne Sulla id, quod Chrysogonus facit, an improbat? (Z. 2)
b in-tolera-bilis (Z. 11)

3 Geben Sie die im Zusammenhang passende Bedeutung an:

Sulla **in** inimicos crudeliter **animadvertit.** | Ne Iuppiter quidem omnia, quae fiunt, videre vel **animadvertere** potest. (Z. 23)

4 Erschließen Sie eine passende Wiedergabe:

a Nemo mori vult, sed **necesse est**: Nemo mortem effugere potest. (Z. 5)
b Sulla **solus** rem publicam regit. – Sulla in eos **solos** crudeliter animadvertit, qui adversarii sunt. (Z. 18)

Aufgaben: Grammatik

6 Ablativus absolutus.
Geben Sie die Ablativi absoluti an und bestimmen Sie, ob jeweils ein Abl. abs. mit Partizip oder ein nominaler Abl. abs. vorliegt. Übersetzen Sie dann die Ablativi absoluti treffend: (Z. 2 f.)

a Egitne Chrysogonus probante Sulla?
b Roscius: „Patre vivo semper agros colui."

7 ***cum* mit Konjunktiv.** Geben Sie die passende Bedeutung von *cum* an und übersetzen Sie: (Z. 18)

a Sulla cum magnam potentiam habeat, omnia animadvertere non potest.
b Sulla cum orbem terrarum gubernet, non omnes res parvas animadvertere potest.

8 Relativsatz …
a … konjunktivisch (konsekutiver Nebensinn). Übersetzen Sie treffend: (Z. 1)

Nemo est, qui nesciat potentiam Sullae magnam esse.

b … mit AcI verschränkt. Übersetzen Sie treffend: (Z. 14 ff.)

Homines saepe terrentur ventis aut frigore, quae a Iove facta esse putamus. – Iuppiter saepe ventis aut frigore hominibus nocuit et urbes delevit, quorum nihil perniciei causa facta esse putamus.

Potentia (II) – Der Ex-Sklave und die Adeligen Rosc. 141–142

Lernwortschatz

1	**idcircō** *Adv.*	deshalb
	nōbilitās, -ātis *f*	Adel
	→ nōbilis, -e	adelig
2	**libīdō** (*und* **lubīdō**), -inis *f*	Begierde, Lust; Willkür
	lībertus, -ī *m*	Freigelassener
	→ līber, -era, -erum	frei
3	**bona**, -ōrum *n Pl.*	Güter; Besitz
	fortūnae, -ārum *f Pl.*	Güter; Vermögen
	→ fortūna, -ae *f*	Glück, Schicksal
	vexāre	quälen, bedrängen
9	**tametsī**	obwohl, auch wenn; jedoch
10	**sīn**	wenn aber
	ōrnāmentum, -ī *n*	Schmuckstück, Schmuck
	→ ōrnāre	schmücken
12	**vērō**	wirklich; aber
13	**grātus**, -a, -um	dankbar; angenehm
	→ grātia	Dank; Anmut
	oportēre	sich gehören, sollen
	oportet, oportuit	es gehört sich, man soll
14	**quodsī**	wenn aber
17	**īgnōrāre**	nicht wissen, nicht kennen
18	**splendidus**, -a, -um	glänzend, strahlend

Aufgaben: Wortschatz

1 Wiederholen Sie folgende Wörter:

nobilis | fateri | errare | malle | sentire | victoria | debere | quisque | laedere | putare | fieri | resistere

2 Weisen Sie folgenden Wörtern die passende Bedeutung zu und begründen Sie Ihre Wahl:

a **inermis**, -e: unbewaffnet | befreundet | hilflos (Z. 9)
b **ornamentum**, -i *n*: Ruhm, Ehre | Zierde, Schmuck | Verlust, Schaden (Z. 10)

3 Erschließen Sie eine passende Wiedergabe:

a Tyrannus *(Tyrann)* omnia facit **ad libidinem suam**. Voluntatem ceterorum neglegit. (Z. 2)
b Nobiles pugnant, ut rem publicam recuperent *(recuperare: wiedererlangen)*. Cicero non pugnat, sed **cum nobilibus sentit**. (Z. 8 f.)
c Cicero **causam** Roscii apud iudices defendit. – Nobiles pro **causa** sua armis pugnant. (Z. 8 f.)

Aufgaben: Grammatik

4 **Konjunktivische Relativsätze.** Übersetzen Sie und bestimmen Sie die Sinnrichtung des Relativsatzes (konsekutiver oder kausaler Nebensinn):

a Sex. Roscius, qui crederet patrem in periculo non esse, erravit. | Sex. Roscius: „Erravi, qui crederem patrem in periculo non esse." (Z. 6 ff.)
b Quis est, qui putet Ciceronem oratorem malum esse? | Estne aliquis, qui putet Ciceronem oratorem malum esse? (Z. 14 f.)

5 **Kasusfunktionen: Dativ des Zwecks.** Übersetzen Sie: (Z. 10 f.)

Cicero: „Omnes homines boni sunt ornamento rei publicae."

6 Indefinitpronomen *aliquis/aliqui*. Nach manchen Subjunktionen (*si, nisi, ne, num* usw.) kann „*ali*" bei *aliquis/aliqui* ausfallen. Übersetzen Sie: (Z. 14)

> Si quis putat Ciceronem oratorem malum esse, errat.

7 *quisque* beim Superlativ. Das Pronomen *quisque* steht häufig nach einem Superlativ im Singular (z. B. *optimus quisque*). Solche Ausdrücke werden mit „gerade" und dem Plural des substantivierten Superlativs wiedergegeben („*gerade die Besten*").

a Wählen Sie die Superlative aus: (Z. 12 ff.)

> pulchriori | sapientissimo | pessimus | gratius | fortissimum

b Verbinden Sie die ausgewählten Superlative mit der nach KNG passenden Form von *quisque*.

> quemque | quisque | cuique

c Ergänzen Sie folgende Sätze mit den Ergebnissen aus **b** und übersetzen Sie:

> ______ oratio Ciceronis placere debet. | ______ verba Ciceronis timet. | Scio ______ non bellum, sed pacem amare.

8 Kurzformen. Bestimmen Sie die Formen:

> erasse | audisse (Z. 5 ff.)

Schlussplädoyer: Was auf dem Spiel steht Rosc. 154

Lernwortschatz

2	**praeditus**, -a, -um *m. Abl.*	ausgestattet (mit), versehen (mit)
5	**lēnis**, lēne	sanft, mild
6	**domesticus**, -a, -um	häuslich; einheimisch
	→ domus, -ūs *f*	Haus
	crūdēlitās, -ātis *f*	Grausamkeit, Hartherzigkeit
	→ crūdēlis, -e	grausam
7	**diūtius**	länger
9	**atrōx**, -ōcis	wild, abscheulich
	vērum *Adv.*	aber, jedoch
	nōn modo ..., vērum etiam	nicht nur ..., sondern auch
10	**misericordia**, -ae *f*	Mitleid
	→ miser + cor	arm + Herz
11	**cōnsuētūdō**, -inis *f*	Gewohnheit, Lebensweise
	incommodum, -ī *n*	Unannehmlichkeit, Schaden, Niederlage

Aufgaben: Wortschatz

1 Wiederholen Sie folgende Wörter:

> auctoritas | potestas | laborare | quondam | convenire | existimare | tollere | pati | versari | tot | hora | fieri | sensus | amittere

2 Geben Sie die im Zusammenhang passende Bedeutung an:

> **a** Multi Romani **e crudelitate**, quae est in re publica, **laborant**. Multi Romani **crudelitate laborant**. (Z. 2 ff.)
> **b** Populus Romanus non crudelis, sed iustus **existimatur**. (Z. 5)
> **c** Cicero: „Romani! Multi cives crudeliter **sublati sunt**. **Tollite** tandem crudelitatem ex civitate!" (Z. 6 f.)
> **d** Cicero: „Romani! Si rem publicam amatis, nolite **pati** multos cives crudeles esse!" (Z. 7)
> **e** Multi cives crudeles sunt: Crudelitas **versatur in** re publica. (Z. 7 f.)

→ Fortsetzung s. nächste Seite

14 **hūmānitās**, -ātis *f* Menschlichkeit; Zivilisation; Bildung
→ hūmānus, -a, -um menschlich; gebildet
→ homō, -inis *m* Mensch

3 Erschließen Sie eine passende Wiedergabe:

a Cicero: „**Convenit** viros nobiles iustos esse." (Z. 3)
b Cicero: „Viri nobiles **iusti in cives suos** esse debent." (Z. 5)
c Crudelitas multa mala **in se habet**. (Z. 8)
d Nonnulli homines **consuetudine malorum** mali fiunt. (Z. 11)
e Multi homines, si multa mala saepe vident, **sensum humanitatis ex animis amittunt**. (Z. 14 f.)

Aufgaben: Grammatik

4 Relativsätze ...

a ... nach einigen Demonstrativpronomina *(idem, is, iste)*. Erschließen Sie eine passende Wiedergabe: (Z. 1)

Cicero: „Non multi homines **eandem auctoritatem** habent **quam vos**, iudices." / „Non multi homines **istam auctoritatem** habent, **quam vos habetis**, iudices."

b ... mit Wiederholung des Bezugsworts. Übersetzen Sie die beiden gleichbedeutenden Sätze und beschreiben Sie den Unterschied in der Konstruktion: (Z. 2)

(I) Cicero: „Viri boni civitatem contra res malas, quibus rebus cives sollicitantur, defendere debent."
(II) „Quibus rebus cives sollicitantur, contra eas viri boni civitatem defendere debent."

c ... konjunktivisch (konsekutiver Nebensinn). Übersetzen Sie: (Z. 4)

Nemo est, qui iustitiam non laudet.

5 Kasusfunktionen.

a Ablativ der Zeit. Übersetzen Sie: (Z. 5 ff.)

Hoc tempore multa mala fiunt. | Omnibus horis timemus.

b Genitiv des geteilten Ganzen. Übersetzen Sie: (Z. 8)

„Quid mali tibi fecit iste homo?" – „Nihil mali mihi fecit."

Plinius: Epistulae

Plinius und die Zirkusspiele ep. 9.6

Lernwortschatz

3	**quiēs**, -ētis *f*	Ruhe, Erholung; Schlaf
	quemadmodum / **quem ad modum**	auf welche Weise, wie
4	**levis**, -e	leicht; unbedeutend, leichtfertig
5	**semel**	einmal
7	**mīlle**, *Pl.* mīlia, -ium	tausend
9	**aut ... aut**	entweder ... oder
10	**favēre**, faveō, fāvī, fautum *m. Dat.*	gewogen sein, unterstützen; zujubeln
	favor, -ōris *m*	Gunst
11	**certāmen**, -inis *n*	Wettkampf, Kampf, Streit
	color, -ōris *m*	Farbe
	illūc *Adv.*	dahin, dorthin
16	**vulgus**, -ī *n*	Volk, Masse, Pöbel
17	**recordārī**, recordor, recordātus sum *m. Gen. oder Akk.*	sich erinnern an; sich (etwas) vergegenwärtigen
	inānis, -e	leer; eitel, unnütz
	assiduus, -a, -um	unermüdlich, ununterbrochen; alltäglich
20	**collocāre**	aufstellen, platzieren; ansiedeln

Aufgaben: Wortschatz

1 Wiederholen Sie folgende Wörter:

iucundus | genus | ne ... quidem | varius | mirari | tot | ars | ratio | medius | hīc | huc | repente | procul | gratia | auctoritas | gravis | capere | voluptas | otium | littera *(Sg. und Pl.)* | perdere

2 Erschließen Sie die Bedeutung:

a (ludi) **circenses**, -ium *m Pl.*: „Cur tot homines in circo sunt?" – „Circenses spectare cupiunt." (Z. 4)
b **spectaculum**, -i *n*: „Quid vulgus in circo spectat?" – „Spectacula!" (Z. 4)
c **puerilis**, -e: Pueri ludos pueriles amant. Sed etiam patres ludis pueriliter gaudent. (Z. 7)
d **clamitare**: Vulgus nomina agitatorum *(agitator, -oris m: Wagenlenker)* magna voce clamitat. (Z. 14)

→ Fortsetzung s. nächste Seite

3 Erschließen Sie eine passende Wiedergabe:

a Multi ludos circenses amant. **Eo genere spectaculi** vulgus delectatur. (Z. 4)
b Miror **tot milia virorum** in circo esse. (Z. 7)
c In circo es, quamquam ludos non amas. Si equi saltem *(saltem: wenigstens)* tibi placerent, **esset ratio non nulla** te in circo esse. (Z. 10)
d Vulgus nunc huic agitatori *(agitator, -oris m: Wagenlenker)* favet, tum illi. **Favor et studium hominum transit** ab alio agitatore ad alium. (Z. 12)
e Saepe magna copia hominum ad ludos venit: **Tanta gratia et tanta auctoritas in ludis apud vulgus est**. (Z. 15)
f Non modo vulgus ludos amat, sed etiam **graves homines**. (Z. 16 f.)
g Homines **magnam voluptatem capiunt, quod** saepe ludi sunt. (Z. 18)
h Multi homines **otium suum in ludis spectandis collocant**. (Z. 20)
i Philosophus: „Nolite **dies rebus inanibus perdere**!" (Z. 20 f.)

Aufgaben: Grammatik

4 **Steigerung der Adjektive und Adverbien.** Ordnen Sie folgende Formen nach Positiv, Komparativ und Superlativ; geben Sie auch die Wortart an (Adjektiv, Adverb oder beides): (Z. 4 ff.)

levissime | levius | leviter | leviore | iucundissima | iucundior | iucunde

5 **Kasusfunktionen.** Bestimmen Sie die Kasusfunktion bei dem hervorgehobenen Ausdruck und übersetzen Sie: (Z. 16)

Nihil iucundius est **ludis circensibus**.

6 **Kurzformen.** Bestimmen Sie die Form:

spectasse (Z. 6)

Sklaven schlagen zurück ep. 3.14.1–4

Lernwortschatz

2	**atrōx**, -ōcis	wild, abscheulich
	tantum *Adv.*	so viel, so sehr; nur
5	**parum** *Adv.*	(zu) wenig
	nimium *Adv.*	zu, allzu
	→ nimis	zu, allzu

Aufgaben: Wortschatz

1 Wiederholen Sie folgende Wörter:

dignus | pati | superbus | saevus | servire | immo | meminisse | repente | alius ... alius | efferre | excitare | tollere | confiteri | comprehendere | requirere | occidere | solere

6	**lavāre**, lavō, lāvī, lautum (*und* lotum)	waschen
	lavārī	sich waschen; baden
7	**faux**, faucis *f*	Rachen, Schlund, Kehle
	invādere, invādō, invāsī, invāsum	eindringen; angreifen, losgehen auf
	ōs, ōris *n*	Mund; Gesicht
8	**pectus**, -oris *n*	Brust, Herz
	venter, -tris *m*	Bauch
	foedus, -a, -um	hässlich, abscheulich
9	**abicere**, abiciō, abiēcī, abiectum	wegwerfen
	→ subicere	unterwerfen
10	**experīrī**, experior, expertus sum	versuchen, ausprobieren; erfahren
11	**seu** (*und* **sive**)	sei es, dass; oder
	seu ... seu (*oder* sīve ... sīve)	sei es, dass ..., oder dass
12	**simulāre**	vorgeben, so tun als ob
14	**dēmum**	endlich, erst
	quasi *Adv.*	wie wenn, als ob; gleichwie; gewissermaßen
	aestus, -ūs *m*	Hitze, Glut
	excipere, excipiō, excēpī, exceptum	ausnehmen, herausnehmen, aufnehmen
	→ capere	fangen, fassen
	→ accipere	annehmen
	→ incipere	beginnen
	→ suscipere	unternehmen
16	**recreāre**	wiederherstellen, neu beleben
	recreārī / sē recreāre	sich erholen
17	**frīgus**, -oris *n*	Kälte; Winter
	agitāre	(an)treiben; überlegen; hin- und herbewegen
	→ agere	tun; handeln; treiben

2 Erschließen Sie die Bedeutung:

a **circumsistere**, -sisto, -stiti: Multi homines me circumsistunt. (Z. 7)
b **immobilis**, -e (Z. 12)
c **concurrere**, -curro, -curri, -cursum: Multi homines unum in locum concurrunt. (Z. 16)
d **diffugere**, -fugio, -fugi: Homines diffugiunt: Pars huc, pars illuc *(dorthin)* fugit. (Z. 19)

3 Geben Sie die im Zusammenhang passende Bedeutung an:

a Haec res non **tantum** atrox, sed etiam epistula digna est. (Z. 2)
b Rem atrocem a te **passus sum**. (Z. 3)
c Pater meus servus est: Pater meus **servit**.
d Hanc rem atrocem **puto**. (Z. 9)
e Scire volo, **an** rem atrocem passus sis. (Z. 10)
f Amicus meus primum dormiebat, tum **sublatis** oculis me spectavit. (Z. 17)

Aufgaben: Grammatik

4 **Relativsatz.** Begründen Sie, ggf. mithilfe einer Grammatik, den Modus und beschreiben Sie die Struktur des Relativsatzes. Übersetzen Sie dann: (Z. 4 f.)

Plinius est vir doctus et, **qui litteras amet**.

5 **Supin auf *-u*.** Das Supin auf *-u* ist ein Verbalsubstantiv. Es steht meist in Verbindung mit bestimmten Adjektiven und wird mit „zu“ + Infinitiv übersetzt, z. B.:
*difficile **dictu**: schwer **zu sagen***.
Übersetzen Sie entsprechend: (Z. 8)

facile factu | foedum dictu |
incredibile dictu

→ Fortsetzung s. nächste Seite

21	**sōlācium**, -ī *n*	Trost
	dēcēdere, dēcēdō, dēcessī, dēcessum	weggehen, sterben
	→ cēdere	gehen, weichen
	→ accēdere	hinzutreten
	→ concēdere	nachgeben
	→ discēdere	weggehen
	→ incēdere	eintreten
	→ prōcēdere	vorrücken
	vindicāre	in Anspruch nehmen; befreien, retten; bestrafen

Aufgaben: Stil

6 **Kürze.** Oft werden Wörter, die im ersten Teilsatz schon genannt worden sind, im zweiten ausgelassen. Erschließen Sie, was hier zu ergänzen ist, und übersetzen Sie: (Z. 21 f.)

> Plinius iam vivus a multis hominibus ita laudatus est, ut raro *(selten)* auctores mortui ______ solent.

Aufgaben: Sachwissen

7 Privathäuser reicher Familien verfügten über eigene Bäder mit Heiß-, Kalt- und Warmbereichen wie die öffentlichen Thermen. Recherchieren Sie, wie Hitze bzw. Wärme in römischen Bädern erzeugt wurde.

Der Ausbruch des Vesuv

Teil 1: Eines Tages in Misenum ... ep. 6.16.1–6

Lernwortschatz

2	**avunculus**, -ī *m*	Onkel
	quō (= ut eō) *m. Komparativ u. Konj.*	damit umso
3	**posterī**, -ōrum *m Pl.*	die Nachfahren, die Nachkommen
4	**celebrāre**	feiern, verherrlichen; (oft) besuchen
5	**prōpōnere**, prōpōnō, prōposuī, prōpositum	vorschlagen, vor Augen stellen, in Aussicht stellen
	→ pōnere	setzen, stellen, legen
	→ compōnere	zusammenstellen
	→ dēpōnere	ablegen
6	**praesēns**, -entis	anwesend, gegenwärtig; persönlich
8	**appārēre**, appāreō, appāruī, –	erscheinen, sich zeigen
	nūbēs, -is *f*	Wolke
10	**frīgidus**, -a, -um	kalt, kühl

Aufgaben: Wortschatz

1 Wiederholen Sie folgende Wörter:

> petere | verus | tradere | classis | indicare | species | uti | sol | iacēre, iaceo | poscere | conspicere

2 Erschließen Sie die Bedeutung:

> **a** **exitus**, -us *m*: E domo exire volo. Sed ubi est exitus? – Exitus est finis vitae. (Z. 2)
> **b** **im-mortalis**, -e: Dei non moriuntur. Immortales sunt. (Z. 4)
> **c** **miraculum**, -i *n*: Id, quod omnes mirantur, miraculum est. (Z. 12)

3 Erschließen Sie eine passende Wiedergabe:

> **a** Tibi **gratias ago**, quod mihi etiam in periculis semper ades. (Z. 3)
> **b** Homines in litore maris **sole utuntur**. Post solem in mari **aqua frigida utuntur**. (Z. 10)

11	**ascendere**, ascendō, ascendī, ascēnsum	besteigen, hinaufsteigen
	→ dēscendere	hinabsteigen
13	**incertus**, -a, -um	unsicher, unbestimmt
	→ certus	sicher, gewiss
	intuērī, intueor, intuitus sum	erblicken, betrachten
16	**exprimere**, exprimō, expressī, expressum	ausdrücken
	→ premere	drücken
	→ opprimere	unterdrücken
20	**candidus**, -a, -um	(blendend) weiß; strahlend
21	**cinis**, -eris *m*	Asche

Der Ausbruch des Vesuv

Teil 2: Gefahr ep. 6.16.9–12

Lernwortschatz

1	**studiōsus**, -a, -um	eifrig, interessiert
2	**obīre**, obeō, obiī, obitum *m. Akk.*	entgegengehen, begegnen; sterben
	→ īre	gehen
	→ abīre	weggehen
	→ adīre	hingehen
	→ exīre	herausgehen
	→ inīre	hineingehen
	→ redīre	zurückkehren
	→ subīre	auf sich nehmen
	→ trānsīre	hinübergehen
	ascendere, ascendō, ascendī, ascēnsum	besteigen, hinaufsteigen
	→ dēscendere	hinabsteigen
3	**frequēns**, -entis	zahlreich, häufig; dicht bevölkert
4	**illūc** *Adv.*	dahin, dorthin
5	**rēctus**, -a, -um	richtig, gerade
6	**adeō** *Adv.*	so sehr

Aufgaben: Wortschatz

1 Wiederholen Sie folgende Wörter:

vertere | consilium | animus | non modo ..., sed etiam | unde | tenere | solvere | metus | malum | cadere | accedere | frangere | mons | litus | flectere | iuvare (Z. 1–14)
quo | hortari | aequus (Z. 15–19)

2 Erschließen Sie die Bedeutung:

a **dictare** (dicere): Plinius libros non sua manu scribit, sed servo dictat. (Z. 7)
b **incidere**, -cido, -cidi (cadere): E caelo aqua capitibus hominum incidit. (Z. 9)

→ Fortsetzung s. nächste Seite

9	**cinis**, -eris *m*	Asche
	quō (…, **eō**)	je (…, desto)
	propius *Adv.*	näher
10	**calidus**, -a, -um	warm, heiß
	niger, -gra, -grum	schwarz, dunkel
11	**lapis**, -idis *m*	Stein
12	**ruīna**, -ae *f*	Einsturz, *Pl.* Trümmer
	→ ruere, ruō, ruī	stürzen, eilen
	cūnctārī, cūnctor, cūnctātus sum	zögern, zaudern
	paulum	ein wenig, ein bisschen
13	**an**	ob; oder
	retrō *Adv.*	rückwärts, zurück
15	**avunculus**, -ī *m*	Onkel
	secundus, -a, -um	der zweite; günstig
16	**cōnsōlārī**, cōnsōlor, cōnsōlātus sum	trösten
17	**dēferre**, dēferō, dētulī, dēlātum	hinbringen, melden, übertragen
	→ ferre	tragen, bringen
18	**lavāre**, lavō, lāvī, lautum (*und* lotum)	waschen
	lavārī	sich waschen; baden
	aut … aut	entweder … oder
	hilaris, -e	heiter
19	**similis**, -e	ähnlich

3 Erschließen Sie eine passende Wiedergabe:

a Amicus dixerat: „Ad te veniam." Sed tum **vertit consilium** et domi mansit. (Z. 1)
b Plinius pericula non timuit. **Magno animo** pericula suscepit. (Z. 1 f.)
c Magister navis *(Kapitän)* navem in aquam **deduci** iubet. (Z. 2)
d Magister navis *(Kapitän)* **rectum cursum** in Graeciam **tenet**. Tum **cursum flectit** et in patriam redit. (Z. 5; 13)
e Nautae *(die Matrosen)* timuerunt. Sed verba magistri navis *(magister navis: Kapitän)* eos **metu solverunt**. Nunc **metu soluti** pericula suscipiunt. (Z. 6)
f Pericula suscipere **magnum est. Aeque magnum est** pericula non timere. (Z. 18 f.)

Aufgaben: Grammatik

4 **Partizipien.** Übersetzen Sie:
a Partizip Futur Aktiv (Z. 4):

Navem ascendi amico auxilium **laturus**.

b PPP bei Deponentien (Z. 12):

Amicus a me auxilium petivit. Paulum **cunctatus** ei auxilium tuli.

Aufgaben: Stil

5 **Kürze.** Oft werden Wörter, die im ersten Teilsatz schon genannt worden sind, im zweiten ausgelassen. Erschließen Sie, was hier zu ergänzen ist, und übersetzen Sie: (Z. 1)

Id, quod incohavi *(incohare: beginnen)* gaudio magno, perfeci ______ maximo.

Der Ausbruch des Vesuv

Teil 3: Menschen in Panik ep. 6.20.12–15

Lernwortschatz

1	**quōquō modō**	auf jede Weise, auf jeden Fall
	→ quisquis, quidquid	jeder, der
4	**contrā** *Adv.*	dagegen
	salvus, -a, -um	heil, unversehrt
	ūnā *Adv.*	zugleich, zusammen
7	**cōnsīdere**, cōnsīdō, cōnsēdī, cōnsessum	sich setzen, sich niederlassen
	→ sedēre	sitzen
8	**lūmen**, -inis *n*	Licht; Auge
12	**suī**, -ōrum *m Pl.*	seine/ihre Angehörigen, Anhänger, Leute
14	**ūllus**, -a, -um (*Gen. Sg.* ūllīus, *Dat. Sg.* ūllī)	irgendeiner
15	**mundus**, -ī *m*	Welt, Weltall

Aufgaben: Wortschatz

1 Wiederholen Sie folgende Wörter:

orare | hortari | gravis | manus | cogere | parēre, pareo | morari (Z. 1–6)

vix | qualis | claudere | exstinguere | alii ... alii | coniunx | requirere | casus | metus | mors | precari | tollere | aeternus | nox | fingere | augere | ruere | ardere (Z. 7–18)

2 Erschließen Sie die Bedeutung:

terror, -oris *m*: Vesuvius mons mihi magnum terrorem facit. (Z. 16)

3 Erschließen Sie eine passende Wiedergabe:

a Senex currere non potest, nam **annis et corpore gravis** est. (Z. 2)
b Iuvenis puellae amatae dicit: „Laetus esse **non** possum **nisi** tecum.“ (Z. 4)
c Nox est. Mater liberos non videt; itaque eos **voce requirit**: „Ubi estis?“ – Liberi respondent: „Hic sumus.“ Mater liberos **vocibus cognoscit** et gaudet. (Z. 10 f.)
d Iste homo res falsas dicit, sed multi ei credunt. Iste homo res falsas, sed **credentibus** dicit. (Z. 18)

Aufgaben: Grammatik

4 **Historischer Infinitiv.** Zur lebhaften Darstellung von Ereignissen der Vergangenheit wird manchmal der Infinitiv Präsens verwendet. Das Subjekt steht – im Gegensatz zur *oratio obliqua* – im Nominativ. Übersetzen Sie: (Z. 1; 13)

Viri, feminae, liberi metu mortis flere, clamare, manus ad deos tollere.

5 ***Oratio obliqua.*** Übersetzen Sie, ggf. mithilfe einer Grammatik: (Z. 1)

Timebam. Sed amicus mihi dixit: Se non timere. Causam timoris non esse. Se et me salvos futuros esse. Sibi crederem neque timerem!

→ Fortsetzung s. nächste Seite

6 Ellipse. Übersetzen Sie: (Z. 3)

Amicus mihi dixit se et me salvos futuros. Mihi persuasit neque se neque me morituros.

7 Konjunktivische Relativsätze (konsekutiver Nebensinn). Übersetzen Sie: (Z. 12 f.)

Sunt, qui pericula timeant. Neque desunt, qui pericula non timeant.

Aufgaben: Stil

8 Kürze.

a Übersetzen Sie den elliptischen Satz: (Z. 7)

Vix domum redieramus, et subito flammae et ignis!

b Oft werden Wörter, die im ersten Teilsatz schon genannt worden sind, im zweiten ausgelassen. Erschließen Sie, was hier zu ergänzen ist, und übersetzen Sie: (Z. 10 f.)

Alii mortem suam timent, alii ______ amicorum.

Das Spukhaus ep. 7.27

Lernwortschatz

1	**sonus**, -ī *m*	Ton, Klang
2	**vinculum**, -ī *n*	Fessel
	prīmō *Adv.*	zuerst
	proximus, -a, -um	der nächste
3	**appārēre**, appāreō, appāruī, –	erscheinen, sich zeigen
4	**capillus**, -ī *m*	(einzelnes) Haar
7	**lūmen**, -inis *n*	Licht; Auge
8	**vacuus**, -a, -um	leer, frei
9	**inānis**, -e	leer; eitel, unnütz
10	**silentium**, -ī *n*	Schweigen, Stille; Verschwiegenheit
15	**digitus**, -ī *m*	Finger
	contrā *Adv.*	dagegen
	paulum	ein wenig, ein bisschen
16	**sīgnificāre**	anzeigen; bedeuten
	rūrsus	wieder; zurück
17	**gradus**, -ūs *m*	Schritt; Stufe

Was tun mit den Christen? ep. 10.96

Lernwortschatz

2	**ideō** *Adv.*	deshalb
3	**aut ... aut**	entweder ... oder
6	**propter** *m. Akk.*	wegen
	propter hoc	deswegen
7	**supplicāre** *m. Dat.*	demütig bitten; Dankopfer darbringen
	→ supplicium, -ī *n*	Todesstrafe; Opfer
14	**venerārī**, veneror, venerātus sum	verehren, anbeten
15	**affirmāre**	bekräftigen, behaupten
16	**error,** -ōris *m*	Irrtum
17	**quasi** *Adv.*	wie wenn, als ob; gleichwie; gewissermaßen
19	**differre**, differō, distulī, dīlātum	aufschieben; sich unterscheiden
	→ ferre	tragen, bringen
21	**numerus**, -ī *m*	Zahl, Anzahl

Aufgaben: Wortschatz

1 Wiederholen Sie folgende Wörter:

interesse | punire | solere | negare | appellare | imago | simulacrum | numen | afferre | cogere | dimittere | nominare | desinere | quidem | quidam | culpa | lux | convenire | videri | dignus

2 Erschließen Sie die Bedeutung:

a **prae-ire**, -eo, -ii: Ego praeeo, sequere tu! (Z. 5)
b **maledicere**, -dico, -dixi, -dictum: Mihi verba mala fecisti. Mihi maledixisti. (Z. 7; 15)
c **triennium**, -i *n*: Ante tres annos Christianus fui. Ante triennium Christianus fui. (Z. 12)

3 Erschließen Sie eine passende Wiedergabe:

a Cum sacra facimus, **deos appellamus**. (Z. 5)
b Nonnulli dicunt se Christianos esse. **Non nemo** dicit se Christianum esse. (Z. 12)
c Convenimus ante solem orientem: Convenimus **ante lucem**.

Aufgaben: Grammatik

4 **Relativsätze ohne Bezugswort.** Übersetzen Sie: (Z. 4)

Qui imperatorem non venerantur, punientur.

5 **Prädikatives Gerundiv.** Übersetzen Sie: (Z. 9)

Qui imperatorem non venerantur, eos puniendos esse puto.

6 **Ablativus absolutus.** Übersetzen Sie: (Z. 5; 19)

a Omnes surgunt iudicibus in oecum *(oecus, -i m: Saal)* ineuntibus.
b Iudicium difficile fuit. Itaque iudicio dilato dies altera *(dies altera: ein weiterer Gerichtstermin)* constituta est.

7 **Kurzformen.** Bestimmen Sie die Form:

desisse (Z. 11)

Catull: Carmina

Widmung an Cornelius Nepos c. 1

Lernwortschatz

1	**dōnāre**	schenken; beschenken
	→ dōnum, -ī *n*	Geschenk
3	**namque**	denn, nämlich
6	**explicāre**	aufrollen, ausbreiten; erklären
7	**doctus**, -a, -um	gelehrt
	→ docēre	lehren
10	**saec(u)lum**, -ī *n*	Zeitalter, Jahrhundert; Zeit; Menschenalter; Welt

Lieber Spatz! c. 2

Lernwortschatz

1	**passer**, -eris *m*	Sperling, Spatz
	dēliciae, -ārum *f Pl.*	Vergnügen
2	**lūdere**, lūdō, lūsī, lūsum	spielen; scherzen; verspotten
	→ lūdus, -ī *m*	Spiel; Schule
	sinus, -ūs *m*	Brust; Tasche, Gewandbausch; Bucht; Krümmung
3	**digitus**, -ī *m*	Finger
	appetere, appetō, appetīvī, appetītum	erstreben, haben wollen
	→ petere	erbitten, verlangen
4	**incitāre**	antreiben, erregen
	→ excitāre	aufregen; hervorrufen
	morsus, -ūs *m*	Biss
6	**libet** (*und* **lubet**), libuit	es gefällt, es beliebt
7	**sōlācium**, -ī *n*	Trost
9	**sīcut**	(ebenso) wie

Aufgaben: Wortschatz

1 Wiederholen Sie folgende Wörter:

tenere | acer | solere | dolor | credere | tum | gravis | tristis | animus | cura

2 Erschließen Sie die Bedeutung:

a **desiderium**, -i *n*: Puellam desidero. Desiderium puellae magnum est. (V. 5)
b **ardor**, -oris *m*: Amore puellae ardeo. Hic ardor me doloribus animi afficit. (V. 8)

3 Erschließen Sie die Bedeutung anhand des Beispiels: (V. 3)

summus mons	*Berggipfel*
primus digitus	

4 Diminutive (Verkleinerungsformen) werden im Lateinischen u. a. durch das Suffix *-ulus* / *-olus* / *-ellus, -a, -um* gebildet. Übersetzen Sie treffend:

solaciolum (V. 7)

Aufgaben: Grammatik

5 Sonderformen. Manchmal endet der Akkusativ Plural der 3. Deklination statt auf *-ēs* auf *-īs*.

a Wählen Sie demnach alle nach KNG passenden Wörter aus dem Kasten aus.

b Übersetzen Sie den Ausdruck im deutschen Nominativ: (V. 4; 10)

I) tristis animo | animi | animos

II) acris curas | curam | curis

III) gravis dolor | doloris | dolores

6 Optativ. Übersetzen Sie: (V. 9)

a Utinam puella mea ad me veniat!
b Possem puellam meam videre!
c Vellem puella iam ad me venisset!

Der Spatz ist tot! c. 3

Lernwortschatz

1	**lūgēre**, lūgeō, lūxī, lūctum	trauern
3	**passer**, -eris *m*	Sperling, Spatz
4	**dēliciae**, -ārum *f Pl.*	Vergnügen
8	**sēsē** (*verstärktes* sē)	sich
9	**modo ... modo**	mal ... mal, bald ... bald
	illūc *Adv.*	dahin, dorthin
10	**ūsque** *Adv.*	ununterbrochen
11	**tenebrae**, -ārum *f Pl.*	Finsternis, Dunkelheit
14	**bellus**, -a, -um	hübsch
	dēvorāre	verschlingen, auffressen
16	**factum**, -ī *n*	Tat
	→ facere, faciō, fēcī, factum	machen, tun
	→ afficere	versehen mit
	→ cōnficere	fertig machen
	→ efficere	bewirken
	→ perficere	vollenden

Aufgaben: Wortschatz

1 Wiederholen Sie folgende Wörter:

mori | noscere/novisse | tam ... quam | movere | huc | solus | iter | auferre | opera | flere

2 Erschließen Sie die Bedeutung:

a **pipiare**: Passer non loquitur, sed pipiat. (V. 10)
b **tenebricosus**, -a, -um: Orcus (ibi inferi vel mortui habitant) est locus tenebricosus. (V. 11)

3 Diminutive (Verkleinerungsformen) können im Lateinischen auch von Adjektiven gebildet werden. Geben Sie die Lernform des Adjektivs an und erschließen Sie eine passende Wiedergabe:

Cur tristis es, o **miselle** amice? (V. 16)

4 Erschließen Sie eine passende Wiedergabe:

Quid fecisti? **Tuā operā** nunc flet amica tua. (V. 17)

→ Fortsetzung s. nächste Seite

Aufgaben: Grammatik

5 Ablativ des Vergleichs. Übersetzen Sie: (V. 5)

> Neminem plus **amicā meā** amo.

6 Kurzformen. Bestimmen Sie die Form:

> norat (V. 6)

7 *nd*-Form ohne *esse* (Gerund). Übersetzen Sie: (V. 18)

> Flendo dolent oculi.

Eine Kussrechnung c. 5

Lernwortschatz

2	**rūmor**, -ōris *m*	Gerücht, Gerede; Nachricht
	sevērus, -a, -um	streng, hart; ernst
5	**semel**	einmal
6	**perpetuus**, -a, -um	ununterbrochen, dauerhaft, ewig
	dormīre, dormiō, dormīvī, dormītum	schlafen
7	**mī** (= mihī)	mir
	bāsium, -ī *n*	Kuss
	mīlle, *Pl.* mīlia, -ium	tausend
8	**alter**, altera, alterum (*Gen.* alterīus, *Dat.* alterī)	der eine (von beiden); der andere
	alter ..., alter	der eine ..., der andere
9	**ūsque** *Adv.*	ununterbrochen
12	**invidēre**, invideō, invīdī, invīsum *m. Dat.*	beneiden; mit bösem Blick ansehen
	→ vidēre	sehen

Aufgaben: Wortschatz

1 Wiederholen Sie folgende Wörter:

> vivere | senex | sol | occidere | redire | brevis | lux | centum | scire

Aufgaben: Grammatik

2 Aufforderungen. Wählen Sie alle Formen aus, die eine Aufforderung ausdrücken, bestimmen Sie sie und übersetzen Sie:

> dat | da | det | curramus | currimus | properemus | properamus | properate

3 *cum*. Geben Sie die passende Bedeutung von *cum* an und übersetzen Sie: (V. 5; 10; 13)

> Mors cum nobis vitam abstulerit, in Orcum ibimus.

4 *nd*-Form mit *esse* (prädikatives Gerundiv). Übersetzen Sie: (V. 6)

> Nobis vita est amanda.

5 Indefinitpronomen *aliquis/aliqui*. Nach manchen Subjunktionen (*si, nisi, ne, num* usw.) kann *„ali"* bei *aliquis/aliqui* ausfallen. Übersetzen Sie: (V. 12)

> Da mihi clam *(heimlich)* basia, ne **quis** nos videat!

Küsse wie Sand in der Wüste c. 7

Lernwortschatz

3	**arēna** (*und* harēna), -ae *f*	Sand; Arena
6	**sepulcrum**, -ī *n*	Grab, Grabmal, Begräbnis
7	**sīdus**, -eris *n*	Stern, Sternbild
9	**bāsium**, -ī *n*	Kuss
	bāsiāre	küssen

Aufgaben: Wortschatz

1 Wiederholen Sie folgende Wörter:

quaerere | quot | quam | vetus | sacer | nox | tam | satis | lingua

2 Erschließen Sie die Bedeutung:

a **basiatio**, -onis *f* (basiare) (V. 1)
b **furtivus**, -a, -um (fur): Amicae basium furtivum dedi, ne ceteri amorem nostrum viderent. (V. 8)
c **per-numerare** (numerus; *nummerieren*) (V. 11)
d **curiosus**, -a, -um *(engl.: curious)* (V. 11)

Aufgaben: Grammatik

3 **Satzstruktur.** Übersetzen Sie das folgende Gespräch. Beschreiben Sie die Satzstruktur der Antwort und vergleichen Sie sie mit der im Deutschen:

„Quot amicas habes?"
„Quam multa sidera sunt in caelo, tam multas amicas habeo."

Armer Catull! c. 8

Lernwortschatz

2	**perīre**, pereō, periī, –	zugrunde gehen, umkommen
	→ īre	gehen
	→ abīre	weggehen
	→ adīre	hingehen
	→ exīre	herausgehen
	→ inīre	hineingehen
	→ redīre	zurückkehren
	→ subīre	auf sich nehmen
	→ trānsīre	hinübergehen
3	**fulgēre**, fulgeō, fulsī, –	strahlen, glänzen, blitzen
	candidus, -a, -um	(blendend) weiß; strahlend

Aufgaben: Wortschatz

1 Wiederholen Sie folgende Wörter:

miser | desinere | quondam | sol | quo | fieri | velle | nolle | fugere | mens | perferre | requirere | rogare | dolere | manere | adire

2 Erschließen Sie die Bedeutung:

a **scelestus**, -a, -um (scelus, -eris) (V. 15)
b **mordere**, -eo, momordi, morsum (morsus, -us) (V. 18)

→ Fortsetzung s. nächste Seite

8	**vērē** *Adv.*	echt, wahrhaftig
	→ vērus, -a, -um	echt, richtig, wahr
11	**obdūrāre**	hart sein; durchhalten
	→ dūrus, -a, -um	hart
13	**invītus**, -a, -um	unwillig, gegen den Willen
16	**bellus**, -a, -um	hübsch
18	**bāsiāre**	küssen
	morsus, -ūs *m*	Biss
19	**dēstināre**	(vorher)bestimmen, fest beschließen

3 **a** Erschließen Sie eine passende Wiedergabe:

> Dolores **certa mente** perferre debemus. (V. 11)

b Die romanischen Sprachen bilden das Adverb mit dem Suffix *-ment(e)*, z. B. *certamente* (ital.: „sicher"). Erklären Sie diese Bildung sprachgeschichtlich.

Aufgaben: Grammatik

4 **Aufforderungen.** Wählen Sie alle Formen aus, die eine Aufforderung ausdrücken, bestimmen Sie sie und übersetzen Sie:

> desinas | vives | vive | noli | requiret | adibit | perfer | sequere | roga

5 **Relativsatz ohne Demonstrativum im Hauptsatz.** Übersetzen Sie: (V. 2; 4)

> **a** Quod puella vult, facio.
> **b** Quod video puellam velle, facio.
> **c** Venio, quo puella me ducit.

6 **Kurzformen.** Bestimmen Sie die Form:

> fulsere (V. 3)

7 **Relativsatz/Fragesatz (direkt und indirekt).** Geben Sie jeweils die Satzart an und übersetzen Sie folgende Worte eines selbstbewussten Liebhabers: (V. 15 ff.)

> **a** E me quaeris, **quid** puella et ego faciamus.
> **b** Multa facimus, **quae** et ego et puella volumus.
> **c** **Cui** puella mea tristis videtur? Nemini!
> **d** Beata est! **Quae** puella mecum tristis esse potest?

Göttergleich c. 51

Lernwortschatz

1	**mī** (= mihī)	mir
2	**fās** *n* (nur im *Nom./* Akk. *Sg.*)	göttliches Recht; Erlaubnis
	fās est	es ist gestattet
	dīvus, -a, -um	göttlich; *Subst.* Gott/Göttin
	→ deus/dea	Gott/Göttin
	→ dīvīnus, -a, -um	göttlich
3	**adversus** *m. Akk.*	gegen, gegenüber; *Adv.* entgegen

Aufgaben: Wortschatz

1 Wiederholen Sie folgende Wörter:

> par | videri | superare | dulcis | miser | sensus | lingua | auris | tegere | nox | otium | rex | beatus | perdere

6	**ēripere**, ēripiō, ēripuī, ēreptum	entreißen
	→ rapere	rauben
7	**aspicere**, aspiciō, aspexī, aspectum	ansehen, erblicken
	→ cōnspicere	erblicken
9	**tenuis**, -e	dünn, fein, schwach; gering
10	**flamma**, -ae *f*	Feuer, Flamme; Glut
12	**lūmen**, -inis *n*	Licht; Auge
13	**molestus**, -a, -um	lästig, belastend, unangenehm
14	**nimium** *Adv.*	zu, allzu
	→ nimis	zu, allzu
15	**prius** *Adv.*	früher, zuerst

Aufgaben: Grammatik

2 Relativsatz. Relativsätze können sich auch auf die gesamte Aussage des übergeordneten Satzes beziehen. Übersetzen Sie: (V. 5)

> Amica mea saepe dulce ridet, **quod** mihi placet.

3 Sonderformen. Manchmal endet der Akkusativ Plural der 3. Deklination statt auf *-ēs* auf *-īs*. Bestimmen Sie nach Kasus und Numerus: (V. 5 f.)

> omnis sensus *(es gibt drei Möglichkeiten)*

4 Adjektiv (KNG). Wählen Sie zu folgenden Substantiven bzw. Pronomina das nach KNG passende Attribut aus und übersetzen Sie die Ausdrücke im deutschen Nominativ (V. 5 ff.):

> mihi | te | urbes | flamma | otium

> molestum | misero | beatas | tenuis | pulchram

Widerstreitende Gefühle c. 85

Lernwortschatz

1	**fortāsse** *Adv.*	vielleicht

Aufgaben: Wortschatz

1 Wiederholen Sie folgende Wörter:

> odisse | quare | requirere | nescire | fieri | sentire

Alles gut? c. 109

Lernwortschatz

1	**prōpōnere**, prōpōnō, prōposuī, prōpositum	vorschlagen, vor Augen stellen, in Aussicht stellen
	→ pōnere	setzen, stellen, legen
	→ compōnere	zusammenstellen
	→ dēpōnere	ablegen

Aufgaben: Wortschatz

1 Wiederholen Sie folgende Wörter:

> iucundus | noster | nos | promittere | licet | aeternus | amicitia

→ Fortsetzung s. nächste Seite

2	**perpetuus**, -a, -um	ununterbrochen, dauerhaft, ewig
3	**vērē** *Adv.*	echt, wahrhaftig
	→ vērus, -a, -um	echt, richtig, wahr
6	**sānctus**, -a, -um	heilig, geweiht
	foedus, -eris *n*	Bund, Verbindung, Vertrag

2 Erschließen Sie eine passende Wiedergabe:

a Venus et Amor, **facite**, **ut** puella me amet! (V. 3)
b Ego puellam meam **ex animo** amo. (V. 4)
c Hunc **amorem** per totam vitam **perducere** volo. (V. 5)

Aufgaben: Grammatik

3 ***fore.*** Wählen Sie die mit *fore* gleichbedeutende Form aus und bestimmen Sie sie. (V. 2)

fuisse | esse | fieri | futurum, -a, -um esse | facere

Ovid: Ars amatoria

Liebe für Einsteiger: Das Proöm Ars 1.1–30

Lernwortschatz

2	**doctus**, -a, -um	gelehrt
	→ docēre	lehren
3	**citus**, -a, -um; *Adv.* citō	schnell, rasch
	vēlum, -ī *n*	Tuch; Segel; Vorhang
	ratis, -is *f*	Floß, Schiff, Kahn
4	**levis**, -e	leicht; unbedeutend, leichtfertig
5	**aptus**, -a, -um	passend, geeignet
	aptus *m. Dat.*	geschickt mit/im; geeignet für
7	**tener**, -era, -erum	jung, zart; zärtlich
10	**mollis**, -e	weich, angenehm; freundlich
21	**vulnerāre**	verwunden
	→ vulnus, -eris *n*	Wunde
	arcus, -ūs *m*	Bogen
22	**pectus**, -oris *n*	Brust, Herz
23	**quō ... eō**	je ... desto
	fīgere, fīgō, fīxī, fīxum	befestigen, durchbohren
	ūrere, ūrō, ussī, ustum	verbrennen, entflammen

Aufgaben: Wortschatz

1 Wiederholen Sie folgende Wörter:

ars | legere | ferus | aetas | cedere | violare | vulnus | usus, -us | opus | parēre, pareo | incipere

2 Erschließen Sie die Bedeutung:

a **artifex**, -icis *m*: Ille, qui artem facit, artifex est. (V. 7)
b **violentus**, -a, -um: Ovidius: „Saepe me violavit Amor: Deus violentus est. Nemo me violentius vulneravit quam Amor." (V. 23)
c **ultor**, -oris *m*: Ille, qui iniuriam ulciscitur, ultor iniuriae est. (V. 24)

3 Das Substantiv *coeptum, -i n* bedeutet „das Vorhaben". Erklären Sie die Bedeutung, indem Sie *coeptum* auf ein lateinisches Verb zurückführen. (V. 30)

24	**ulcīscī**, ulcīscor, ultus sum	sich rächen, Rache nehmen
	iniūriam ulcīscī	sich für ein Unrecht rächen
25	**mentīrī**, mentior, mentītus sum	lügen, vortäuschen
29	**vātēs**, -is *m/f*	Dichter(in), Seher(in)
30	**canere**, canō, cecinī, -	singen, besingen; *(auf einem Instrument)* spielen

4 Erschließen Sie eine passende Wiedergabe:

> Magister bonus est **aptus docendo**.
> Discipulus bonus est **aptus doceri**. (V. 5; 10)

Aufgaben: Grammatik

5 **Indefinitpronomen *aliquis/aliqui*.** Nach manchen Subjunktionen (*si, nisi, ne, num* usw.) kann *„ali"* bei *aliquis/aliqui* ausfallen. Übersetzen Sie: (V. 1)

> Si quis me non novit, mox me noscet.

6 **Verbformen: Modi.**

a Ordnen Sie folgenden Verbformen die passende Bestimmung zu (V. 2 ff.):

> legat | amet | dicar | regi | cedet | mentiar | canam | ades

> Konjunktiv Präsens (2) – Infinitiv Passiv – Konjunktiv Präsens oder Futur I (3) – Indikativ Präsens oder Imperativ – Futur I

b Übersetzen Sie alle Konjunktiv-Präsens-Formen der 3. Person als Aufforderung (Jussiv).

Aufgaben: Sachwissen

7 Ordnen Sie folgende Beschreibungen der passenden Gottheit zu:

> **a** Mutter des Amor
> **b** Gottheit der Kunst und der Dichtung
> **c** Gottheit, deren Attribute die lodernde Fackel bzw. Pfeil und Bogen sind

> Diana | Apollo | Amor | Mars | Venus

Aufgaben: Poetische Sprache verstehen

8 In der Dichtung steht oft Plural statt Singular. Übersetzen Sie entsprechend: (V. 21 f.)

> Ovidius: „Amor mea pectora vulnerat."

Prosa-Paraphrase

Wählen Sie selbst Ihren Textzugang: Beginnen Sie nun mit dem Original oder lesen Sie zuerst hier die vereinfachte Prosaversion.

- V. 1–4: Si quis non novit artem amandi, legat carmen meum! Ego artem amandi docebo. Arte reguntur rates et currus: Arte regi potest etiam Amor.
- V. 5–8: Automedon currus optime rexit, Tiphys naves optime rexit: Ego Amorem optime rego, quia Venus me docuit: Tiphys et Automedon amoris sum.
- V. 9 f.; 21–24: Amor est deus ferus – tamen puer est. Itaque facile eum regere possum. Amor saepe me vulneravit. Sed ego illa vulnera ulciscor.
- V. 25; 29 f.: Parete mihi! Magister peritus *(kundig)* sum. Res veras canam. Et tu, mater Amoris, ades mihi!

Step by Step zum Erfolg Ars 1.35–44

Lernwortschatz

37	**proximus**, -a, -um	der nächste
40	**admittere**, admittō, admīsī, admissum	zulassen, Zutritt gewähren; hinzuziehen
	→ mittere	schicken
42	**ēligere**, ēligō, ēlēgī, ēlēctum	(aus)wählen
	→ legere	lesen
43	**aura**, -ae *f*	Luft, Windhauch
44	**aptus**, -a, -um	passend, geeignet
	aptus *m. Dat.*	geschickt mit/im; geeignet für

Aufgaben: Wortschatz

1 Wiederholen Sie folgende Wörter:

velle | reperire | primum | placere | dum | licet | quaerere

2 Erschließen Sie die Bedeutung:

Haec puella mihi placet: Est puella **placita**.

3 Erschließen Sie eine passende Wiedergabe:

a Milites magno labore student hostes vincere. Milites **laborant** hostes vincere. (V. 35)

b Miles novus, qui primum pugnat, **in nova arma venit**. (V. 36)

c Hi sunt labores militum: Primus labor est hostem reperire. **Labor proximus huic labori** est hostem vincere. (V. 37)

Aufgaben: Grammatik

4 Relativsatz. Manchmal fehlt zu einem Relativpronomen das Bezugswort. Meist ist dann entweder ein Demonstrativpronomen zu ergänzen (z. B. *der/die/das[jenige]*) oder verallgemeinerndes „wer/was“ zu verwenden.

a Übersetzen Sie treffend und begründen Sie den Modus im Relativsatz: (V. 35)

Ovidius: „Si vis bene amare, primum quaere bene, **quod** amare velis!“

b Folgender Satz ist fast bedeutungsgleich mit **a**. Erschließen Sie eine treffende Übersetzung des Relativsatzes: (V. 36)

Ovidius: „**Qui** vis bene amare, primum quaere bene, quod amare velis!“

c Übersetzen Sie: (V. 42)

Elige bene, **quam** ames!

5 Prädikatives Gerundiv. Übersetzen Sie:

Ovidius: „Si vis amare bene, quaerenda tibi est puella apta.“ (V. 44)

Überall in ROMA lauert AMOR! Ars 1.79–88

Lernwortschatz

80	**flamma**, -ae *f*	Feuer, Flamme; Glut
88	**patrōnus**, -ī *m*	Schutzherr, Anwalt
	cliēns, clientis *m*	Schützling, Klient

Aufgaben: Wortschatz

1 Wiederholen Sie folgende Wörter:

convenire | credere | capere | cavere | deesse | causa | modo | cupere

2 Erschließen Sie eine passende Wiedergabe:

a Patronus pro cliente **causam agit**. (V. 86)
b Cur **me rides**? (V. 87)

Aufgaben: Grammatik

3 **Relativsatz.** Manchmal fehlt zu einem Relativpronomen das Bezugswort. Meist ist dann entweder ein Demonstrativpronomen zu ergänzen (z. B. *der/die/das[jenige]*) oder verallgemeinerndes „wer/was" zu verwenden. Übersetzen Sie treffend: (V. 88)

Qui fuit patronus, nunc est cliens.

Aufgaben: Poetische Sprache verstehen

4 In der Dichtung steht oft Plural statt Singular. Übersetzen Sie entsprechend: (V. 87)

Venus ridet e templis, quae Caesar aedificavit.

Schritt 1: Wo findet man Mädchen? Ars 1.89–102

Lernwortschatz

89	**praecipuus**, -a, -um	besonders, hervorragend
	praecipuē *Adv.*	vor allem
	theātrum, -ī *n*	Theater; Schauplatz
90	**vōtum**, -ī *n*	Wunsch; Gebet, Gelübde
91	**illīc** *Adv.*	da, dort
93	**frequēns**, -entis	zahlreich, häufig; dicht bevölkert
	agmen, -inis *n*	Zug, Heereszug, Schar
94	**vehere**, vehō, vēxī, vectum	fahren, tragen, ziehen
	ōs, ōris *n*	Mund; Gesicht

Aufgaben: Wortschatz

1 Wiederholen Sie folgende Wörter:

invenire | tangere | tenere | summus | summus mons | ruere | copia | iudicium | morari | iuvare | rapere

2 Erschließen Sie die Bedeutung:

cultus, -a, -um: Femina, quae formam suam colit, est femina culta. In theatro magna copia feminarum cultissimarum est. (V. 97)

→ Fortsetzung s. nächste Seite

96	**flōs**, flōris *m*	Blume, Blüte
	volāre	fliegen, eilen
97	**celeber**, -bris, -bre	berühmt, (viel) besucht
100	**castus**, -a, -um	rein, unschuldig; keusch
	pudor, -ōris *m*	Scham, Ehrgefühl; Keuschheit; Schüchternheit

3 Geben Sie eine im Zusammenhang passende Bedeutung an und übersetzen Sie:

a Ibi video non unam formicam *(formica: Ameise)*, sed **agmen** formicarum. (V. 93)
b Formicae cibum **ore vehunt**. (V. 94)
c Copia feminarum iudicium meum **moratur**. (V. 98)

4 Erschließen Sie eine passende Wiedergabe:

Apes *(apis, -is f: Biene)* **per summos flores** volant. (V. 96)

Aufgaben: Grammatik

5 **Konjunktivischer Relativsatz** (konsekutive Sinnrichtung). Übersetzen Sie; ziehen Sie dafür auch S. 164, Aufgabe 4 heran:

In theatro invenies, quod ames.

Prosa-Paraphrase

Wählen Sie selbst Ihren Textzugang: Beginnen Sie nun mit dem Original oder lesen Sie zuerst hier die vereinfachte Prosaversion.

- V. 89–92: In theatro plures feminae sunt quam in foro. Utrum quaeris brevem ludum amoris an longum foedus *(Bündnis)*? Illic invenies puellas, quas semel tangere vel longius tenere voles.
- V. 93–97: Ad ludos magna copia feminarum venit: Ut formicae *(Ameisen)*, quae cibum portant, ut apes *(Bienen)*, quae per pascua *(Weiden)* volant, sic puellae conveniunt celebres ad ludos.
- V. 98–102: Ibi copia puellarum tanta est, ut difficile sit unam eligere *(auswählen)*. Ille locus certe habet pericula pudoris: Ibi primi ludi a Romulo facti sunt, ibi Romani Sabinas rapuerunt.

In der Fankurve **Ars 1.135–163**

Lernwortschatz

135	**me fugit**	es entgeht mir
	→ fugere, fugiō, fūgī	fliehen; meiden
	certāmen, -inis *n*	Wettkampf, Kampf, Streit
136	**commodum**, -ī *n*	Vorteil, Annehmlichkeit
	circus, -ī *m*	Zirkus

Aufgaben: Wortschatz

1 Wiederholen Sie folgende Wörter:

nobilis | opus est *m. Abl.* | prohibere (a) | iungere | cogere | lex | sermo | requirere | quisquis | fieri | iacēre, iaceo | colligere | pati | quicumque | tergum | utilis | componere

137	**nīl** (= nihil)	nichts
	digitus, -ī *m*	Finger
139	**proximus**, -a, -um	der nächste
140	**latus**, -eris *n*	Seite, Flanke
145	**studiōsus**, -a, -um	eifrig, interessiert; *Subst. auch:* Schüler
146	**mora**, -ae *f*	Aufschub; Verzögerung, Aufenthalt
	sine ullā morā	unverzüglich
	favēre, faveō, fāvī, fautum *m. Dat.*	gewogen sein, unterstützen; zujubeln
148	**plaudere**, plaudō, plausī, plausum	Beifall klatschen, applaudieren
149	**pulvis**, -eris *m*	Staub, Sand
	forte *Adv.*	zufällig; vielleicht
152	**quīlibet**, quaelibet, quodlibet	jeder beliebige
	aptus, -a, -um	passend, geeignet
	aptus *m. Dat.*	geschickt mit/im; geeignet für
153	**nimium** *Adv.*	zu, allzu
	→ nimis	zu, allzu
	dēmittere, dēmittō, dēmīsī, dēmissum	hinablassen, hinabschicken, sinken lassen
	→ mittere	schicken
154	**humus**, -ī *f*	Erde, Erdboden
157	**post** *m. Akk.*	nach; hinter; *Adv.* später, danach
158	**mollis**, -e	weich, angenehm; freundlich
159	**levis**, -e	leicht; unbedeutend, leichtfertig
161	**prōdesse**, prōsum, prōfuī, prōfutūrus	nützen, nützlich sein
	tenuis, -e	dünn, fein, schwach; gering
162	**tener**, -era, -erum	jung, zart; zärtlich

2 Erschließen Sie die Bedeutung:

decidere, -cido, -cidi (cadere):
Imber *(Regen)* decidit de caelo. (V. 150)

3 Erschließen Sie eine passende Wiedergabe:

a Saepe non modo **per verba**, sed etiam **per oculos** et **per digitos** loquimur. (V. 137)
b In circo multi homines sunt: Ibi **proximus a puella** sedere potes. (V. 139)
c In circo multi homines sunt: Ibi **latus tuum lateri puellae iungere** potes. (V. 140)
d Si puella equos laudabit, lauda equos et tu! **Nec mora**: Si puella plaudet, plaude et tu! (V. 146)

Aufgaben: Grammatik

4 **KNG.** Weisen Sie folgenden Substantiven und Adjektiven die passende Bestimmung zu: (V. 135 ff.)

populi | nobilium | lateri | mollia | facili | tenui | officio | manu | puella

Nom./Abl. Sg. | Nom./Akk. Pl. | Dat./Abl. Sg. (3) | Dat. Sg. | Abl. Sg. | Nom. Pl./Gen. Sg. | Gen. Pl.

5 **Ablativus absolutus.** Geben Sie den Ablativus absolutus an und übersetzen Sie: (V. 139 ff.)

In circo puellam tangere potes nullo prohibente.

6 **Imperativ II.** Der Imperativ II findet sich oft in offiziellen Vorschriften. Er wird mit der Endung *-to* gebildet und mit „du sollst" übersetzt. Übersetzen Sie entsprechend:

a sedeto (V. 139)
b facito (V. 145)

→ Fortsetzung s. nächste Seite

7 Relativpronomen/Interrogativpronomen.

a Bestimmen Sie Kasus und Numerus und übersetzen Sie: (V. 145 f.)

> **Cuius** equos vides? | Homo, **cuius** equos vides, senator est. | **Cui** faves? | Homo, **cui** faves, senator est.

b Relativsatz oder indirekter Fragesatz? Bestimmen Sie die Satzart und übersetzen Sie: (V. 145 f.)

> Quaere, cuius equis puella faveat! | Cuius equis puella favet, illi homini fave et tu!

8 Wortstellung. Geben Sie die Subjunktion an, die den Nebensatz einleitet, und übersetzen Sie:

> **a** Pallium *(Mantel)* puellae si decidet, statim collige! (V. 149 f.)
> **b** Post te et puellam quicumque sedebit, respice, ne ille puellam perturbet! (V. 157 f.)

Aufgaben: Poetische Sprache verstehen

9 In der Dichtung steht oft Plural statt Singular. Übersetzen Sie entsprechend: (V. 153)

> Pallia *(pallium: Mantel)* puellae decidunt.

Schritt 2: Wie man ein Mädchen gewinnt … Ars 1.475–486

Lernwortschatz

475	**mollis**, -e	weich, angenehm; freundlich
	unda, -ae *f*	Welle, Woge
478	**sērus**, -a, -um; *Adv.* sērō	spät, zu spät
480	**ūsque** *Adv.*	ununterbrochen
483	**prīmō** *Adv.*	zuerst
486	**īnsequī**, īnsequor, īnsecūtus sum *m. Akk.*	unmittelbar folgen, verfolgen; (mit Worten) angreifen
	→ sequī	folgen
	vōtum, -ī *n*	Wunsch; Gebet, Gelübde

... und wie man *als* Mädchen gewinnt Ars 3.471–482

Lernwortschatz

471	**īnspicere**, īnspiciō, īnspexī, īnspectum	hineinblicken, betrachten
	→ cōnspicere	erblicken
473	**post** *m. Akk.*	nach; hinter; *Adv.* später, danach
	mora, -ae *f*	Aufschub; Verzögerung, Aufenthalt
474	**incitāre**	antreiben, erregen
	→ excitāre	aufregen; hervorrufen
477	**simul** *Adv.*	gleichzeitig, zugleich; *Subj.* sobald
481	**dubius**, -a, -um	zweifelhaft, ungewiss; zweifelnd
	→ dubitāre	zweifeln
482	**nocēre**, noceō, nocuī, –	schaden

Schritt 3: Wie man sich die Gunst erhält Ars 2.11–14; 2.223–238

Lernwortschatz

11	**vātēs**, -is *m/f*	Dichter(in), Seher(in)
14	**illīc** *Adv.*	da, dort
223	**mātūrus**, -a, -um	reif; erwachsen; frühzeitig
224	**sērus**, -a, -um; *Adv.* sērō	spät, zu spät
225	**occurrere**, occurrō, occurrī, occursum	entgegenlaufen, entgegentreten, begegnen
	→ currere	laufen
	differre, differō, distulī, dīlātum	aufschieben; sich unterscheiden
	→ ferre	tragen, bringen
229	**rūs**, rūris *n*	Land, Landgut
	rūre/rūrī	auf dem Land

Aufgaben: Wortschatz

1 Wiederholen Sie folgende Wörter:

iubere | hora | nisi | odisse | gravis | species | signum | tueri | saevus | ferre | solvere

2 Erschließen Sie die Bedeutung:

a **timidus**, -a, -um: Is, qui multa timet, timidus est. (V. 234)
b **in-esse**: In amore non modo gaudium, sed etiam labor inest. (V. 236)
c **caelestis**, -e: Res, quae in caelo sunt, caelestes appellantur: Sol res caelestis est, etiam dei caelestes appellantur. (V. 237)

→ Fortsetzung s. nächste Seite

232	**iacere**, iaciō, iēcī, iactum	werfen, schleudern
	→ subicere	unterwerfen
	candidus, -a, -um	(blendend) weiß; strahlend
233	**mīlitia**,-ae *f*	Kriegsdienst
	→ mīles, -itis *m*	Soldat
235	**hiems**, hiemis *f*	Winter; Kälte, Unwetter
236	**mollis**, -e	weich, angenehm; freundlich
237	**imber**, imbris *m*	Regen, Regenguss
	nūbēs, -is *f*	Wolke
238	**frīgidus**, -a, -um	kalt, kühl
	nūdus, -a, -um	nackt, unverhüllt; unbewaffnet
	humus, -ī *f*	Erde, Erdboden

3 Erschließen Sie eine passende Wiedergabe:

- **a** Te iubeo **maturius decimā horā foro adesse**. (V. 223)
- **b** Dominus servo dicit: „Mihi semper pare **nec** veni **nisi** a me vocatus!" (V. 224)
- **c** Forum reliquimus et **domum repetivimus**: Nunc domi sumus. (V. 227)
- **d** Semper tibi pareo ut servus: Cum me vocas, ad te venio **pro servo**. (V. 228)
- **e** Imber **nube solvitur** et in terram cadit. (V. 237)

4 Übersetzen Sie folgende Ausdrücke und erschließen Sie das gemeinsame Sachfeld:

labores ferre | itinera facere | signa tueri | imbres et hiemes ferre | dolores ferre | vias longas pedibus ire | nuda humo iacere (V. 223 ff.)

Aufgaben: Grammatik

5 Aufforderungen.

a *Fac(, ut) properes! – „Mach, dass du dich beeilst!"* Der Imperativ von *facere* mit *ut*-Satz – oder auch Konjunktiv Präsens allein – verleiht einer Aufforderung besonderen Nachdruck. Übersetzen Sie entsprechend: (V. 224)

Fac venias! | Fac curras!

b Bestimmen Sie Tempus und Modus folgender Formen und übersetzen Sie diejenigen, die eine Aufforderung ausdrücken: (V. 223 ff.)

abeas | redii | redi | feres | fer | discedas | discedetis | discedite

6 Ortsangaben ohne Präposition. Ortsangaben werden manchmal ohne Präposition, sondern mit dem reinen Ablativ des Ortes formuliert. Übersetzen Sie entsprechend: (V. 238)

Lectum non habeo: **Nudā humo** iaceo.

Prosa-Paraphrase

Wählen Sie selbst Ihren Textzugang: Beginnen Sie nun mit dem Original oder lesen Sie zuerst hier die vereinfachte Prosaversion.

- V. 223–226: Si puella te iusserit ad forum venire, veni! Semper veni mature et abi serus! Si puella tibi dixerit: „Venias!", differ omnia negotia! Curre!
- V. 227–233: Si nocte te vocat, veni! Si rure erit et te vocabit, veni! Et si tibi defuerit currus, curre pedibus! Nec te tardet *(tardare: aufhalten)* sol, nec te tardet nix *(Schnee)*!
- V. 234–238: Amor est militia. Si vis bene amare, ne sis timidus! Ne timeas hiemem aut vias longas aut dolores saevos! Saepe feres imbrem, saepe iacebis nuda humo.

Erkenne dich selbst! Ars 2.497–506

Lernwortschatz

497	**praeceptor**, -ōris *m*	Lehrer
498	**discipulus**, -ī *m*	Schüler
499	**celebrāre**	feiern, verherrlichen; (oft) besuchen
501	**nōtus**, -a, -um	bekannt, berühmt
503	**faciēs**, -ēī *f*	Gesicht, (schönes) Aussehen
504	**patēre**, pateō, patuī, -	offenstehen, offensichtlich sein
505	**silentium**, -ī *n*	Schweigen, Stille, Verschwiegenheit
	vītāre	meiden, vermeiden
506	**canere**, canō, cecinī, -	singen, besingen; *(auf einem Instrument)* spielen

Aufgaben: Wortschatz

1 Wiederholen Sie folgende Wörter:

fama | orbis (terrarum) | quisque | sapiens | vis | umerus | bibere

2 Erschließen Sie die Bedeutung:

taciturnus, -a, -um: Is, qui tacet, taciturnus est. (V. 505)

Aufgaben: Grammatik

3 **Aufforderungen.**

a Der Imperativ kann durch ein hinzugefügtes *„age"* verstärkt werden. Übersetzen Sie entsprechend: (V. 498)

Age, veni ad me!

b Bestimmen Sie Tempus und Modus folgender Formen und übersetzen Sie diejenigen, die eine Aufforderung ausdrücken: (V. 498 ff.)

duc | iubet | amabit | aget | spectetur | cubet | placet | vitet

4 **Relativsatz.** Manchmal fehlt zu einem Relativpronomen das Bezugswort. Meist ist dann entweder ein Demonstrativpronomen zu ergänzen (z. B. *der/die/das[jenige]*) oder verallgemeinerndes „wer/was" zu verwenden. Übersetzen Sie treffend: (V. 501 ff.)

a Qui paret praeceptori amoris, solus sapienter amabit.
b Cui est vox pulchra, puellam carminibus delectare potest.

Aufgaben: Sachwissen

5 Erschließen Sie auf der Grundlage Ihrer Kenntnis römischer Kleidung, was damit gemeint sein könnte, wenn von einem Mann gesagt wird, er trage seine Kleidung *„umero patente"* (V. 504).

Nobody is perfect – no body is perfect: Männliche Schönheit Ars 1.505–522

Lernwortschatz

509	**decēre**, deceō, decuī, –	schmücken, passen; sich gehören
	decet	es gehört sich
505	**torquēre**, torqueō, torsī, tortum	drehen; quälen; foltern
	capillus, -ī *m*	(einzelnes) Haar
513	**campus**, -ī *m*	Feld
521	**ōs**, ōris *n*	Mund; Gesicht
522	**grex**, gregis *m*	Herde; Schar, Trupp

Nobody is perfect – no body is perfect: Weibliche Schönheit Ars 3.257; 3.103–108

Lernwortschatz

257	**fōrmōsus**, -a, -um	schön
	→ fōrma, -ae *f*	Schönheit
	praeceptum, -ī *n*	Vorschrift, Lehre
103	**mūnus**, -eris *n*	Amt, Aufgabe; Geschenk
105	**faciēs**, -ēī *f*	Gesicht; (schönes) Aussehen
	perīre, pereō, periī, –	zugrunde gehen, umkommen
	→ īre	gehen
	→ abīre	weggehen
	→ adīre	hingehen
	→ exīre	herausgehen
	→ inīre	hineingehen
	→ redīre	zurückkehren
	→ subīre	auf sich nehmen
	→ trānsīre	hinübergehen
106	**similis**, -e	ähnlich
	licet *m. Konj.*	auch wenn
	→ licet, licuit	es ist erlaubt
135	**ōrnātus**, -ūs *m*	Schmuck
	→ ōrnāre	schmücken
	decēre, deceō, decuī, –	schmücken, passen; sich gehören
	decet	es gehört sich
136	**ēligere,** ēligō, ēlēgī, ēlēctum	(aus)wählen
	→ legere	lesen

Und wer ist nun der „Gewinner“? Ars 3.793 f.; 2.739–744; 3.809–812

Lernwortschatz

739	**vātēs**, -is *m/f*	Dichter(in), Seher(in)
	celebrāre	feiern, verherrlichen; (oft) besuchen
740	**cantāre**	singen
742	**mūnus**, -eris *n*	Amt, Aufgabe; Geschenk
744	**īnscrībere**, īnscrībo, īnscrīpsī, īnscrīptum	betiteln; einmeißeln; schreiben (auf)
	→ scrībere	schreiben
809	**lūsus**, -ūs *m*	Spiel, Scherz; Unterhaltung
810	**collum**, -ī *n*	Hals, Nacken

Aufgaben: Grammatik

2 **Kurzformen.** Bestimmen Sie die Form:

> superarit (V. 743)

3 **Ellipse.** Geben Sie die Ellipse an und übersetzen Sie: (V. 809)

> Cursus finem habet: Equo descendere tempus.

Aufgaben: Wortschatz

1 Wiederholen Sie folgende Wörter:

> V. 3.793 f.: sentire | iuvare
> V. 2.739 ff.: laus | orbis (terrarum) | arma | vincere | quicumque | ferrum
> V. 3.811 f.: quondam | turba

Aufgaben: Sachwissen

4 Stellen Sie, ggf. anhand von Recherche, jeweils einen inhaltlich sinnvollen Zusammenhang zwischen den Begriffen her:

> **a** Vulcanus (Hephaistos) | Achill | Waffen
> **b** Amazonen | Penthesilea | Achill | Waffen
> **c** Venus | Apoll | Schwäne

Einhard: Vita Károli Magni

Themen einer Biografie Karol. 4

Lernwortschatz

9	**prīmō** *Adv.*	zuerst
	rēs gestae, rērum gestārum *f Pl.*	Taten; Geschichte
	→ gerere	tragen, ausführen

Aufgaben: Wortschatz

1 Wiederholen Sie folgende Wörter:

mos | studium | regnum | finis | cognoscere | dignus | necessarius

2 Ordnen Sie folgenden Wörtern die passende Bedeutung zu und begründen Sie Ihre Wahl:

a (Z. 11) **administratio**, -onis *f*: Verwaltung | Gewalt | Überlegung
b (Z. 13) **praetermittere**, -o: (beim Erzählen) vorwegnehmen | (beim Erzählen) übergehen | (beim Erzählen) gründlich ausführen

Aufgaben: Grammatik

3 ***nd*-Form ohne *esse* (Gerund).** Geben Sie den Kasus des Gerunds und die vom Gerund abhängigen Wörter an. Übersetzen Sie dann: (Z. 11)

Einhardus de vita Károli Magni narrando delectare vult.

4 **Supin auf *-u*.** Das Supin auf *-u* ist ein Verbalsubstantiv. Es steht meist in Verbindung mit bestimmten Adjektiven und wird mit „zu" + Infinitiv übersetzt, z. B.: *difficile **dictu**: schwer **zu sagen**.*
Übersetzen Sie entsprechend: (Z. 12)

Haec res **cognitu** necessaria est.

Karls Aussehen Karol. 22

Lernwortschatz

1	**amplus**, -a, -um	weit, geräumig; bedeutend
	statūra, -ae *f*	Gestalt, Wuchs
2	**excēdere**, excēdō, excessī, excessum	herausgehen, hinausgehen über
	→ cēdere	gehen, weichen
	→ accēdere	hinzutreten
	→ concēdere	nachgeben
	→ discēdere	weggehen
	→ incēdere	eintreten
	→ prōcēdere	vorrücken

7	**faciēs**, -ēī *f*	Gesicht; Aussehen
	hilaris, -e	heiter
9	**cervīx**, -īcis *f* / **cervīcēs**, -um *f Pl.*	Hals, Nacken
10	**venter**, -tris *m*	Bauch
11	**membrum**, -ī *n*	Gliedmaße, Körperteil
12	**fīrmus**, -a, -um	fest, stark
15	**valētūdō**, -inis *f*	das Befinden; Gesundheit, Krankheit
	→ valēre	gesund sein
	prosperus, -a, -um	günstig, glücklich, gesegnet
	dēcēdere, dēcēdō, dēcessī, dēcessum	weggehen, sterben
	→ cēdere	gehen, weichen
16	**febris**, -is *f*	Fieber
	corripere, corripiō, corripuī, correptum	ergreifen, an sich reißen
	→ rapere	rauben
17	**extrēmus**, -a, -um	der äußerste, der entfernteste

Karls Leben und Wirken in Aachen Karol. 22–24; 26

Lernwortschatz

1	**assiduus**, -a, -um	unermüdlich, ununterbrochen; alltäglich
2	**ūllus**, -a, -um (*Gen. Sg.* ūllīus, *Dat. Sg.* ūllī)	irgendeiner
3	**nātiō**, -ōnis *f*	Volk, Volksstamm
	→ nāscī, nāscor, nātus sum	geboren werden
5	**frequēns**, -entis	zahlreich, häufig; dicht bevölkert
6	**adeō** *Adv.*	so sehr
	perītus, -a, -um *m. Gen.*	erfahren, kundig

Aufgaben: Wortschatz

1 Wiederholen Sie folgende Wörter:

exercere | vix | delectare | regius | bibere | summus | colere | multum, plus, plurimum | curare | vestis | incedere

→ Fortsetzung s. nächste Seite

8	**exstruere**, exstruō, exstrūxī, exstrūctum	aufschichten, aufbauen; beladen
	→ īnstruere	einrichten
18	**rārō** *Adv.*	selten
19	**ter**	dreimal
21	**sānctus**, -a, -um	heilig, geweiht
	pietās, -ātis *f*	Frömmigkeit; Pflichtgefühl; Verantwortungsbewusstsein
	→ pius, -a, -um	fromm; pflichtbewusst
22	**propter** *m. Akk.*	wegen
	basilica, -ae *f*	Markthalle, Gerichtshalle; *später auch* Kirche, Basilika
23	**argentum**, -ī *n*	Silber
24	**aes**, aeris *n*	Erz; Geld
	iānua, -ae *f*	Tür
25	**ōrnāre/ adōrnāre**	schmücken; auszeichnen, ausstatten
	columna, -ae *f*	Säule
26	**marmor**, -oris *n*	Marmor, Marmorstein

2 Erschließen Sie die Bedeutung:

- **a** **equitare** (equus): Non pedibus imus, sed equitamus. (Z. 1)
- **b** **naturalis**, -e (natura): In urbe Aquisgrano est aqua, quae vi naturali mederi *(heilen)* potest. (Z. 5)
- **c** **festivitas**, -atis *f (Festivität)*: In festivitatibus negotia non curamus, sed cum amicis gaudemus et cenamus. (Z. 10)
- **d** **parcus**, -a, -um *m. Gen.* (parcere, parco, peperci): Non multum vini bibo. Parcus vini sum. (Z. 18)
- **e** **infantia**, -ae *f (infantil)*: Einhardus iam ab infantia litteris studuerat. Etiam senex litteris studuit. (Z. 20)
- **f** **pulchritudo**, -inis *f* (pulcher) (Z. 22)
- **g** **structura**, -ae *f* (<ex>struere, -struo, -struxi, -structum): Ad structuram aedificii saxa necessaria sunt. (Z. 25)

3 Das Suffix *-tus*, Gen. *-ūs* (u-Deklination) kennzeichnet Substantive, die einen Vorgang oder das dafür nötige Mittel bezeichnen. Erschließen Sie entsprechend die Bedeutung:

natare: *schwimmen* → **natatus**, -us (Z. 5) | vestire: *kleiden* → **vestitus**, -us (Z. 9) | potare: *trinken* → **potus**, -us (Z. 14)

4 Erschließen Sie eine passende Wiedergabe:

- **a** Nemo **iuste** dicet Károlum regem malum esse. (Z. 6)
- **b** Nemo **valet** Károlo anteferri *(anteferre: vorziehen)*. (Z. 7)
- **c** Károlus sermone patrio *(sermo patrius: Muttersprache)*, **id est** Francico, utitur. (Z. 9)

Aufgaben: Grammatik

5 Relativer Satzanschluss. Geben Sie an, auf welche Elemente des vorausgegangenen Satzes sich das Relativpronomen bezieht, und übersetzen Sie: (Z. 2 ff.)

a Károlus saepe libros legit; **quod** non omnes Franci fecerunt. (Z. 2)
b Károlus lectioni *(lectio, -onis f: Lektüre)* studuit; **cuius** periti non omnes Franci fuerunt. (Z. 6)
c Károlus lectioni *(lectio, -onis f: Lektüre)* studuit; **qua** sapientiam suam augere voluit. (Z. 20)

6 *nd*-Formen ohne *esse*.
a Gerund. Übersetzen Sie: (Z. 1 ff.)

Franci pugnando exercebantur. |
Franci in pugnando fortes erant.

b Prädikatives Gerundiv bei bestimmten Verben. Übersetzen Sie: (Z. 27)

Károlus aedificia praeclara facienda curavit.

7 Orts- und Richtungsangaben: Wo? Wohin? Woher? Geben Sie an, auf welche Frage die Form des jeweiligen Ortssubstantivs antwortet: (Z. 7 ff.)

Aquisgranum, -i: Aquisgran**i** sum. | Aquisgran**um** venio. | Aquisgran**o** decedo.

Roma, -ae: Rom**ae** sum. | Rom**am** venio. | Rom**a** decedo.

Kaiser wider Willen? Karol. 28; Joh. Diac. Gesta 48

Lernwortschatz

1	**propter** *m. Akk.*	wegen
2	**ecclēsia**, -ae *f*	Kirche
	status, -ūs *m*	Stand; Zustand; Bestand
	hiems, hiemis *f*	Winter; Kälte, Unwetter
4	**prīmō** *Adv.*	zuerst
5	**affirmāre**	bekräftigen, behaupten
	quamvīs *m. Konj.*	wenn auch
	praecipuus, -a, -um	besonders, hervorragend
	praecipuē *Adv.*	vor allem
6	**pontifex**, -icis *m*	Priester; *christl.* Papst
9	**indīgnārī**, indīgnor, indīgnātus sum	empört sein, sich ärgern
	→ dīgnus, -a, -um	würdig
	→ dīgnitās, -ātis *f*	Würde
	patientia, -ae *f*	Ertragen, Geduld
	→ patī, patior, passus sum	leiden, ertragen

Aufgaben: Wortschatz

1 Wiederholen Sie folgende Wörter:

nimis | turbare | totus | consilium | invidia | suscipere | ferre | praestare | creber | appellare | promittere | capere

→ Fortsetzung s. nächste Seite

10	**dubius**, -a, -um	zweifelhaft, ungewiss; zweifelnd
	dubium, -ī *n*	Zweifel
	→ dubitāre	zweifeln
11	**longē** *beim Superl.*	bei weitem
12	**lēgātiō**, -ōnis *f*	Gesandtschaft
	→ lēgātus, -ī *m*	Gesandter; Unterfeldherr
13	**spondēre**, spondeō, spopondī, spōnsum	geloben, versprechen
	→ respondēre	antworten
15	**corōnāre**	krönen
17	**sēdēs**, -is *f*	Sitz, Wohnsitz; Standort
	→ sedēre, sedeō, sēdī, sessum	sitzen

2 Erschließen Sie die Bedeutung:

- **a** **re-parare**: Bellum est. Rex pacem reparare debet. (Z. 1)
- **b** **conturbare**: Rex pacem conturbatam reparare debet. (Z. 2)
- **c** **festivitas**, -atis *f (Festivität)*: In festivitatibus negotia non curamus, sed cum amicis gaudemus et cenamus. (Z. 5)
- **d** **praescire**, -scio, -scivi: Etsi multum scis, res futuras praescire non potes. (Z. 7)
- **e** **promissio**, -onis *f*: „Donum tibi promitto." – „Dono gaudebo; iam nunc promissione gaudeo!" (Z. 16)
- **f** **re-vocare**: Mater filium, qui abiit, domum revocat. (Z. 17)

3 Erschließen Sie eine passende Wiedergabe:

- **a** Imperatores Romani **nomen Augusti susceperunt**. (Z. 3 f.)
- **b** Károlus **ceteris virtute praestantior est.** (Z. 11)
- **c** Leo *(Papst Leo)*, qui expulsus erat, a Károlo **in sedem revocatus est.** (Z. 17)

Aufgaben: Grammatik

4 ***nd*-Formen ohne *esse* (Gerund / attributives Gerundiv).** Geben Sie alle Elemente an (im Bsp. unterstrichen), die sich auf die *nd*-Form beziehen bzw. von ihr abhängen, und übersetzen Sie: (Z. 1 ff.)
(Bsp.: *Ad quaerendum ex amico, quid ageret, veni. – Ich bin gekommen, um den Freund zu fragen, wie es ihm gehe.*)

- **a** Károlus Romam venit propter servandam Leonis *(Leo, -onis m: Papst Leo)*, qui a multis opprimebatur, vitam.
- **b** Károlus veniendo Romam et urbem armis capiendo vitam Leonis *(Leo, -onis m: Papst Leo)* servavit.

5 **Kasusfunktionen: Genitivus obi./subi.** Bestimmen Sie die Funktion der hervorgehobenen Genitive und übersetzen Sie entsprechend: (Z. 8)

Károlus **ceterorum** invidiam **magnae gloriae suae** non timuit.

Bildung, Bücher, Buchstaben Karol. 25

Lernwortschatz

1	**ēloquentia**, -ae *f*	Redegewandtheit, Ausdrucksfähigkeit
	→ loquī, loquor, locūtus sum	sprechen
2	**apertus**, -a, -um	offen, offenkundig
	exprimere, exprimō, expressī, expressum	ausdrücken
	→ premere	drücken
	→ opprimere	unterdrücken
3	**tantum** *Adv.*	so viel, so sehr; nur
4	**impendere**, impendō, impendī, impēnsum	aufwenden
	operam impendere *m. Dat.*	Mühe verwenden auf
6	**vērō**	wirklich; aber
7	**adeō** *Adv.*	so sehr
8	**appārēre**, appāreō, appāruī, –	erscheinen, sich zeigen
9	**līberālis**, -e	frei; edel; freigebig
	artēs līberālēs	die freien Künste
	→ līber, -era, -erum	frei
	studiōsus, -a, -um	eifrig, interessiert
10	**venerārī**, veneror, venerātus sum	verehren, anbeten
12	**disciplīna**, -ae *f*	Lehre; Unterrichtsfach; Disziplin
13	**item** *Adv.*	ebenso, in gleicher Weise, auch
15	**doctus**, -a, -um	gelehrt
	→ docēre	lehren
	praeceptor, -ōris *m*	Lehrer
16	**praecipuus**, -a, -um	besonders, hervorragend
	praecipuē *Adv.*	vor allem

Aufgaben: Wortschatz

1 Wiederholen Sie folgende Wörter:

quisquis | patrius | sermo | contentus | opera | discere | lingua | solere | quidem | colere | afficere | honor | senex | genus | temptare | manus | littera *(Sg. und Pl.)*

2 Erschließen Sie die Bedeutung:

a **e-discere**, -disco, -didici: Linguam Graecam ediscere facile non est. (Z. 4)
b **pro-nuntiare**: Linguam Graecam bene pronuntiare facile non est. (Z. 7)
c **doctor**, -oris *m*: Is, qui docet, doctor est. (Z. 10)

3 Erschießen Sie eine passende Wiedergabe:

a **Sermo patrius** Romanorum est lingua Latina. (Z. 2 f.)
b Linguam Graecam bene didici, quia **magistrum bonum audivi.** (Z. 12)
c Károlus est homo **Francici generis.** (Z. 14)
d Linguam Graecam discere volui. **Ad hoc** magistrum bonum audivi. (Z. 19 f.)

4 **Komposita ohne Assimilation.** Beim Aufeinandertreffen bestimmter Konsonanten in einem Wort findet in der Regel eine Angleichung (Assimilation) statt (Bsp.: *inminere* → *imminere*). In Originaltexten sind aber oft auch nicht-assimilierte Formen zu finden.
Nennen Sie zu folgenden Wörtern die assimilierte Form: (Z. 10 ff.)

adficiebat | **in**pertio | **ad**suescunt

→ Fortsetzung s. nächste Seite

19 **tabula**, -ae *f* — Tafel, Schreibtafel, Brett, Gemälde
20 **lectus**, -ī *m* — Bett, Liege
21 **vacuus**, -a, -um — leer, frei
22 **parum** *Adv.* — (zu) wenig
succēdere, succēdō, successī, successum — nachfolgen; gelingen
→ cēdere — gehen, weichen
→ accēdere — hinzutreten
→ concēdere — nachgeben
→ discēdere — weggehen
→ incēdere — eintreten
→ prōcēdere — vorrücken

Aufgaben: Grammatik

5 Steigerung der Adjektive / Adverbien.

a Wählen Sie zu folgenden Positiven den jeweils passenden Komparativ und Superlativ aus. (Z. 2 ff.)

bene | multum | doctus

peius | plures | melius | plurimum | doctior | optime | plus | doctius | doctissimus | doctissime

b Übersetzen Sie treffend: (Z. 17)

Károlus litteris **plurimum** studuit.

6 a PPP bei Deponentien. Das PPP bei Deponentien kann auch gleichzeitig sein. Übersetzen Sie das Partizip von *vereri* entsprechend: (Z. 10)

Einhardus Károlum magnopere *(sehr)* **veritus** libris suis laudavit.

b Erklären Sie, inwiefern *Karolum* im obigen Satz das Objekt von zwei Verben ist.

7 *nd*-Formen ohne *esse* (Gerund / attributives Gerundiv). Übersetzen Sie: (Z. 4 ff.)

a Operam do et linguae Graecae et Latinae discendae.
b In lingua Graeca discenda sum diligens.

8 Kasusfunktionen: Genitiv des geteilten Ganzen. Übersetzen Sie: (Z. 18)

Multum temporis et laboris linguae Graecae discendae impendo.

Der Sachsenkrieg Karol. 7

Lernwortschatz

1	**atrōx**, -ōcis	wild, abscheulich
3	**sīcut**	(ebenso) wie
4	**incolere**, incolō, incoluī, incultum	wohnen, bewohnen
	nātiō, -ōnis *f*	Volk, Volksstamm
	→ nāscī, nāscor, nātus sum	geboren werden
5	**contrārius**, -a, -um	entgegengesetzt, feindlich
8	**adversus** *m. Akk.*	gegen, gegenüber; *Adv.* entgegen
9	**utrimque** *Adv.*	auf beiden Seiten
10	**damnum**, -ī *n*	Schaden, Verlust, Nachteil
12	**citō** *Adv.* (*Komp.* citius)	schnell
13	**supplex**, -icis	demütig bittend, flehend
	→ supplicium, -ī *n*	Todesstrafe; Opfer
14	**dēdere**, dēdō, dēdidī, dēditum	ausliefern, übergeben
	→ dare, dō, dedī, datum	geben
17	**praeceps**, -cipitis (ad)	steil; überstürzt, wild entschlossen (zu)
18	**prōpōnere**, prōpōnō, prōposuī, prōpositum	vorschlagen, vor Augen stellen, in Aussicht stellen
	→ pōnere	setzen, stellen, legen
	→ compōnere	zusammenstellen
	→ dēpōnere	ablegen
20	**abicere**, abiciō, abiēcī, abiectum	wegwerfen
	→ subicere	unterwerfen

Aufgaben: Wortschatz

1 Wiederholen Sie folgende Wörter:

suscipere | magnus, maior, maximus | pati | polliceri | idem | condicio | trahere | tot | constat | cultus | patrius | efficere

2 Erschließen Sie die Bedeutung der Zahlen (das Suffix *-ginta* steht für Zehner):

quadraginta | triginta | sexaginta (Z. 11)

3 Erschließen Sie die Bedeutung, ggf. auch anhand deutscher Fremdwörter:

a **finire**, finio, finivi, finitum: Bellum suscipere facile est; bellum finire difficile est. (Z. 12)
b **caerimonia**, -ae *f*: Saxones deos patrios caerimoniis antiquis colunt. (Z. 21)
c **sacramentum**, -i *n*: Saxones sacramenta religionis Christianae ignorant. (Z. 22)

4 Erschließen Sie eine passende Wiedergabe:

a Károlus: „Saxones ea, quae imperavi, facere debent. Saxones **imperata facere** debent." (Z. 14)
b Károlus **sicut** in pace diligens, **sic** in bello fortis fuit. (Z. 15 f.)
c Bellum, quod Károlus cum Saxonibus gessit, post multos annos finitum est: **Bellum** per multos annos **tractum est**. (Z. 19)
d Károlus: „Saxones deos falsos colunt: Cultum deorum suorum **abicere** debent! Cultum deorum suorum **relinquere** debent!" (Z. 20 f.)
e Károlus: „Ego **fidem Christianam** contra deos Saxonum defendo." (Z. 21)
f Károlus: „Volo Saxones Christianos fieri. Volo Saxones vi et armis Christianos **effici**." (Z. 24)

→ Fortsetzung s. nächste Seite

Aufgaben: Grammatik

5 Modi im Hauptsatz (Realis). Übersetzen Sie, ggf. mithilfe einer Grammatik: (Z. 11)

> **Poterat** bellum cito finiri, sed hostes se fortiter defenderunt.

6 Supin auf *-u*. Das Supin auf *-u* ist ein Verbalsubstantiv. Es steht meist in Verbindung mit bestimmten Adjektiven und wird mit „zu" + Infinitiv übersetzt, z. B.:
*vix **creditu**: kaum **zu glauben**.*
Übersetzen Sie entsprechend: (Z. 13)

> difficile dictu

7 Kurzformen. Bestimmen Sie die Form:

> fuere (Z. 16)

Jacobus: Legenda Aurea

Der heilige Georg Leg. Aur. 58.261

Lernwortschatz

3	**festīnāre**	eilen, sich beeilen
4	**perīre**, pereō, periī, –	zugrunde gehen, umkommen
	→ īre	gehen
6	**dracō**, -ōnis *m*	Drache, Schlange
	lacus, -ūs *m*	See
7	**ascendere**, ascendō, ascendī, ascēnsum	besteigen, hinaufsteigen
	→ dēscendere	hinabsteigen
8	**mūnīre**	befestigen, bauen; schützen
	advenīre, adveniō, advēnī, adventum	ankommen, herankommen
	→ venīre	kommen
9	**aggredī**, aggredior, aggressus sum	angreifen; in Angriff nehmen
10	**vulnerāre**	verwunden
	→ vulnus, -eris *n*	Wunde
11	**collum**, -ī *n*	Hals, Nacken

Aufgaben: Wortschatz

1 Wiederholen Sie folgende Wörter:

> aio | iuvare | miles | solus | liberare | loqui | caput | crux | gravis | dubitare | sequi | poena | credere | vester | occīdere

2 Erschließen Sie die Bedeutung:

> **a audax**, -acis *(Adj.)* (audacia) (Z. 8)
> **b de-icere** (sub-icere, ab-icere, e-icere) (Z. 10)

13	**velut**	wie, wie zum Beispiel
	canis, canis *m/f*	Hund/Hündin
16	**ūnusquisque**, ūnaquaeque, ūnumquidque	jeder/jede/jedes Einzelne
	→ ūnus + quisque	einer + jeder

Aufgaben: Grammatik

3 Aufforderungen und Verbote.

a Wählen Sie alle Aufforderungen bzw. Verbote aus und übersetzen Sie sie: (Z. 1 ff.)

non times | noli timere | festines | festinas | pereas | perires | liberarem | credite | liberetur

b Latein des Mittelalters. Erklären Sie ggf. mithilfe einer Grammatik, wie im klassischen Latein Aufforderungssätze verneint werden, und erläutern Sie die Auffälligkeit in folgendem Satz: (Z. 4)

Non pereas!

Aufgaben: Latein des Mittelalters

4 ***dum*-Sätze.** Geben Sie ggf. mithilfe einer Grammatik die im klassischen Latein üblichen Konstruktionsmöglichkeiten der Subjunktion *dum* an. Übersetzen Sie dann folgenden Satz und beschreiben Sie die Auffälligkeit: (Z. 6)

Dum Georgius et puella loquerentur, subito draco venit.

Der liebestolle Präfekt (I) Leg. Aur. 7.48

Lernwortschatz

1	**ancilla**, -ae *f*	Sklavin; Magd
3	**alter**, altera, alterum (*Gen.* alterīus, *Dat.* alterī)	der eine (von beiden); der andere
4	**praefectus**, -ī *m*	Statthalter, Befehlshaber, Präfekt
8	**libīdō** (*und* lubīdō), -inis *f*	Begierde, Lust; Willkür
11	**similis**, -e	ähnlich
12	**forās** *Adv.*	hinaus; vor die Tür
	niger, -gra, -grum	schwarz, dunkel
	dēfōrmis, -e	entstellt; entehrt
	→ fōrma, -ae *f*	Schönheit
17	**sōlum**	nur

Der liebestolle Präfekt (II) Leg. Aur. 7.48

Lernwortschatz

2	**faciēs**, -ēī *f*	Gesicht; Aussehen
3	**pulvis**, -eris *m*	Staub, Sand
	prōicere, prōiciō, prōiēcī, prōiectum	(vor)werfen, hinwerfen
4	**suspicārī**, suspicor, suspicātus sum	verdächtigen, vermuten
8	**albus**, -a, -um	weiß
10	**vērō**	wirklich; aber
14	**nūdus**, -a, -um	nackt, unverhüllt; unbewaffnet
	aspicere, aspiciō, aspexī, aspectum	ansehen, erblicken
	→ cōnspicere	erblicken
15	**haerēre**, haereō, haesī, haesūrus	haften an, hängen bleiben, stecken bleiben
17	**dormīre**, dormiō, dormīvī, dormītum	schlafen

Aufgaben: Wortschatz

1 Wiederholen Sie folgende Wörter:

adire | alii ... alii | vertere | mirari | honor | consuescere/consuevisse | videri | vestis | putare | discere | ars | statim | excitare

2 Erschließen Sie die Bedeutung:

a **magicus**, -a, -um / **ars magica** (Z. 12)
b **vestimentum**, -i *n* (vestis) (Z. 15)
c **admiratio**, -onis *f* (ad-mirari) (Z. 17)

3 Geben Sie die im Zusammenhang passende Bedeutung an:

a Homines arte magica in bestias **versi sunt**. (Z. 4)
b Imperator a Dulcitio **didicit** milites eum verberavisse *(verberare: verprügeln)*. (Z. 11)

4 Erschließen Sie eine passende Wiedergabe:

Milites praefectum **in magno honore habere** debent. (Z. 7)

Aufgaben: Grammatik

5 **Ellipse.** Geben Sie die Ellipse an und übersetzen Sie:

Dulcitius se deformem non vidit. (Z. 5; 11)

Aufgaben: Latein des Mittelalters

6 ***quod*-Sätze.** Mit *quod* eingeleitete Adverbialsätze ersetzen im Mittelalter häufig AcI- bzw. NcI-Konstruktionen oder *ut*-Sätze. Übersetzen Sie und geben Sie – ggf. mithilfe einer Grammatik – an, welche Konstruktion ersetzt wurde:

a Milites putaverunt, quod Dulcitius insanus *(verrückt)* esset. (Z. 4; 12)
b Dulcitio autem videbatur, quod ipse mentis sanae *(bei klarem Verstand)* esset. (Z. 8)
c Dulcitius ita deformis fuit, quod milites eum timerent. (Z. 18)

7 **Modus in indirekten Fragen.** Geben Sie – ggf. mithilfe einer Grammatik – den klassischen Modusgebrauch in der indirekten Frage an und überprüfen Sie daraufhin folgenden Satz:

Dulcitius mirabatur, cur milites eum verberabant *(verberare: verprügeln)*. (Z. 6 f.)

Petrus und Paulus im Einsatz gegen den Zauberer Simon Leg. Aur. 89.373 f.

Lernwortschatz

1	**recipere**, recipiō, recēpī, receptum	zurücknehmen, aufnehmen; wiedererlangen
	→ capere	fangen, fassen
	→ accipere	annehmen
	→ incipere	beginnen
	→ suscipere	unternehmen
2	**offendere**, offendō, offendī, offēnsum	anstoßen; beleidigen
	→ dēfendere	verteidigen
3	**ideō** *Adv.*	deshalb
4	**ascendere**, ascendō, ascendī, ascēnsum	besteigen, hinaufsteigen
	→ dēscendere	hinabsteigen
6	**turris**, -is *f*	Turm
	excelsus, -a, -um	hoch; herausragend
7	**inde** *Adv.*	von dort; deshalb
	corōnāre	krönen
	volāre	fliegen, eilen
12	**ērigere**, ērigō, ērēxī, ērēctum	aufrichten, erheben
	→ regere	lenken, leiten

Aufgaben: Wortschatz

1 Wiederholen Sie folgende Wörter:

igitur | gravis | tueri | solere | deserere | statuere | caelum | debere | habitare | orare | impetrare | caput | cessare | perficere | incipere | ferre | talis | perdere | dolere

2 Erschließen Sie die Bedeutung:

a **magus**, -i *m*: Magus est homo, qui habet artem magicam. (Z. 1)
b **de-icere**, -icio, -ieci, -iectum: Puer lapidem *(lapis, -idis m: Stein)* de turri alta in terram deicit. (Z. 7)
c **angelus**, -i *m*: Angeli sunt nuntii Dei. (Z. 16)
d **apostolus**, -i *m*: Apostoli a Christo dimissi sunt, ut verbum Dei nuntiarent. (Z. 22)

3 Erschließen Sie eine passende Wiedergabe:

a **In amicitiam** Marci **receptus sum**. Nunc amicus Marci sum. (Z. 1)
b **Diem statuimus**, quo conveniremus. **Statuto die** convenimus. (Z. 4 f.)

→ Fortsetzung s. nächste Seite

19	**cervīx**, -īcis *f* / **cervīcēs**, -um *f Pl.*	Hals, Nacken
22	**propterea**	deswegen

Aufgaben: Grammatik

4 **Funktionen des Ablativs.** Geben Sie bei *quo* und *statuto die* in **3 b** die Funktion des Ablativs an. (Z. 4 f.)

5 **Relativsatz.** Übersetzen Sie und beschreiben Sie die Besonderheit im Hinblick auf das Bezugswort: (Z. 14)

> Perfice, quod promisisti!

6 **Kurzformen.** Bestimmen Sie die Form:

> vocasset (Z. 13)

„Mama Nero" (I) Leg. Aur. 89.376 f.

Lernwortschatz

5	**contrārius**, -a, -um	entgegengesetzt, feindlich
10	**rāna**, -ae *f*	Frosch
	occultus,-a,-um	verborgen, geheim, versteckt
11	**venter**, -tris *m*	Bauch
16	**propter** *m. Akk.*	wegen
17	**observāre**	beobachten; beachten, *(Regeln)* einhalten
	→ servāre	retten, bewahren
	oportēre	sich gehören, sollen
	oportet, oportuit	es gehört sich, man soll

Aufgaben: Wortschatz

1 Wiederholen Sie folgende Wörter:

> medicus | parere, pario | quantus | dolor | scire | ratio | crudelis | mors | interire | bibere | subito | sustinere | aestimare | qualis | convenire | noscere/novisse | talis

2 Erschließen Sie die Bedeutung:

> **a** **possibilis**, -e: (posse; *engl.: possible*) (Z. 5)
> **b** **scibilis**, -e (scire): Res, quas homines scire non possunt, scibiles non sunt. (Z. 6)
> **c** **diaeta**, -ae *f*: Medici antiqui homines saepe diaeta sanare *(heilen)* studebant. (Z. 15)

3 Erschließen Sie eine passende Wiedergabe:

> **a** Imperator medicis imperat: „**Facite** me semper laetum esse! Nisi parueritis, **faciam** vos poena gravi affici." (Z. 2 ff.)
> **b** Homo sine aqua et cibo vivere non potest, nam vita eiusmodi est **naturae contraria**. Homo sine aqua et cibo moritur, quod **naturae contraria non sustinet**. (Z. 5; 13)
> **c** Medicus: „Si vis valere, te **diaetam servare/ observare** oportet." (Z. 15 ff.)

Aufgaben: Grammatik

4 ***nd*-Formen ohne *esse* (Gerund / attributives Gerundiv).** Übersetzen Sie:

> **a** Medici mihi medicinam ad bibendum dederunt. (Z. 10 f.)
> **b** Mater cibum parat, qui liberis alendis (= ad liberos alendos) convenit. (Z. 15 f.)

5 **Verschränkter Relativsatz mit AcI.** Übersetzen Sie:

> Medici mihi talem medicinam dant, qualem (= quam) ad morbum sanandum convenire noverunt. (Z. 15 f.)

„Mama Nero" (II) Leg. Aur. 89.377

Lernwortschatz

1	**nimius**, -a, -um	allzu groß, allzu viel
	→ nimis	zu, allzu
	vexāre	quälen, bedrängen
5	**terribilis**, -e	schrecklich
	ēdere, ēdō, ēdidī, ēditum	herausgeben; äußern; gebären
	→ dare	geben
6	**aspicere**, aspiciō, aspexī, aspectum	ansehen, erblicken
	→ cōnspicere	erblicken
7	**adeō** *Adv.*	so sehr
	praecipere, praecipiō, praecēpī, praeceptum	vorschreiben, lehren
	→ capere	fangen, fassen
	→ accipere	annehmen
	→ incipere	beginnen
	→ suscipere	unternehmen
9	**vērō**	wirklich; aber
10	**extrā** *m. Akk.*	außerhalb
	persequī, persequor, persecūtus sum	verfolgen
	→ sequī	folgen
11	**ēvādere**, ēvādō, ēvāsī, ēvāsurus	entkommen; herauskommen
14	**prōicere**, prōiciō, prōiēcī, prōiectum	(vor)werfen, hinwerfen
15	**latēre**, lateō, latuī, –	verborgen sein

Aufgaben: Wortschatz

1 Wiederholen Sie folgende Wörter:

> tandem | dolor | aio | parere, pario | vix | tunc | alere | servare | ferre | impetus | medius | talis | mors | vita | redire | invenire | pars | civitas | accipere

2 Erschließen Sie die Bedeutung:

> **a** **accelerare** (celer, -is, -e; *musik.* Accelerando): Properate! Accelerate iter! (Z. 2)
> **b** **partus**, -us *m* (parere, pario): Mulier clamat, quia dolores partus magni sunt. (Z. 2)
> **c** **monstruosus**, -a, -um (monstrum / *dt. Fremdwort*) (Z. 7)
> **d** **includere**, -cludo, -clusi, -clusum (claudere) (Z. 8)
> **e** **finire**, finio, finivi, finitum (finis) (Z. 12)

3 **Latein des Mittelalters: Wortbildung.** Verben auf *-tare, -sare, -itare* heißen „Verba intensiva". Sie werden im mittelalterlichen Latein oft anstelle der üblichen Formen verwendet. Erschließen Sie die Bedeutung mithilfe einer Grammatik:

> cursare | captare | latitare (Z. 13)

→ Fortsetzung s. nächste Seite

Aufgaben: Grammatik

4 PPA und PPP. Wählen Sie – ggf. mithilfe einer Grammatik – die passende Form aus und übersetzen Sie: (Z. 1 ff.)

Dolore [vexans / vexatus] clamo.

Dolorem non [ferens / latus] clamo.

Monstrum [aspiciens / aspectus] timeo.

[Redeuntes / rediti] in patriam amici gaudent.

5 *nd*-Formen ohne *esse* (Gerund). Übersetzen Sie:

Tempus pariendi adest. (Z. 2)

6 Supin auf *-u*. Das Supin auf *-u* ist ein Verbalsubstantiv. Es steht meist in Verbindung mit bestimmten Adjektiven und wird mit „zu" + Infinitiv übersetzt, z. B.: *difficile **dictu**: schwer **zu sagen**.* Übersetzen Sie entsprechend: (Z. 4 f.)

terribilis visu

Aufgaben: Latein des Mittelalters

7 *quod*-Sätze. Übersetzen Sie und beschreiben Sie den Unterschied zum klassischen Latein.

Videns, **quod in periculo esset**, amicus meus timuit. (Z. 11)

Carmina Burana

Der Vaganten-„Orden" CB 219

Lernwortschatz

3	**clēricus**, -ī *m*	Geistlicher
4	**cāritās**, -ātis *f*	*(kirchenlat.)* Nächstenliebe
	→ cārus, -a, -um	lieb, teuer
5	**ōrdō**, -inis *m*	Ordnung, Reihe, Stand; *(kirchenlat.)* Orden
7	**amplus**, -a, -um	weit, geräumig; bedeutend
11	**illūc** *Adv.*	dahin, dorthin
12	**nīl** (= nihil)	nichts
	praeter *m. Akk.*	ausgenommen, außer

Aufgaben: Wortschatz

1 Wiederholen Sie folgende Wörter:

probare | tribuere | ius | nobilis | dulcis | delectare | prohibere | surgere | ferre

2 Latein des Mittelalters. Erschließen Sie mithilfe der Hinweise auf moderne Fremdsprachen eine passende Wiedergabe:

a Clerici uxorem ducere non debent. Clericis matrimonium *(Ehe)* **prohibitum est**. *(vgl. engl.: **prohibited**)* (V. 9)
b In taberna nobis vinum **portari facimus**. *(vgl. ital.: Ci **facciamo portare** del vino.)* (V. 11)

Aufgaben: Grammatik

3 Latein des Mittelalters. Erschließen Sie, welche im klassischen Latein übliche Konstruktion in folgendem Satz über die Ordensregel des hl. Benedikt durch *de* (*m. Abl.*) ersetzt ist: (V. 5)

Haec est regula **de ordine** Sancti Benedicti.

Die Vagantenbeichte CB 191

Lernwortschatz

3	**māteria**, -ae *f*	Grundstoff; Material; Ursache
	levis, -e	leicht, unbedeutend, leichtfertig
4	**similis**, -e	ähnlich
	lūdere, lūdō, lūsī, lūsum	spielen; scherzen; verspotten
	→ lūdus, -ī *m*	Spiel; Schule
5	**lātus**, -a, -um	breit, weit, ausgedehnt
	gradī, gradior, gressus sum	schreiten, gehen
6	**memor**, -oris *m. Gen.*	sich erinnernd; in Erinnerung an
	→ memoria, -ae *f*	Gedächtnis
7	**avidus**, -a, -um *m. Gen.*	gierig, begierig nach
9	**venia**, -ae *f*	Nachsicht, Verzeihung
11	**pectus**, -oris *n*	Brust, Herz
14	**nūdus**, -a, -um	nackt, unverhüllt; unbewaffnet
15	**frīgidus**, -a, -um	kalt, kühl
	aestus, -ūs *m*	Hitze, Glut
16	**versus**, -ūs *m*	Zeile, Gedichtzeile, Vers
17	**memorāre**	erinnern; erwähnen, erzählen
	→ memoria, -ae *f*	Gedächtnis
	→ memor, -oris	sich erinnernd
18	**spernere**, spernō, sprēvī, sprētum	verschmähen, verachten
19	**sānctus**, -a, -um	heilig, geweiht
20	**cantāre**	singen
22	**proximus**, -a, -um	der nächste
	ōs, ōris *n*	Mund; Gesicht
28	**faciēs**, -ēī *f*	Gesicht; Aussehen
	patēre, pateō, patuī, –	offenstehen, offensichtlich sein

Aufgaben: Wortschatz

1 Wiederholen Sie folgende Wörter:

ira | vehemens | loqui | ventus | mos | voluptas | precari | mors | mori | cor | ludus | dimittere | mens | carmen | cernere

2 Erschließen Sie die Bedeutung:

a **immemor**, -oris (memor) (V. 6)
b **mortuus**, -a, -um (mori; mors) (V. 8)
c **nex**, necis *f* (necare) (V. 10)
d **angelus**, -i *m*: Angeli sunt nuntii Dei. (V. 19 ff.)

3 Geben Sie die im Zusammenhang passende Bedeutung an:

„Scisne aliquid **novi**?“ – „Ego nihil **novi novi**.“ (V. 25 ff.)

4 Erschließen Sie eine passende Wiedergabe:

a Haec domus **facta est de** materia bona. (V. 3)
b Vagantes *(die Vaganten)* carmina fecerunt non **more poetarum antiquorum**. (V. 5)

Aufgaben: Grammatik

5 **Ablativ.** Erschließen Sie eine passende Wiedergabe der hervorgehobenen Ausdrücke: (V. 5 ff.)

a **Viā longā** in patriam redimus.
b Omnes homines sine doloribus mori volunt. Omnes **morte bona mori** volunt.

In der Kneipe CB 196

Lernwortschatz

2	**humus**, -ī *f*	Erde, Erdboden
6	**nummus**, -ī *m*	Münze
9	**lūdere**, lūdō, lūsī, lūsum	spielen; scherzen; verspotten
	→ lūdus, -ī *m*	Spiel; Schule
13	**vestīre**, vestio, vestīvī/vestiī, vestītum	bekleiden, kleiden
20	**ancilla**, -ae *f*	Sklavin, Magd
22	**albus**, -a, -um	weiß

Aufgaben: Wortschatz

1 Wiederholen Sie folgende Wörter:

curare | properare | opus est | quaerere | loqui | quidam | bibere | vivere | mors | pro

2 Erschließen Sie eine passende Wiedergabe:

a Verba tua neglego. **Non curo**, quid loquaris. (V. 2)
b Sed **opus est, ut audias**, quid ego loquar. (V. 7)
c Qui in taberna sunt, **ex his quidam** vino et ludo omnem pecuniam perdunt. (V. 12)

Aufgaben: Grammatik

3 **Funktionen des Konjunktivs.** Begründen Sie jeweils die Verwendung des Konjunktivs und übersetzen Sie: (V. 5 ff.)

a E te quaero, quid in taberna **agatur**.
b Verba mea **audiantur**!

Frühlingsflirt CB 90

Lernwortschatz

2	**rūsticus**, -a, -um	ländlich, bäuerlich, bäurisch; *Subst.* Bauer
3	**grex**, gregis *m*	Herde; Schar, Trupp
4	**lāna**,-ae *f*	Wolle
6	**ovis**, -is *f*	Schaf
	asinus, -ī *m*	Esel
12	**lūdere**, lūdō, lūsī, lūsum	spielen; scherzen; verspotten
	→ lūdus, -ī *m*	Spiel; Schule

Aufgaben: Wortschatz

1 Wiederholen Sie folgende Wörter:

exire | conspicere | sedere | quid | facere | venire

2 Diminutive (Verkleinerungsformen) werden im Lateinischen u.a. durch das Suffix *-ulus /-olus /-ellus, -a, -um* gebildet.
a Erschließen Sie die Bedeutung:

puerulus | asellus | asella (V. 6)

b Führen Sie folgende Diminutivformen auf die Grundform zurück und erläutern Sie den wesentlichen Unterschied zwischen Deutsch und Latein:

novellus, -a, -um (V. 4)
parvulus, -a, -um (V. 5)

Liebelei auf Latein ... CB 174

Lernwortschatz

5	**faciēs**, -ēī *f*	Gesicht; Aussehen
7	**capillus**, -ī *m*	(einzelnes) Haar
11	**fōrmōsus**, -a, -um	schön
	→ fōrma, -ae *f*	Schönheit
12	**glōriārī**, glōrior, glōriātus sum in *(m. Abl.)*	stolz sein auf
	→ glōria, -ae *f*	Ruhm

Aufgaben: Wortschatz

1 Wiederholen Sie folgende Wörter:

venire | mori | pulcher | oculus | quam | clarus | species

Aufgaben: Grammatik

2 **Konjunktiv im Hauptsatz.** Geben Sie die Funktion des Konjunktivs an und übersetzen Sie: (V. 1 f.)

a **Venias**, puella mea!
b Ne **facias** me tristem esse!

3 **Kasusfunktionen: Dativ.** Bestimmen Sie die Funktion des Dativs und übersetzen Sie: (V. 5 ff.)

Tibi forma pulchra est.

4 **Kasusfunktionen: Ablativ.** Bestimmen Sie die Funktion des Ablativs und übersetzen Sie: (V. 9 ff.)

Quam pulchra es! **Omnibus puellis** pulchrior es!

Inschriften

Die Inschrift am Sockel der Trajanssäule

Lernwortschatz

2	**dīvus**, -a, -um	göttlich; *Subst.* Gott/Göttin
	→ deus/dea	Gott/Göttin
	→ dīvīnus, -a, -um	göttlich
3	**pontifex**, -icis *m*	Priester; *christl.* Papst
	pontifex maximus	Oberpriester; *christl.* Papst

Aufgaben: Wortschatz

1 Wiederholen Sie folgende Wörter:

populus | quantus | mons | tantus | opus

2 Erschließen Sie die Bedeutung:

altitudo, -inis *f* (altus, -a, -um) (Z. 5)

3 In Rom wurde großen Feldherren und Eroberern ein offizieller **Siegertitel** verliehen, der zumeist aus dem Namen des besiegten Volkes und dem Suffix *-icus* bestand. Erschließen Sie folgende Titel:

Germanicus – Dacicus (Z. 39)

Aufgaben: Grammatik

4 ***nd*-Formen ohne *esse* (Gerund / attributives Gerundiv).** Übersetzen Sie: (Z. 5)

Imperator ad pugnandum in Germaniam iit.
Senatus ad imperatorem laudandum monumentum fecit.

5 **Genitiv der Beschaffenheit.** Übersetzen Sie: (Z. 5)

Senatus monumentum magnae altitudinis fecit.

Der Obelisk vor dem Lateran

Lernwortschatz

3	**obeliscus**, -ī *m*	Obelisk
4	**vōtum**, -ī *n*	Wunsch; Gebet, Gelübde
	dicāre *und* **dēdicāre**	weihen; widmen
5	**sēdēs**, -is *f*	Sitz, Wohnsitz; Standort
	→ sedēre, sedeō, sēdī, sessum	sitzen

Aufgaben: Wortschatz

1 Wiederholen Sie folgende Wörter:

fides | rex | sol | iubere | condere | monumentum | movere | iacēre, iaceo | navis | species | pristinus | restituere | crux

12	**impōnere**, impōnō, imposuī, impositum *m. Akk. u. Dat.*	hineinstellen; (jmd. etwas) auferlegen, aufbürden
	→ pōnere	setzen, stellen, legen
	→ compōnere	zusammenstellen
	→ dēpōnere	ablegen
14	**vehere**, vehō, vēxī, vectum	fahren, tragen, ziehen
15	**circus**, -ī *m*	Zirkus
17	**eximius**, -a, -um	ausnehmend, außerordentlich
18	**ruīna**, -ae *f*	Einsturz, *Pl.* Trümmer
	→ ruere, ruō, ruī	stürzen, eilen
	humus, -ī *f*	Erde, Erdboden

2 Erschließen Sie die Bedeutung:

a **transferre**, -fero, -tuli, -latum: Multae res navibus ex Asia in Europam transferuntur. (Z. 6; 20)
b **decorare**: Imperator Constantinus urbem novam multis monumentis decoravit. (Z. 8)
c **trecenti**: CCC = trecenti (Z. 12)
d **extrahere**, -traho, -traxi, -tractum: Statua *(Statue)* antiqua e terra extracta est. (Z. 19)
e **invictus**, -a, -um: Is, quem hostes vincere non possunt, invictus est. Christiani dicunt crucem Christi invictam et signum victoriae esse. (Z. 22)

3 Erschließen Sie eine passende Wiedergabe:

a **Fides Christiana** est id, quod Christiani credunt. Imperator Constantinus **fidem Christianam** defendit. (Z. 2)
b Obeliscum **suo loco** movere difficile est. (Z. 10)
c Imperator urbem deletam **formae pristinae restitui** iussit. (Z. 21)

Aufgaben: Grammatik

4 **Partizipien.** Wählen Sie das das nach KNG und inhaltlich passende Partizip aus und übersetzen Sie mit Relativsatz: (Z. 4 ff.)

a templum Soli deo [dedicans | dedicatum]
b obelisci sub terra [iacentes | iacente]
c obelisci [fracti | frangenti]

5 **Kasusfunktionen: Genitiv.** Bestimmen Sie die Funktion des Genitivs und übersetzen Sie: (Z. 12)

Murum trium pedum video.

6 **Prädikatives Gerundiv nach Verben des Gebens.** Erschließen Sie – ggf. mithilfe einer Grammatik – eine passende Wiedergabe: (Z. 15)

a Magister pueris librum **legendum** dedit.
b Imperator populo Romano statuam in foro **ponendam** dedit.

Letzte Grüße: „Ich hab's genossen!" Grabinschrift für Domitius Primus

Lernwortschatz

3	**nōtus**, -a, -um	bekannt, berühmt
4	**pōtāre**	trinken
6	**levis**,-e	leicht; unbedeutend, leichtfertig
9	**fūnus**, -eris *n*	Bestattung

Aufgaben: Wortschatz

1 Wiederholen Sie folgende Wörter:

vivere | vinum | annus | terra | tamen | servare | ara | properare | tres

2 Erschließen Sie eine passende Wiedergabe:

a Amicus meus nihil cenat nisi panem *(panis, -is m: Brot)*: **Pane vivit**. (Z. 4)
b Amicus meus non cessat mihi adesse. Amicus **properat mihi adesse**. (Z. 9)

Aufgaben: Grammatik

3 **Kurzformen.** Bestimmen Sie die Form:

monuere (Z. 5)

4 **Ellipse.** Geben Sie die Ellipse an und übersetzen Sie: (Z. 10)

Hoc monumentum filiae carae factum a parentibus.

Letzte Grüße: „Ich bin stolz auf meine Tugend!" Grabinschrift für Larcia Heraea

Lernwortschatz

1	**invidēre**, invideō, invīdī, invīsum *m. Dat.*	beneiden; mit bösem Blick ansehen
	→ vidēre	sehen
2	**obsequī**, obsequor, obsecūtus sum	gehorchen, gehorsam sein
	→ sequī	folgen
6	**ēripere**, ēripiō, ēripuī, ēreptum	entreißen
	→ rapere	rauben

Aufgaben: Wortschatz

1 Wiederholen Sie folgende Wörter:

probare | probus | parēre, pareo | viginti | obtinere | supremus | iudicium | mors | anima | auferre

2 Erschließen Sie die Bedeutung:

a **decorare**: Imperator urbem decoravit aedificiis – Senatores imperatorem decoraverunt magnis honoribus. (Z. 3)
b **ornatus**, -us *m*: Imperator urbem ornavit aedificiis. Aedificia sunt ornatus urbis. (Z. 6)

3 Erschließen Sie eine passende Wiedergabe:

a Romanus: „Mulier bona familiam bene curat et **totam domum obtinet**." (Z. 4)
b Multi homines timent mortem: Timent **supremum diem**. (Z. 5)

Aufgaben: Grammatik

4 **PPA + *esse* als Umschreibung des Prädikats.** Übersetzen Sie, ggf. mithilfe einer Grammatik: (Z. 2)

Serva mea semper **fuit parens** et **obsequens**.

Chronogramme

Lernwortschatz

2	**proprius**, -a, -um	eigen, privat; typisch
4	**corōna**, -ae *f*	Krone

Aufgaben: Wortschatz

1 Wiederholen Sie folgende Wörter:

altus | pro | patria | iungere | vis | accipere

2 Erschließen Sie die Bedeutung:

exitus, -us *m*: E domo exire volo. Sed ubi est exitus? – Quo exitu bellum gestum est? (Z. 2)

METHODEN

Auf den folgenden Seiten finden Sie Methoden, die für die Arbeit mit lateinischen Texten wichtig sind:
- *Kursorisch lesen*
- *Interpretation lateinischer Texte*
- *Übersetzungsvergleich*
- *Erkennen und Deuten rhetorischer Stilmittel*
- *Versanalyse*
- *Dichtung und Musik: Vertonungen interpretieren*
- *Präsentation*
- *Wörterbuchgebrauch*
- *Projektarbeit*

Kursorisch lesen: Texte verstehen ohne Übersetzen

Um einen lateinischen Text zu verstehen, muss man ihn nicht unbedingt wortwörtlich übersetzen. Nicht immer ist der mikroskopische Blick gefragt, der selbst kleine Details ins Visier nimmt. Oft ist es auch wichtig, sich einen raschen Überblick zu verschaffen. Dadurch kann mehr Text in kürzerer Zeit bewältigt werden – ähnlich, wie es auch in den modernen Fremdsprachen geschieht. Man spricht dann von **kursorischer** Lektüre.

Ziel der kursorischen Lektüre ist es, sich eine klare Vorstellung vom Inhalt und der Struktur eines lateinischen Textes zu erarbeiten und Aussagen über den Text am lateinischen Original belegen zu können. Am Ende kann z.B. die Paraphrase, also die Wiedergabe des Textinhaltes mit eigenen Worten, stehen. Wie das gelingt, erfahren Sie auf dieser Seite.

Was ist bei kursorischer Lektüre grundsätzlich zu beachten?

Das **Symbol** kennzeichnet Texte und Textabschnitte, die sich für **kursorisches Lesen** eignen. Für Texte und abschnittsbezogene Aufgaben mit diesem Symbol gelten spezielle Regeln:	• Sie müssen den Text **nicht übersetzen**, aber so weit **erschließen**, dass Sie die Aufgaben lösen können. → **Texterschließung, S. 218** • Die -Texte sind **nicht vollständig mit Vokabelhilfen** versehen. • Bei **unbekannten Wörtern** können Sie ein **Wörterbuch** nutzen. → **Wörterbuchgebrauch, S. 237** • Der WERKSTATT-Teil zu den -Texten enthält wie immer einen Lernwortschatz, aber **keine vorbereitenden Übungen**.
Der erste Schritt zur kursorischen Erschließung ist **sehr aufmerksames Lesen**. Achten Sie dabei vor allem auf Folgendes:	• Den **Arbeitsauftrag** genau lesen. • Den im Arbeitsauftrag benannten **Textabschnitt** aufmerksam lesen. • Auf zentrale, bedeutungstragende **Begriffe** achten: **Orte**, **Personen**, **Sach-** und **Wortfelder**. Oft sind diese Begriffe schon im Text markiert oder der Arbeitsauftrag weist darauf hin. • Nicht an einzelnen Begriffen kleben, sondern den **Satz** bzw. **Text in seiner Gesamtheit** wahrnehmen.

Interpretation lateinischer Texte

Einen Text zu interpretieren bedeutet, sich intensiv mit ihm zu beschäftigen, um ihn besser zu verstehen. Dabei befasst man sich mit **sprachlichen** und **inhaltlichen** Aspekten. Die sprachlichen und inhaltlichen Merkmale eines Textes sind häufig eng miteinander verknüpft und bilden eine Einheit: **Die verwendeten sprachlichen Mittel dienen dazu, den Inhalt auszudrücken,** und das soll durch die Interpretation deutlich werden. Folgende Punkte sind bei der Interpretation literarischer Texte zu beachten:

Inhalt und Struktur der Textpassage	• Hauptthematik • Gedankenführung, Gliederung → **Herausarbeiten von Gliederungsmerkmalen** • Die wichtigsten Aussagen der Passage erfassen und mit eigenen Worten wiedergeben; darauf achten, dass die Einzelaussagen zu einer Gesamt(be)deutung zusammengeführt werden sollen.
Sprache und Stil	• typische stilistische Merkmale eines Autors/Werkes/einer Gattung; ggf. Dichtersprache • Stilmittel (vgl. S. 206), Wortwahl, Satzbau → **Funktion der sprachlichen Mittel**
Charakterisierung der Gattung	• Prosa/Dichtung; Versmaß (z. B. Hexameter als Versmaß des Epos) • typische Gattungsmerkmale • für die Gattung typische Sprachebene (z. B. Elemente gesprochener Sprache im Brief) • für die Gattung typische Themen (z. B. wechselvolle Liebeserfahrungen in der Elegie)
Literaturgeschichtliche Einordnung	• Einordnung der Stelle in das Werk (oder das Gesamtwerk des Autors) • ggf. Einflüsse weiterer Autoren auf den Text / das Werk
Geschichtliche Einordnung	• geschichtlich-sozialer, ggf. auch biografischer Kontext
Zusammenfassung/Schlussfolgerung	• Zusammenführung der wichtigsten Beobachtungen • Ggf. weiterführende Deutung

Nicht alle diese Punkte werden bei der Interpretation jedes Textes dieselbe Bedeutung haben. Auch kann die Reihenfolge, in der diese Punkte abgehandelt werden, je nach dem Schwerpunkt des Textes variieren.

Achtung! Manchmal ist – wie bei den hier präsentierten Musterinterpretationen – dem lateinischen Text eine **Übersetzung** beigefügt, oder Sie erstellen selbst eine, um sich den Zugang zum Text zu erleichtern. Es ist jedoch wichtig, dass die eigentliche Interpretation anhand des **lateinischen Textes** erfolgt. Belege aus der Übersetzung sind dementsprechend nicht erlaubt. Teilweise empfiehlt es sich, zudem das **Wörterbuch** heranzuziehen und die genaue Bedeutung einzelner lateinischer Wörter zu ermitteln, die in der beigefügten Übersetzung möglicherweise etwas freier wiedergegeben werden.

Wie die Interpretation aussehen kann, wird im Folgenden an zwei Beispielen verdeutlicht, von denen das erste auch im Buch enthalten ist (S. 62). Nicht alle hier aufgeführten Ergebnisse müssen in einer Interpretation entwickelt werden; umgekehrt sind aber auch zusätzliche Aspekte möglich.

1. Interpretation zu Catull c. 85

Interpretieren Sie den folgenden lateinischen Text nach sprachlichen und inhaltlichen Gesichtspunkten. Weisen Sie dabei anhand des vorliegenden Textes nach, wie der Autor den Ausdruck starker Gefühle durch den gezielten Einsatz sprachlicher und stilistischer Mittel verdeutlicht.

Odi et amo. Quare id faciam, fortasse requiris.
Nescio, sed fieri sentio et excrucior.

Ich hasse und liebe. Warum ich das tue, fragst du vielleicht.
Ich weiß nicht, aber ich fühle es geschehen und werde gequält.

Inhalt und Struktur der Textpassage

- Das Gedicht spiegelt die starke innere Zerrissenheit und Ratlosigkeit des poetischen Ich in Bezug auf seine Gefühle wider.
- Es besteht aus drei Sätzen, die zugleich eine „dramatische" Struktur bilden: Aussagesatz: Exposition des Themas – indirekte Frage eines fiktiven Gegenübers – pointierte/überraschende Antwort.
- Die ersten Worte des Textes *(odi et amo)* drücken einen extremen Gegensatz aus; der Text beginnt also mit einer widersprüchlichen Aussage, die den Leser stutzig machen soll.
- Durch die in das Selbstgespräch eingeschobene (fiktive) Frage wird der überraschende Einleitungssatz aufgenommen und gleichzeitig Spannung für die nun zu erwartende Antwort aufgebaut.
- Mit der überraschenden Antwort, die eigentlich alles offen lässt und die Ratlosigkeit und innere Zerrissenheit des Sprechers betont, endet das Gedicht.

Sprache und Stil	• Das Gedicht enthält acht Verbformen, aber kein einziges Substantiv oder Adjektiv. • Sechs der acht Verbformen stehen in der 1. Person Singular: starke Selbstbezogenheit • Vier Verben gehören zum Sachfeld „fühlen". • Der Text beginnt und endet jeweils mit zwei Verben in der 1. Person Singular, die durch *et* verbunden sind: odi et amo – sentio et excrucior; dadurch wird eine Art Rahmen geschaffen **(Ringkomposition)**. • Ungefähr in der Mitte jedes Verses steht eine Form von facere bzw. von dessen Passiv fieri. • Im Hexameter ist von einer Frage (requiris) die Rede, im Pentameter folgt die Antwort (nescio). → Grafische Veranschaulichung vgl. S. 217.
Charakterisierung der Gattung	• Es handelt sich um ein aus zwei Versen bestehendes Epigramm im Versmaß des elegischen Distichons (Hexameter und Pentameter). • Epigramme behandeln oft Themen aus dem Alltag und dem persönlichen Erleben; somit ist **c. 85** ein typisches Epigramm. • Typisch ist auch der „dramatische" Aufbau (Thema – Frage – „Pointe"), den man auch häufig bei Martial findet, wenngleich Catulls **c. 85** alles andere als komisch ist.
Literaturgeschichtliche Einordnung	• **c. 85** stellt die Gefühle des poetischen Sprechers auf kleinstem Raum und zugleich sprachlich äußerst ausgefeilt dar; damit ist es auch typisch für das Programm der Neoteriker.
Geschichtliche Einordnung	• **c. 85** gehört wohl zu den Gedichten Catulls über Lesbia; die Beziehung zu ihr ist von heftiger Liebe, aber auch von Eifersucht und Liebeskummer geprägt. • Ob das Gedicht biografisches Erleben widerspiegelt, lässt sich nicht sagen; es passt aber dazu, dass Catull statt des *cursus honorum* und typisch römischer Werte Liebe und Dichtung in das Zentrum seines Lebens stellt.

Zusammenfassung/Schlussfolgerung

- Dass keine Substantive und Adjektive verwendet werden, trägt dazu bei, dass die Gründe für die starken Gefühle des Sprechers unklar bleiben. Dass nichts erklärt wird, steigert aber die Intensität.
- Besonders intensiv wirkt das Gedicht, weil mit so wenigen Worten so starke Gefühle ausgedrückt werden.
- Der klare Aufbau des Gedichts steht im Gegensatz zu den starken Gefühlen, um die es hier geht. Das könnte die Spannung ausdrücken, unter der der Sprecher steht.
- Es gibt weder eine Erklärung noch eine Lösung für die Probleme: Der Sprecher weiß nicht *(nescio)*, warum er so empfindet, und kann am Ende nur feststellen, dass die Situation äußerst quälend ist *(excrucior)*.

2. Interpretation zu Plinius ep. 9.23.2–3: „Plinius oder Tacitus?“

In einem Brief berichtet Plinius u. a. von einem Gespräch mit dem berühmten Historiker Tacitus, das ihm große Freude bereitete.
Interpretieren Sie den folgenden lateinischen Briefausschnitt nach sprachlichen und inhaltlichen Gesichtspunkten. Arbeiten Sie dabei ausgehend von dem vorliegenden Text heraus, wie Plinius seine Briefe auch zur Selbstdarstellung nutzt.

Narrabat sedisse secum circensibus proximis equitem Romanum. Hunc post varios eruditosque sermones requisisse: „Italicus es an provincialis?” Se respondisse: „Nosti me, et quidem ex studiis.” Ad hoc illum: „Tacitus es an Plinius?” Exprimere non possum, quam sit iucundum mihi, quod nomina nostra quasi litterarum propria, non hominum, litteris redduntur, quod uterque nostrum his etiam e studiis notus, quibus aliter ignotus est.

Er [Tacitus] erzählte, dass während der letzten Zirkusspiele ein römischer Ritter bei ihm saß. Dieser habe ihn nach verschiedenen gebildeten Gesprächen gefragt: „Bist du aus Italien oder aus der Provinz?“ Er habe geantwortet: „Du kennst mich, und zwar wegen meiner Schriften.“ Darauf jener: „Bist du Tacitus oder Plinius?“ Ich kann gar nicht ausdrücken, wie erfreulich es für mich ist, dass unsere Namen gewissermaßen als charakteristisch für die Literatur genannt werden – nicht als Namen von Menschen, sondern für die Literatur – und dass jeder von uns beiden wegen dieser literarischen Aktivitäten sogar denen bekannt ist, denen wir sonst unbekannt sind.

Inhalt und Struktur der Textpassage	Gliederung: • Bericht über ein Gespräch mit Tacitus, der darin seinerseits von einem Gespräch berichtet hat (Z. 1–6) • Plinius' Kommentar zu Tacitus' Bericht (Z. 7–11)
Sprache und Stil	• Darstellung der Ausführungen des Tacitus in **indirekter** Rede (eingeleitet von *narrabat* [Z. 1]); darin ist ein Dialog in **wörtlicher Rede** eingebettet (Z. 3–6). • in Z. 1–6 **sehr knappe, prägnante Formulierungen,** allein **Parataxe** (keine Nebensätze), **Ellipse** (Z. 6: *Ad hoc illum*) → **typisch für gesprochene Sprache** • dagegen **sehr komplexer, hypotaktischer Satzbau** im Kommentar des Plinius (Z. 7–11) • **Wiederaufgreifen** des von Tacitus verwendeten Begriffs *studia* (Z. 5 und Z. 10) • Betonung, dass die Freude des Plinius (**1. Pers. Sg.:** *possum* [Z. 7], *mihi* [Z. 8]) aus der Popularität beider Männer – des Plinius und des Tacitus – erwächst (**1. Pers. Pl.:** *nostra* [Z. 8], *nostrum* [Z. 10]) • Ausdruck der weitreichenden Popularität durch das weite **Hyperbaton** *uterque ... notus* (Z. 10), das den Grund für die Bekanntheit, die literarische Tätigkeit, einschließt • **paradox wirkende Gegenüberstellung** von *notus* (Z. 10; „bekannt durch Literatur") und *ignotus* (Z. 11; „nicht bekannt durch persönliche Begegnung"), die umso deutlicher macht, welch große Wirkung die *studia* haben
Charakterisierung der Gattung	• Gattung (Kunst-)Brief • Merkmale gesprochener Sprache (hier zudem Wiedergabe eines Dialogs in wörtlicher Rede) • Möglichkeit, ganz alltägliche Begebenheiten zu schildern (hier: Bericht über ein Gespräch während der Zirkusspiele) • Ausdruck persönlicher Haltungen und Gefühle (Z. 6: *Exprimere non possum, ...*)

Literaturgeschichtliche Einordnung	• Ausschnitt aus einem der Briefe, die Plinius in seinen Briefsammlungen selbst veröffentlichte; Einfluss des Cicero, doch die Briefe des Plinius haben eher den Charakter von Kunstbriefen • typische Themen der Briefe des Plinius: u. a. Bildung und Literatur, Freundschaft mit Tacitus
Geschichtliche Einordnung	• Entstehung während der Regierungszeit Trajans, als Plinius und Tacitus als Politiker/Literaten große Berühmtheit besaßen
Zusammenfassung/Schlussfolgerung	Der Brief trägt zur positiven Selbstdarstellung des Plinius bei (eines der führenden Gebildeten seiner Zeit): • Die Knappheit und Nüchternheit des Berichts erweckt den Eindruck von Objektivität. • Die sprachliche Komplexität des Kommentars zu Tacitus' Bericht untermauert dagegen den Anspruch des Plinius, zu den bedeutendsten Gelehrten der Zeit zu zählen. • Die Bemühung, nicht nur die eigene Leistung zu preisen, sondern allein von der gemeinsamen Berühmtheit mit Tacitus zu sprechen, soll dem Eindruck entgegenwirken, Plinius wolle sich hier selbst loben. • Das Bestreben nach positiver Selbstdarstellung ist auch in weiteren Briefen des Plinius spürbar (z. B. Tatkraft und Mut in den berühmten Vesuvbriefen; vgl. S. 34–39).

3. Zusammenhängende Darstellung einer Interpretation

Für das Festhalten der Interpretationsergebnisse in einem Text bietet die folgende Gliederung einen Anhaltspunkt. Selbstverständlich bestehen aber auch andere Möglichkeiten zur Darstellung der Interpretationsergebnisse.

1. Kurze Einleitung	• knapper Einleitungssatz • Grundlegendes zum Werk, aus dem der Text stammt (Form, Inhalt, Gattung) • Einbettung in den Werkkontext • ggf. Formulierung einer (möglicherweise in der Interpretationsaufgabe vorgegebenen) Fragestellung, zu der in der Interpretation eine Antwort entwickelt werden soll

2. Gedankengang/Struktur/Inhalt der Passage	• Überblick über Aufbau (Benennung markanter Gliederungsmerkmale) • knappe Paraphrase des Inhalts (Nennung zentraler Gedanken) • Hinweise auf stilistische Mittel zur Hervorhebung bestimmter Aussagen/Gedanken im Text
3. Zusammenfassung/Abrundung	• Benennung des zentralen Ergebnisses der Textuntersuchung • ggf. Beantwortung einer in der Interpretationsaufgabe vorgegebenen besonderen Frage

Stellen Sie nun die Ergebnisse zu einer der beiden hier präsentierten Interpretationsaufgaben in einem zusammenhängenden Text dar.

4. Weitere Interpretationsaufgaben

Ziehen Sie bei der Bearbeitung der folgenden Interpretationsaufgaben stets auch die Einleitung in Leben und Werk des Autors sowie die Anmerkungen und Arbeitsaufträge zu den jeweiligen Texten heran.

Cicero Rosc. 154 (S. 26)

In seiner Rede für Roscius hält Cicero ein eindringliches Schlussplädoyer.
Interpretieren Sie den lateinischen Text nach sprachlichen und inhaltlichen Gesichtspunkten.

Arbeiten Sie dabei heraus, mit welchen Mitteln Cicero an die Richter appelliert, dass der Fall Roscius alle Bürger angeht.

Ovid Ars 1.89–99 (S. 70)

Ovid beschreibt das Theater als geeigneten Ort, um eine Freundin zu finden.
Interpretieren Sie den lateinischen Text nach sprachlichen und inhaltlichen Gesichtspunkten.

Arbeiten Sie dabei im Besonderen heraus, wie Ovid die Vielzahl und Vielfalt der Auswahlmöglichkeiten hervorhebt.

Übersetzungsvergleich

Es ist wichtig, sich einen professionellen Blick auf Übersetzungen zu erarbeiten, um nicht auf ungeeignete Texte „hereinzufallen". Durch den genauen Vergleich einer oder mehrerer Übersetzungen mit dem Originaltext erhält man auch einen vertieften Einblick in das Funktionieren von Sprachen und Stilen.

Umgang mit Übersetzungen

Die Übersetzung ist der Versuch, das, was in der **Ausgangssprache (Latein)** geschrieben ist, möglichst treffend in die **Zielsprache (Deutsch)** zu übertragen. Dabei kann der Übersetzer bzw. die Übersetzerin aber **unterschiedliche Ziele** in den Vordergrund stellen. Solche Ziele sind:	• Lateinische **Strukturen** sollen möglichst **genau** ins Deutsche übertragen werden. • Der **Sinn** soll möglichst **verständlich und ausdeutend** ins Deutsche übertragen werden (z.B. durch Umschreibung bzw. Beschreibung von Begriffen, die für den deutschen Leser erklärungsbedürftig sind). • **Stil und Ton** des lateinischen Textes sollen möglichst **treffend** ins Deutsche übertragen werden (z.B. anschauliche Erzählung [Plinius], emotionaler Appell [Cicero-Rede]). • Die **Wortstellung** soll abgebildet werden (z. B. bei Gedichten oder witzigen Texten, bei denen das letzte Wort die Pointe bzw. den Höhepunkt einer Klimax enthält [Catull]).
Die Ziele hängen auch davon ab, für **welches Lesepublikum** die Übersetzung gedacht ist, z. B.:	• Fachleute • breites Publikum mit geringer Vorkenntnis der lateinischen Sprache und Kultur • Mitschülerinnen und Mitschüler
Im **Internet** findet man fast zu jedem wichtigen lateinischen Text Übersetzungen. Diese sind allerdings nicht immer gleich hilfreich:	• Manche sind fehlerhaft oder so antiquiert, dass man sie kaum verstehen kann. • Manche sind sehr frei und enthalten zum Teil auch ungekennzeichnete Auslassungen oder Hinzufügungen.

Vorgehen beim Übersetzungsvergleich

1. Beobachten

- Lesen Sie zuerst die deutsche Übersetzung und dann den lateinischen Text.
- Arbeiten Sie heraus, an welchen Stellen und in welcher Hinsicht die Übersetzung vom lateinischen Text abweicht, z. B.: **Satzstruktur**, **Wortstellung**, **Wortbedeutung**, **bildhafte Ausdrücke**.

2. Beschreiben

- Beschreiben Sie die Abweichungen möglichst genau.

3. Beurteilen

- Beurteilen Sie, ob die Abweichungen vom Original **gerechtfertigt** sind oder nicht. Dazu ist es nötig, dass Sie die Aussagen auch im lateinischen Text gut verstanden und richtig interpretiert haben.

- Achten Sie dabei auch darauf, ob durch die Übersetzung der **Ton** des Originals getroffen ist.

- Bei **metrischen Texten** ist es auch sinnvoll, darauf zu achten, ob die Übersetzung eine Nachahmung des lateinischen Versmaßes versucht oder nicht.

Diese Methode lässt sich übrigens auch beim Vergleich und der Bewertung von Übersetzungen, die in eurer Klasse entstanden sind, anwenden.

Erkennen und Deuten rhetorischer Stilmittel

In der Antike wurden literarische Texte sehr kunstvoll gestaltet. Besonders für **Redner** war es wichtig, ihre Reden mit **rhetorischen Stilmitteln** zu schmücken. Doch auch in anderen Textsorten – nicht zuletzt in **Gedichten** – spielen Stilmittel eine große Rolle. Die folgende Liste zeigt auch, wie man Stilmittel für die Interpretation (vgl. S. 197) auswerten kann.

Typische **Funktionen** von Stilmitteln:
- Steigerung der **Attraktivität** eines Textes durch kunstvolle Sprache, insbesondere durch ansprechenden **Wortklang** und **Satzrhythmus**,
- **Hervorhebung** eines Begriffs oder einer Aussage,
- **Beeinflussung** oder sogar Steuerung der Gefühle und Meinungen des Lesers/Zuhörers.

1. Wortstellung/Satzbau

Alliteration: Verwendung des gleichen Lauts am Beginn aufeinanderfolgender Wörter → Betonung einer Aussage bzw. der Zusammengehörigkeit von Wörtern	Ovid, **Ars 1.3** (S. 66): rates remo(que) reguntur Der Kern der Aussage wird hervorgehoben: Das „Schiff“ der Liebe ist steuerbar.
Anapher: Wiederholung desselben Wortes oder Ausdrucks am Beginn von Sätzen, Teilsätzen oder Versen → Betonung (eines Aspekts) der Aussage	Cicero, **Rosc. 87** (S. 20): is, ad quem ..., an is, ad quem ..., is, qui ..., an is, qui ... Die mehrfache Wiederholung von is + Relativpronomen bietet beim Vortrag die Möglichkeit, auf die mit is gemeinten Personen zu deuten und sie so einander gegenüberzustellen.
Antithese: unmittelbare Gegenüberstellung inhaltlich gegensätzlicher Begriffe → Erreichen einer besonderen Prägnanz im Ausdruck durch Nennung eines Gegensatzpaars; Lenkung der Aufmerksamkeit auf den Gegensatz	Cicero, **Rosc. 13** (S. 12): Accusant ei, qui ...; causam dicit is, cui ... In Verbindung mit Parallelismus wird der unüberbrückbare Gegensatz zwischen den beiden Prozessparteien hervorgehoben.
Asyndeton: unverbundene Aufzählung → Verkürzung des Ausdrucks, manchmal als Zeichen von Erregung oder schneller Handlungsabfolge	Grabinschriften, **Domitius Primus V. 3** (S. 128): Balnia, vina, Venus mecum senuere ... Die Aufzählung der drei Hauptleidenschaften des Verfassers wirkt ohne Konjunktionen besonders konzentriert.
Chiasmus: Aufbau von Wendungen, Sätzen oder Teilsätzen in der Struktur a-b, b-a; schreibt man diese Strukturen untereinander, dann lassen sich die entsprechenden Begriffe zu dem griechischen Buchstaben X („chi“) verbinden → Hervorhebung eines Ausdrucks durch besonders anspruchsvolle Wortstellung	Grabinschriften, **Larcia Heraea V. 3** (S. 128): Libertate illi me, × Hic me decorabat stola Die chiastische Stellung hebt den zweifachen Aufstieg der Larcia Heraea und die Personen, die diesen ermöglicht haben, hervor.

Ellipse: Auslassung eines Wortes, das aber leicht ergänzt werden kann (zumeist eine Form von *esse* oder ein Begriff aus dem vorangehenden Satz) → Verknappung des Ausdrucks	Einhard, **Karol. 22** (S. 90): Incessu firmo, totaque corporis habitudine virili (fuit). Die Erscheinung Karls wirkt durch die gedrängte Darstellung noch eindrucksvoller.
Enallage: Ein Adjektiv passt nach KNG zu einem anderen Substantiv als dem, zu dem es inhaltlich gehört → Betonung der engen Verbindung aller drei Begriffe	Catull, **c. 7** (S. 56): oraclum Iovis ... aestuosi die hitzeflirrende Orakelstätte des Zeus („die Orakelstätte des hitzeflirrenden Zeus") – Die Hitze des in der Sahara gelegenen Ortes ist gemeint, aber es klingt mit, dass auch der Gott etwas Feurig-Bedrohliches an sich hat.
Enjambement (dt.: Zeilensprung): Wird ausschließlich in der Dichtung verwendet. Eine Satz- oder Sinneinheit geht über die Grenzen eines Verses hinaus und „springt" in den nächsten Vers weiter. → Spannungssteigerung, Betonung der sinntragenden Wörter zu Beginn des Folgeverses	Ovid, **Ars 1.149 f.** (S. 72): Utque fit, in gremium pulvis si forte puellae deciderit ... Durch den Zeilensprung wird das Fallen des Staubkörnchens bildhaft nachgestellt und so veranschaulicht.
Epipher: Wiederholung desselben Wortes oder Ausdrucks am Ende von Sätzen, Teilsätzen oder Versen → Betonung des entsprechenden Wortes	Catull, **c. 5** (S. 54): Da mi basia mille, ..., dein mille altera, ... deinde usque altera mille, ... Das Aufsummieren der Menge der Küsse wird betont.
Hendiadyoin: Verwendung zweier bedeutungsähnlicher Begriffe, häufig durch „und" verbunden → Hervorhebung eines Sachverhalts durch Doppelung in seiner Beschreibung; am besten mit **einem** Begriff zu übersetzen	Cicero, **Rosc. 9** (S. 12): natura pudorque meus ~ „meine natürliche Schüchternheit": Beide Elemente erscheinen als gleichwertig, Cicero betont so die Natürlichkeit seines Gefühls.
Historischer Infinitiv: Infinitiv anstelle einer finiten Verbform → schnelles Vorantreiben der Handlung, Spannungssteigerung, Dramatisierung	Plinius, **ep. 7.27** (S. 40): Ille non tollere oculos, non remittere stilum, sed offirmare animum ... Die Infinitive kennzeichnen eine besonders spannende Stelle der Spukgeschichte.
Historisches Präsens: Präsens bei Schilderungen von Ereignissen in der Vergangenheit, bei denen eigentlich Perfekt oder Imperfekt stehen müsste → „Vergegenwärtigung" einer Handlung, die dadurch dramatischer auf den Leser wirkt	Cicero, **Rosc. 18** (S. 14): occiditur ad balneas ... Sex. Roscius. Der Mord an Sex. Roscius wird „vergegenwärtigt".

Hyperbaton: Auseinanderrücken aufeinander bezogener Begriffe (oft: Substantiv und Adjektiv) → Hervorhebung der gesperrt gestellten Wendung; bisweilen abbildende Wortstellung, wenn etwa eine weite Entfernung ausgedrückt werden soll	Catull, **c. 109** (S. 62): Iucundum, mea vita, mihi proponis amorem Die Voranstellung des Adjektivs erzeugt Spannung, die mit dem Substantiv *amorem* aufgelöst wird.
Klimax: inhaltliche Steigerung in den einzelnen Gliedern einer Aufzählung, sehr oft verbunden mit weiteren Stilmitteln wie Parallelismus und Trikolon → Intensivierung, dramatische Zuspitzung einer Handlung oder Aussage	Plinius, **ep. 3.14** (S. 32): Alius fauces invadit, alius os verberat, alius ... verenda contundit. Jedes Verb ist drastischer als das vorhergehende, die Misshandlung wird mit jedem Teilsatz schlimmer: Es entsteht eine dramatische Zuspitzung.
Parallelismus: paralleler Aufbau von Wendungen, Sätzen oder Teilsätzen (z. B. Struktur a-b-c, a-b-c), z. B. durch gleiche Abfolge von Wörtern bestimmter Wortarten, Formen oder Bedeutungsfelder → Schaffung einer besonders klaren Ausdrucksweise; bisweilen Eindruck bedeutungsschwerer, erhabener oder feierlicher Abläufe	Plinius, **ep. 3.14** (S. 32): Alius fauces invadit, alius os verberat, alius ... verenda contundit. Die drei Teilsätze sind exakt gleich gebaut; dieser Parallelismus unterstützt die → Klimax.
Polyptoton: Verwendung mehrerer verschiedener Formen eines Wortes kurz hintereinander → Überbetonung eines Wortes, bisweilen mit komischem Effekt	Carmina Burana, **CB 191** (S. 114): illam (= tabernam) nullo tempore sprevi neque spernam. Der Sprecher betont seine unverbrüchliche „Treue" zum Wirtshaus.
Trikolon: Aufzählung oder Satzgefüge, das aus genau drei Gliedern besteht → Betonung der Aussage, die durch die Nennung dreier Elemente besondere Bedeutung erlangt	Grabinschriften, **Domitius Primus V. 3** (S. 128): Balnia, vina, Venus mecum senuere ... Die Dreizahl steht für Vollständigkeit: Domitius hat nichts ausgelassen. Das Asyndeton verstärkt diesen Eindruck noch.

2. Wortbedeutung / Bedeutung von Aussagen

Apostrophe: direkte Anrede von Figuren einer Erzählung durch den Erzähler → Verlebendigung; emotionale Zuwendung des Erzählers zu der Figur	Ovid, **Ars 1.101** (S. 70): Primus sollicitos fecisti, Romule, ludos. Ovid beruft sich auf Romulus als Urheber oder Patron seiner Flirt-Strategie.

Hyperbel: Übertreibung → besonders nachdrückliche Formulierung des eigenen Standpunkts	Carmina Burana, **CB 191** (S. 114): Meum est propositum in taberna mori. So viel Hingabe an das Wirtshaus ist nicht mehr zu überbieten.
Litotes: Verneinung des Gegenteils (oft doppelte Verneinung) → Verstärkung der Aussage	Cicero, **Rosc. 18** (S. 14): Spero ex hoc ipso non esse obscurum ... Die Sache ist völlig klar („nicht dunkel").
Metapher: bildhafter Ausdruck, der für etwas anderes steht als das, was er wörtlich bezeichnet (häufig für etwas Abstraktes, mit dem die ausgewählte Metapher aber eine Ähnlichkeit haben muss) → aufgrund der Bildhaftigkeit besondere Anschaulichkeit des Ausgedrückten	Carmina Burana, **CB 17.1/15** (S. 74): O Fortuna, ... rota tu volubilis! Durch das Bild des ständig sich drehenden Rades wird die Wechselhaftigkeit des Schicksals eindringlich veranschaulicht.
Metonymie: Vertauschung eines Begriffs mit einem anderen aus demselben Zusammenhang (oft wird Abstraktes durch Konkretes ersetzt, z. B. die Institution „Bundesregierung" durch den Ort „Berlin") → größere Anschaulichkeit, oft aber auch nur spielerische Variation	Ovid, **Ars 1.478** (S. 74): Capta vides sero Pergama, capta tamen. Die Stadt, die nach langer Belagerung fiel, war sprichwörtlich Troja. Durch die Nennung des nahe gelegenen Pergamon zeigt Ovid, dass er dieses Bildungswissen bei seinen Leserinnen und Lesern voraussetzen kann.
Rhetorische Frage: Stellen einer Frage, auf die keine Antwort erwartet wird; Verwendung einer Frage als Aussagesatz → Verstärkung der Aussage durch Frageform; oft Einbeziehung des Lesers durch direkte Anrede	Ovid, **Ars 1.475** (S. 74): Quid magis est saxo durum, quid mollius unda? „Was ist härter ..., was weicher ...?" Die einzig mögliche Antwort lautet: Nichts. Einen größeren Gegensatz zwischen hart und weich kann es nicht geben.
Vergleich: Gegenüberstellung zweier Bereiche, zwischen denen eine inhaltliche Gemeinsamkeit (sog. *tertium comparationis*) besteht → aufgrund der Bildhaftigkeit größere Anschaulichkeit des Ausgedrückten	Ovid, **Ars 1.93 ff.** (S. 70): Ut redit itque frequens ... formica ..., sic ruit ad celebres cultissima femina ludos. Das Bild der wimmelnden Ameisen (Bildteil) veranschaulicht die Vielzahl der Frauen, die zu den Spielen eilen (Sachteil). Die Vielzahl ist das *Tertium comparationis*.

Versanalyse

Antike Dichtung ist in **Versen** geschrieben, deren **Rhythmus** auf der geordneten Abfolge von langen (Symbol: —) und kurzen (◡) **Silben** basiert.

Wir beschäftigen uns hier zunächst mit dem Versmaß des elegischen Distichons.

Wann gilt eine Silbe als lang bzw. kurz?

Eine Silbe ist **lang**,
- wenn sie einen langen Vokal hat (**Naturlänge**),
- wenn auf einen kurzen Vokal zwei oder mehr Konsonanten folgen (**Positionslänge**).

Eine Silbe ist **kurz**,
- wenn auf einen kurzen Vokal (Silbenträger) nicht mehr als ein Konsonant folgt,
- z. B.: *făcĭs – mĕus*

Zu den **naturlangen** Silben gehören zum Beispiel die **Diphthonge** (Doppelvokale, z. B. ***ae***, die als ein Laut gesprochen werden).
TIPP: Naturlängen werden im Lexikon mit einem Strich über dem Vokal gekennzeichnet, z. B. *tēctum*.

Achtung, Länge!
- ***x*** und ***z*** sind Doppelkonsonanten („cs" bzw. „ts") und führen daher zu **Positionslänge**.

Achtung, Kürze!
- ***h*** gilt nicht als Konsonant.
- ***qu*** gilt als nur ein Konsonant.
- Die Konsonantenverbindung ***muta (b, p, d, t, g, c) cum liquida (l, r)*** führt meist <u>nicht</u> zu Positionslänge.

Woraus besteht ein Versfuß, woraus ein Vers?

Die einzelnen Silben bilden **Versfüße** (Metren), rhythmische Einheiten ähnlich Takten in der Musik. Für uns sind diese Versfüße wichtig:
- der **Daktylus**: — ◡ ◡ (eine lange Silbe, zwei kurze Silben)
- der **Spondeus**: — — (zwei lange Silben)

Ein **Vers** besteht jeweils aus einer bestimmten Anzahl von Versfüßen. So bilden
- **sechs Versfüße** den **Hexameter**,
- **fünf Versfüße** den **Pentameter**.
- Beide zusammen ergeben ein **Distichon**.

Die **Liebeselegie** wie auch viele **Gedichte Catulls** bestehen aus **Distichen**. Er verfasst aber auch Epigramme mit „festen" Versmaßen (z. B. Elfsilbler). Solche Versmaße sind jedoch im Lateinunterricht nicht Gegenstand einer Versanalyse.

Wie sieht ein Hexameter bzw. Pentameter aus?

Hexameter:

Versfuß 1–4:	Daktylus oder Spondeus
Versfuß 5:	meist Daktylus, selten Spondeus
Versfuß 6:	eine lange Silbe und eine Silbe, die lang oder kurz ist (***anceps:*** ×)

— — | — — | — — | — — | — ◡ ◡ | — ×
— ◡ ◡ | — ◡ ◡ | — ◡ ◡ | — ◡ ◡ | — ◡ ◡ | — ×

Pentameter:

Versfuß 1–2:	Daktylus oder Spondeus
gefolgt von:	einer langen Silbe (ein „halber“ Versfuß)
gefolgt von:	zwei Daktylen
gefolgt von:	einer langen oder kurzen Silbe (ein weiterer „halber“ Versfuß)

— — |— — |—|— ◡ ◡|— ◡ ◡|×
— ◡ ◡|— ◡ ◡|—|— ◡ ◡|— ◡ ◡|×

Die blaue Markierung kennzeichnet unveränderbare Versfüße/Längen.

Man könnte auch sagen, der Pentameter besteht aus der Wiederholung des halben Hexameters. Dabei besteht der dritte bzw. sechste Versfuß aus nur einer Silbe, und nur in der ersten Hälfte des Verses können die Daktylen durch Spondeen ersetzt werden.

Angewandt auf Catulls Epigramm **c. 85** (S. 62) sieht das Schema so aus:

— ◡ ◡|— — |— ◡ ◡|— — |— ◡ ◡ |— ×
Odi et amo. Quare id faciam, fortasse requiris.

— ◡ ◡|— ◡ ◡|—|— ◡ ◡|— ◡ ◡|×
Nescio, sed fieri sentio et excrucior.

Was ist sonst noch zu beachten?

Endet ein Wort auf einen Vokal (oder Vokal + *m*) und beginnt das nächste mit Vokal (oder *h* + Vokal), dann entsteht ein sogenannter **Hiat**. Dieses Aufeinanderstoßen zweier Vokale vermied man, indem man **die beiden Laute zu einem zusammenzog**:

- Vokal vor Vokal — Od(i)‿et amo. (sprich: *Odet amo*)
- Vokal + *m* vor Vokal — amicum‿alium (sprich: *amicalium*)
- Vokal / Vokal + *m* vor *est*/*es* — terra‿(e)st (sprich: *terrast*)

Wie analysiere ich einen Vers metrisch?

Um einen Vers metrisch zu analysieren, geht man am besten nach folgendem **4-Schritte-Schema** vor.

Kopieren Sie dafür die zu analysierenden Verse auf ein Blatt (Beispiel: **Hexameter** aus Catull **c. 85**):
Odi et amo. Quare id faciam, fortasse requiris.

① Man prüft den Vers auf mögliche Hiate, streicht den letzten Vokal des vorderen Wortes durch und verbindet beide Wörter mit einem Bogen:

z. B.: Odi et → Od~~i~~‿et.
Nun hat man die korrekte Anzahl von Silben für die Analyse.

② Man trägt über den unveränderlichen Silben das Schema ein. Dies sind
- die erste Silbe (immer lang),
- die letzten 5 Silben (= 5. und 6. Versfuß) (immer daktylisch)

z. B.:

— |— ◡ ◡ |— ×
Od~~i~~‿et amo. Quar~~e~~‿id faciam, fortasse requiris.

③ Man legt die restlichen Silben fest. Dabei orientiert man sich an den Vokalen (= Silbenträger) und prüft, ob auf den Vokal zwei oder mehr Konsonanten folgen. Dabei stets auf *muta cum liquida* achten!

Dabei gilt *qu* als nur ein Konsonant:

— — — — |— ◡ ◡ |— ×
Odi‿et amo. Quare‿id faciam, fortasse requiris.

④ Man trägt von links nach rechts die noch fehlenden Kürzen ein und trennt die einzelnen Versfüße durch senkrechte Striche ab. Wenn dabei in einer zweiten Versfußhälfte nur eine Silbe verbleibt, handelt es sich um eine **Naturlänge**.

Entsprechend ist bei *amo* und *quare* je eine Länge einzutragen:

— ◡ ◡ | — — |—◡◡|— — |— ◡ ◡ |— ×
Odi‿et amo. Quare‿id faciam, fortasse requiris.

Pentameter
Beim Pentameter geht man wie beim Hexameter vor. Hier ist es sogar noch etwas leichter, da in Schritt ② die **7 Silben** der **zweiten Pentameterhälfte** immer gleich sind: —◡◡|—◡◡|—×

TIPP: Schritt ③ und ④ kann man mit einem Trick verkürzen: Die **erste Pentameterhälfte** hat stets 5, 6 oder 7 Silben:
- 5 Silben → alle Silben sind Längen
- 7 Silben → Schema —◡◡|—◡◡|—
- 6 Silben → prüfen, ob das 1. oder 2. Metrum aus |—◡◡| besteht. Das andere ist |— —|.

Wie lese ich Verse richtig?

Wie antike Gedichte tatsächlich geklungen haben, wenn man sie vortrug, ist umstritten: Achtete man mehr auf den **Rhythmus des Verses** oder auf den **natürlichen Wortakzent**? Dass die natürliche Betonung ganz ignoriert wurde, ist zumindest unwahrscheinlich.

Der Lesepraxis dürfte also ein Vortrag nahekommen, der einerseits dem natürlichen Wortakzent folgt (wobei auch **Hiatvermeidung** beachtet werden muss), andererseits den Rhythmus der Längen und Kürzen berücksichtigt.

In den modernen europäischen Sprachen und ihrer Dichtung spielt die Länge der Silben allerdings keine Rolle mehr, sodass wir beim Vortrag antiker Verse die Unterschiede zwischen langen und kurzen Silben kaum wahrnehmen. Daher hat sich bei der Rezeption antiker Dichtung im Laufe der Jahrhunderte als Behelfslösung für das Vorlesen antiker Verse eine **akzentuierende Vortragsweise** eingebürgert. Dabei betont man jeweils die erste Silbe eines Versfußes.

Man liest also z. B.: *Ód(i) et amó. Quar(e) íd faciám, fortásse requíris.*
Nach diesem Prinzip werden antike Versmaße auch in moderner Dichtung verwendet: Versakzent und Wortakzent fallen weitgehend zusammen, so z. B. in Friedrich Schillers Epigramm: *Wánderer, kómmst du nach Spárta, verkúendige dórten, du hábest* || *úns hier líegen geséhn, wíe das Gesétz es befáhl.* (Vgl. auch das Beispiel S. 130).

Das elegische Distichon ist – neben dem **Epigramm**, das Sie im letzten Jahr kennengelernt haben (Martial) – vor allem das Versmaß der **Elegie** (Properz, Tibull, **Ovid**) einschließlich der *Ars amatoria* (S. 64–83). Man findet es auch in vielen Gedichten **Catulls** (z. B. S. 62).

Weitere antike Versmaße

Die übrigen Versmaße – außer dem Hexameter –, die in diesem Band eine Rolle spielen, haben eine feste Silbenzahl und sind daher wesentlich leichter zu analysieren als das Distichon.

Hexameter (ohne Pentameter)
- wegen seiner Variabilität besonders geeignet für lange Dichtungen, da Monotonie beim Vortragen vermieden werden kann
- Versmaß für Epos und Lehrgedicht (Lehrepos)

(metrisches Schema siehe vorige Seiten)

Hendekasyllabus
- feste Silbenzahl: „Elfsilber“
- häufiges Versmaß bei Catull
- Beispiele: Catull, **c. 1, 2, 3, 5, 7** (S. 49–56)

⏒ ⏒ – ⏑ ⏑ – ⏑ – ⏑ – ×

Hinkjambus
- feste Silbenzahl
- typisches Versmaß für Spottgedichte
- Der Vers „hinkt“, da das letzte Metrum mit einer Länge beginnt
- Beispiel: Catull, **c. 8** (S. 58)

⏒ – | ⏑ – | ⏑ – | ⏑ – | ⏑ – | – ×

Sapphische Strophe
- feste Silbenzahl
- lyrisches Versmaß (für Gedichte, die zur Begleitung einer Lyra gesungen wurden)
- benannt nach der Dichterin Sappho
- Beispiel: Catull, **c. 51** (S. 60)

– ⏑ – – – ⏑ ⏑ – ⏑ – ×
– ⏑ – – – ⏑ ⏑ – ⏑ – ×
– ⏑ – – – ⏑ ⏑ – ⏑ – ×
– ⏑ ⏑ – ×

Unterschiede zwischen antiker und mittelalterlicher Dichtung

Im Mittelalter tritt zur quantitierenden die akzentuierende Metrik. Beide sind ihrem Gestaltungsprinzip nach völlig unterschiedlich:
Quantitierende Metrik ordnet den Vers nach **Länge** und **Kürze** der Silben. Bisweilen finden sich solche Gedichte auch noch in den *Carmina Burana*.
Die **akzentuierende Metrik** hingegen gliedert den Vers nach der Abfolge **betonter** und **unbetonter** Silben. Die Form der rhythmischen Dichtung lässt sich am besten erkennen, indem man den Vers mit seinem **natürlichen Wortakzent** liest – oder noch besser singt, denn der weitaus größte Teil der rhythmischen Dichtung im Mittelalter war zum Singen gedacht.
Eine wesentliche **Neuerung** des Mittelalters ist der **Reim**. Er kann sowohl in metrischen als auch in rhythmischen Gedichten des Mittelalters auftreten.

Vagantenstrophe
- vier Langverse mit je 7 Hebungen
- Zäsur (Einschnitt) nach der vierten Hebung (im Druck durch größeren Wortabstand wiedergegeben)
- Endreim

x́xx́xx́xx́   x́xx́xx́x
x́xx́xx́xx́   x́xx́xx́x
x́xx́xx́xx́   x́xx́xx́x
x́xx́xx́xx́   x́xx́xx́x

Dichtung und Musik: Vertonungen interpretieren

Nicht nur Texte erzählen Geschichten. Auch Musik kann – oft sogar viel unmittelbarer – Handlungen schildern, Gefühle erzeugen und Bilder im Kopf entstehen lassen. All dies wird von Komponisten bewusst gestaltet. Wird Dichtung vertont, kommt beides zusammen. Vertonungen ermöglichen es, literarische Texte in einer ganz neuen Dimension zu entdecken.

Instrumentierung/Satz
Komponisten setzen Instrumente gezielt ein: Spielt ein großes Orchester? Gibt es Solisten (Instrumentalist oder Sänger)?
Werden Instrumentengruppen (wie z. B. Blechbläser, Schlagwerk, Streicher) für besondere Effekte punktuell eingesetzt?

Spielen alle Beteiligten den gleichen Rhythmus (homophon), die gleichen Töne? Oder spielen alle etwas ganz Unterschiedliches (polyphon)?
Welche Assoziationen erzeugen diese Effekte beim Hörer?

Rhythmus
Der Rhythmus bestimmt (neben den Tonhöhen) den Melodieverlauf und Charakter.

Er kann über einen Abschnitt oder ein ganzes Stück gleich sein oder sich häufig ändern und je nachdem z.B. Emotionen (Aufgeregtheit, Freude etc.), Dramatik oder Spannung erzeugen.

Dynamik
Die Lautstärke von ***fff*** (*fortefortissimo* — äußerst laut) bis ***ppp*** (*pianopianissimo* — äußerst leise) kann für (dramatische) Effekte und Kontraste eingesetzt werden.

Außerdem können Übergänge in der Lautstärke, z. B. *crescendo* (lauter werden) und *decrescendo* (leiser werden), Spannung ausdrücken oder aufsteigende/abnehmende Emotionen wiedergeben.

Melodie
Eine Melodie kann in Bezug auf ihren Verlauf beschrieben werden: Sind die Intervalle (Abstände) zwischen aufeinanderfolgenden Tönen groß oder klein, gibt es Tonwiederholungen, Tonschritte oder Tonsprünge? Gibt es einzelne Töne, die hervorstechen?

Eine Melodie kann aufsteigend oder absteigend, wellenförmig oder linear (z. B. [chromatische] Tonleiter) sein und unterschiedliche Situationen schildern oder Emotionen wiedergeben. Außerdem können bestimmte Melodien bestimmten Personen oder Dingen zugeordnet sein und so einen Charakterisierungs- und/oder Wiedererkennungseffekt erzeugen.

Tempo
Das Tempo beschreibt — anders als der Rhythmus — die grundsätzliche Geschwindigkeit des Stückes, unabhängig von den Notenwerten.

Unterschiedliche Tempi können verschiedene Gemütszustände (z. B. schnell: Emotion, Dramatik; langsam: Ruhe, Stille) anzeigen.

Charakter/Höreindruck
Der Charakter eines Stückes kann z. B. majestätisch, melancholisch, gelangweilt, heiter, intim, unruhig, dramatisch oder aufgeregt sein – oft eben auch der literarischen Vorlage entsprechend.

Der Charakter kann auch rhythmisch sein, wenn der Rhythmus eine große Rolle spielt, pulsierend und vorantreibend, wenn etwa durchgehend Achtel gespielt werden.

Beispiel: *O Fortuna* (CB 17) – Vertonung durch Carl Orff (S. 118)

1 *O Fortuna,* *velut luna* *statu variabilis*	**Instrumentierung**	v. a. Blechbläser, Schlagwerk (Pauke: TamTam!), Bässe, Chor
	Rhythmus	Statisch, einzelne Silben gleichmäßig nebeneinander gesetzt, Homophonie; natürlicher Wortrhythmus wird übernommen
	Dynamik	Alles im Fortissimo: größtmöglicher Preis der Fortuna in der größtmöglichen Lautstärke
	Melodie	Sehr einfach, nicht komplex, unterstreicht majestätischen Charakter
	Tempo	Langsam, getragen, feierlich
	Charakter/ Höreindruck	Triumphaler, majestätischer Charakter, unterstreicht die allumfassende Macht des Schicksals, dem alle unterworfen sind; Beginn durch Paukenschlag überrascht, kündigt den „Auftritt" der Herrscherin Fortuna an; Chor: Hymnischer Preis der Fortuna. Fazit: Beginn des Stückes soll maximal beeindrucken.
semper crescis *aut decrescis;* *vita detestabilis* *nunc obdurat* *et tunc curat* *ludo mentis aciem,* *egestatem,* *potestatem* *dissolvit ut glaciem.* 2 *Sors inmanis* *et inanis,* *rota tu volubilis,* *status malus,* *vana salus* *semper dissolubilis,* *obumbrata* *et velata* *mihi quoque niteris;* *nunc per ludum* *dorsum nudum* *fero tui sceleris.*	**Instrumentierung**	Wechsel von Blech- zu Holzbläsern (Fagotte), Bässe, Chor
	Rhythmus	Ständig wiederholter Rhythmus in den Bässen/tiefen Holzbläsern, pulsierend durch ständige Wiederholungen *(ostinato)*, Unterstreichen der Textaussage *(semper crescis aut decrescis)*
	Dynamik	Plötzlich *pianissimo*: Große Kontrastwirkung zusammen mit verändertem, voranschreitendem Rhythmus, zum Ende der Strophe hin leichtes *crescendo*: allmählich sich steigernde Dramatik
	Melodie	Tritt zurück zugunsten des pulsierenden Rhythmus
	Tempo	Schnell, vorantreibend, nimmt im Verlauf der 2. Strophe ebenso wie Dynamik zu
	Charakter/ Höreindruck	Starke Kontraste in Dynamik, Rhythmus, Tempo und Instrumentierung erzeugen den pulsierenden, vorantreibenden Charakter: Er unterstreicht den ständigen und raschen, oft überraschenden Wandel im Leben *(vita detestabilis)*, den Fortuna mit sich bringt, ihre Wechselhaftigkeit, Launenhaftigkeit, Unerbittlichkeit *(Sors inmanis et inanis)*: Das Rad der Fortuna dreht sich *(rota tu volubilis)* – und dreht sich immer schneller!

3 *Sors salutis* *et virtutis* *mihi nunc contraria,* *est affectus* *et defectus* *semper in angaria.* *Hac in hora* *sine mora* *chordae pulsum* *tangite;* *quod per sortem* *sternit fortem,* *mecum omnes* *plangite!*	**Instrumentierung**	Blechbläser (v.a. Trompeten), Schlagwerk, Chor, am Schluss: fanfarenartige Blechbläser
	Rhythmus	Fortführung des ständig sich wiederholenden Rhythmus *(ostinato)* unterstreicht und erhöht emotionale Aussagekraft des Textes
	Dynamik	Plötzlich wieder Fortissimo: Große Kontrastwirkung unterstreicht Dramatik und im Text angesprochene Verzweiflung.
	Melodie	Tritt zurück zugunsten des Textes und der dramatischen Dynamik
	Tempo	Schnell, vorantreibend, nimmt im Verlauf der 3. Strophe weiter zu
	Charakter/ Höreindruck	Ständiges Fortissimo, voranpeitschender Rhythmus, sich ständig steigerndes Tempo unterstreichen die zunehmende Einsicht in das Ausgeliefertsein des Menschen gegenüber dem Schicksal *(mihi nunc contraria, est affectus et defectus semper in angaria)*, dies erzeugt Unsicherheit, zuletzt Verzweiflung, die in die Klage um die Unerbittlichkeit des Schicksals mündet *(mecum omnes plangite!)*. Der fanfarenartige Abschluss greift den Charakter der Anfangstakte auf: insgesamt dramatischer, zugleich majestätischer Charakter.

Präsentation: Lateinische Texte anschaulich machen

Wenn man einen lateinischen Text in der Lerngruppe vorstellen soll, kann sich der Einsatz digitaler Medien empfehlen. Digitale Textverarbeitung eignet sich besonders gut, um lange, komplexe Sätze übersichtlich aufzubereiten.

Wichtig ist vor allem, dass die Informationen, die man vermittelt, beim „Publikum" im Gedächtnis bleiben. Dabei gilt folgende Grundregel:
Vortrag + Visualisierung =
bessere Verankerung im Gedächtnis.

1. Gestaltung einer digitalen Präsentation

Eine **Schrift** wählen: Wählen Sie geeignete **Schriftarten**, **Schriftgrößen** und **Farben**:	• optimale **Schriftgröße**: 28pt, mindestens 20pt • Klare **Schriftart** ohne Schnörkel auswählen, kein Wechsel der Schriftart • **Farben** sparsam verwenden, grundsätzlich gilt: **gleiche Farbe für gleiche Bedeutung** (z. B.: Chiasmus immer blau, Antithese immer rot) • **Hervorhebungen** können durch **Fettung**, **farbigen Text** oder Markierungen erfolgen.
Auf **Kontraste** achten: • Der eigentliche Text muss immer **gut lesbar** sein und sich gut vom Hintergrund abheben.	• **Gut: Dunkel auf Hell** (z. B. Schwarz auf Weiß) • **Ungeeignet:** allzu ähnliche Farben, Muster oder Fotos als Hintergrund
Folien/Tafelbilder gestalten: Grundsätzlich gilt für eine effektive Präsentation: **Weniger ist (oft) mehr.**	• Text immer **auf das Nötigste reduzieren**; in Stichpunkten formulieren • Folien **nicht „vollstopfen"**: **maximale Anzahl** von Stichpunkten pro Folie: **5 (+/– 2)**

2. Die stilistische Kunst eines Distichons digital veranschaulichen (Beispiel: Catull c. 85)

1. Verschiedene Farben, um die Beziehungen zwischen den Verben darzustellen (nicht zu viele, sonst wird es unübersichtlich!) → zur stilistischen Analyse vgl. S. 199	• rot: Gefühle des poetischen Sprechers • blau: Polyptoton *faciam – fieri* • grün: Kommunikation (Frage – Antwort)
2. Zusammengehöriges als Blöcke darstellen	• je zwei mit *et* verbundene Prädikate am Anfang und am Ende des Distichons

Beispiel: Catull c. 85

Odi et amo. Quare id faciam, fortasse requiris.
Nescio, sed fieri sentio et excrucior.

Wörterbuchgebrauch

Aus Ihren bisherigen Lateinbüchern kennen Sie bereits Vokabelverzeichnisse oder Wörterbuchanhänge, in denen man vergessene oder unbekannte Vokabeln nachschlagen kann. Für die Lektüre lateinischer Originaltexte reichen diese Listen allerdings nicht mehr aus, denn es gibt natürlich viel mehr lateinische Vokabeln. Wenn also in einem Text eine nicht gelernte oder vergessene Vokabel, auftaucht, benötigen Sie ein richtiges Wörterbuch. Bei der Benutzung eines solchen Wörterbuchs können allerdings auch Fragen auftauchen:

- **Unter welchem Eintrag (Lemma) muss ich nach einem Wort suchen?** Teilweise sind die Wörter nicht unter der Form verzeichnet, die früher als „Lernform" eingeführt wurde.
- **Welche Bedeutung soll ich auswählen?** Einige Wörter haben so viele Bedeutungen, dass es gar nicht einfach ist, die gerade angemessene herauszufinden.
- **Was bedeuten die Abkürzungen?** In Wörterbüchern wird vieles abgekürzt, und nicht alle Informationen, die sich hinter diesen Abkürzungen verbergen, sind für Sie wichtig.

Einige Hilfen seien hier kurz vorgestellt:

1. Wo finde ich ein Wort? Welche Bedeutung soll ich auswählen?

Bei den meisten Wortarten ist es ganz einfach: Im Allgemeinen stehen die Wörter in den vertrauten Lernformen. Dennoch ist es hilfreich, über grammatische Formen Bescheid zu wissen, wenn man den richtigen Eintrag finden will. Größere Schwierigkeiten können vor allem die Verben bereiten.	• **Substantive, Adjektive, Adverbien** und sonstige **„kleine Wörter"** sind in der **„Lernform"** verzeichnet. • Verben werden in aktuellen Lexika meist im **Infinitiv**, in älteren aber in der **1. Person Singular Präsens** angegeben.
Wenn Sie ein Wort kennen, dann schlagen Sie es nicht nach! Andernfalls verlieren Sie zu viel Zeit.	• Nur dann, wenn die bekannte Bedeutung nicht in den Text passt, sollte man im Wörterbuch überprüfen, welche Bedeutung angemessener ist.
Machen Sie sich im Vorfeld schon klar, was Sie suchen, vor allem, welcher **Wortart** das gesuchte Wort angehört. Hierbei kann es nützen, Wortbildungsregeln zu Rate zu ziehen. → **Wortbildung: Präfixe und Suffixe, S. 228** Lesen Sie den Eintrag im Wörterbuch genau und beachten Sie die Wortarten und die grammatischen Angaben!	• Aus den grammatischen Angaben bei dem jeweiligen Eintrag (z. B. Stammformen, Genitiv, Genus) geht bereits hervor, ob es sich bei dem Eintrag um eine Wortart handelt, die infrage kommt. • Beachten Sie auch die nähere Umgebung des gefundenen Wortes: Wenn mehrere sehr ähnliche Einträge aufeinander folgen, müssen Sie zunächst den aktuell zutreffenden auswählen. Die Feststellung der benötigten Wortart ist der erste Schritt dazu. → Bloße Ähnlichkeit im Schriftbild ist noch kein Hinweis darauf, dass Sie den richtigen Eintrag gefunden haben.
Achten Sie stets auf den Kontext des Wortes und – sofern schon erkennbar – auf den Inhalt des Textes, in den es gehört!	→ Wenn man den Sinn des Textes zumindest grob erfasst, kann das beim Nachschlagen eine Hilfe sein.

Achten Sie bei geografischen Eigennamen darauf, ob ein Land / eine Stadt, das dort lebende Volk oder das Adjektiv dazu angegeben wird!	• Bei Volksnamen kann dasselbe Wort oft substantivisch und adjektivisch gebraucht werden; hier geht die Wortart nur aus dem jeweiligen Kontext hervor. → *Roma* ist „Rom“, *Romanus* heißt dagegen „der Römer“ oder „römisch“, *Amerinus* „der Ameriner“ oder „amerinisch / aus Ameria stammend“.
Berücksichtigen Sie beim Nachschlagen, welche Informationen die bisher schon übersetzten Texte eines Autors bieten!	• Vor allem bei Polysemen (mehrdeutigen Wörtern) gilt: Beziehen Sie mit ein, in welcher Bedeutung dieser Autor das Wort auch sonst verwendet und welche insgesamt zur Thematik seines Textes passt. • Nützlich sind hier auch die in vielen Lexika enthaltenen Hinweise auf Spezialbedeutungen lateinischer Wörter bei bestimmten Autoren (siehe unten bei „Abkürzungen“.) → *pontifex (maximus)* kann „(Ober-)Priester“, aber auch „Papst“ bedeuten. Wenn dieses Wort in einer neuzeitlichen Inschrift auftaucht, ist sehr wahrscheinlich ein Papst gemeint.

2. Was bedeuten die Abkürzungen?

Bisweilen erschweren die Abkürzungen in den Wörterbüchern das Nachschlagen. Leider sind diese nicht in allen Wörterbüchern gleich. Einige gängige Zeichen und Abkürzungen sind hier aufgelistet.

Häufig verwendete Zeichen:

~ Hier ist das Wort, um das es in dem Wörterbucheintrag geht, zu ergänzen (bei Wendungen, in denen das Wort vorkommt).

< („entstanden aus“) Verweist auf die Abstammung des Wortes, um das es in dem Wörterbucheintrag geht (nur sprachgeschichtlich relevant, in einigen Wörterbüchern einfach in Klammern angegeben).

* Ein Wort, das in der überlieferten lateinischen Literatur nicht vorkommt, das es aber gegeben haben dürfte (nur sprachgeschichtlich relevant).

Häufig verwendete Abkürzungen:

- **acc., adi., coni./Konj., f, Präp.** usw.: Abkürzungen für gängige Grammatikbegriffe, die sich leicht erschließen lassen (Akkusativ, Adjektiv, Konjunktiv, Femininum, Präposition usw.).
- **altl., klass., ml./mlt., t. t.** usw.: Abkürzungen zur Verwendung von Wörtern (altlateinisch, klassisch, mittellateinisch [= Latein des Mittelalters], Terminus technicus [= Fachbegriff] usw.).
- **Ca., Chr., Ma, O** usw.: Siglen, mit denen angegeben wird, bei welchem Autor ein Wort in einer bestimmten Bedeutung vorkommt (Catull, christliche Texte, Martial, Ovid usw.)

Grundsätzlich gilt:

- Suchen Sie im Wörterbuch zunächst ein **Verzeichnis der verwendeten Zeichen und Abkürzungen**.
- Lesen Sie immer den Wörterbucheintrag zu dem gesuchten Wort **sorgfältig** durch und achten Sie auf die Informationen, die für die Suche wichtig sein dürften.
- Gerade am Beginn der Arbeit mit dem Wörterbuch sind **Angaben zur Wortgeschichte** noch nicht von Belang.
- Wenn im Wörterbuch **Wendungen** stehen, dann ist zu beachten, dass die dazu angegebene Wortbedeutung an Ihrer Stelle möglicherweise nicht passt.

Projektarbeit

In Projekten können Unterrichtsinhalte in sehr umfangreicher Form erarbeitet werden. Dabei werden nicht nur Themen und Arbeitsweisen verschiedener Fächer einbezogen, sondern man arbeitet auch unter Verwendung unterschiedlicher Methoden und Sozialformen (z. B. Recherche in Bibliotheken oder Internet, Gruppenarbeit, Präsentation usw.). Häufig wird ein Projekt nicht allein von der Lehrkraft, sondern unter aktiver Beteiligung der Schülerinnen und Schüler geplant, organisiert und durchgeführt. Einige Punkte, die dabei zu beachten sind, sind hier zusammengestellt. Auf den folgenden Seiten finden Sie dann Vorschläge für Projekte, die mit den Texten im Buch (sowie teilweise mit Ergänzungsmaterialien) durchgeführt werden können:

- Lateinische Briefliteratur von der Antike bis in die Neuzeit
- Naturkatastrophen in der Antike

Folgendes Vorgehen bietet sich für die Planung, Organisation und Durchführung eines Projekts an:

---

1. Festlegung des Projektthemas
Da die Arbeit an einem Projekt einen längeren Zeitraum umfassen wird, ist es wichtig, dass ein Thema gewählt wird, das möglichst viele der Beteiligten interessiert. Häufig wird die Lehrkraft Themen vorschlagen und die Schülerinnen und Schüler in die Wahl einbeziehen, aber auch Schülervorschläge können geäußert werden.

- Die genannten Themen bieten eine Auswahl; natürlich können auch andere Themen bearbeitet werden, die vom Aufeinandertreffen antiker und nachantiker Kulturen handeln.
- Damit möglichst schnell ein Eindruck von den konkreten Inhalten eines Projektthemas entsteht, empfiehlt es sich, Leitfragen zu formulieren und so gleich zu Beginn mögliche Arbeitsschwerpunkte und Ziele des Projekts zu entwickeln.

---

2. Planung der Arbeit
Wichtig ist, dass klar definiert wird, wie lange das Projekt dauern wird und welche Gesichtspunkte des gewählten Themas bearbeitet werden sollen. Dazu teilt sich die Klasse in Gruppen auf, von denen jede die Bearbeitung eines Themenbereichs übernimmt; innerhalb der Gruppen kann wiederum eine Aufteilung von Aufgaben vorgenommen werden. Den Großteil der Arbeit (z. B. Übersetzung eines lateinischen Textes) sollte die Gruppe aber gemeinsam erledigen. Bei der Planung ist wichtig, dass man sich realistische Ziele setzt, die für alle sichtbar festgehalten werden (dennoch kann später eine Anpassung der Ziele notwendig werden; vgl. das Folgende).

- Einteilung der Arbeitsgruppen
- Auswahl der Materialien für die Projektarbeit in Gruppen (die genannten Projektvorschläge bieten z. B. zahlreiche Texte an, die sicher nicht alle bearbeitet werden können)
- Festlegung, welche Gruppe welches Teilthema (z. B. welchen Autor, welche Texte, welche Themenbereiche) übernimmt
- Aufteilung von Aufgaben innerhalb der Gruppe (z. B. Wer recherchiert zu welchem Thema? Wer erstellt eine Computerpräsentation? Wer bereitet Inhalte anderer Fächer auf und bringt sie in die Gruppe ein?)
- schriftliche Fixierung der Aufgabenverteilung und Arbeitsplanung sowie v. a. der Projektziele

---

3. Erarbeitungsphase
Während der Durchführung des Projekts sollte es immer wieder zu Präsentationen von Teilergebnissen – sowohl innerhalb der Arbeitsgruppen als auch im Plenum – kommen. Die Inhalte werden also von einzelnen Schülerinnen und Schülern bearbeitet, dann in der Gruppe vorgestellt sowie überarbeitet und in der Klasse präsentiert.

- Wechsel von Einzelarbeit (bzw. Partnerarbeit), Gruppenarbeit und Präsentation von Zwischenergebnissen im Plenum
- Auf die Präsentationen in der Gruppe und in der gesamten Klasse können Phasen der weiteren Planung bzw. der Überarbeitung zuvor erstellter Arbeitspläne folgen.

---

4. Präsentation Nach der Durchführung sollte es Schlusspräsentationen der einzelnen Gruppen geben. Diese können ihrerseits zu einer Gesamtpräsentation der ganzen Klasse zusammengefasst werden (z. B. im Rahmen einer Ausstellung am Projekttag oder an einem Präsentationsabend).	• zu Formen und Techniken von Präsentationen vgl. S. 217 • Bereits im Vorfeld sollte geklärt sein, ob und wie die Projektarbeit benotet wird: Häufig wird die Präsentation ein zentraler Bestandteil der Bewertung sein; die Kriterien dafür müssen transparent sein.
5. Evaluation Sämtliche Teilnehmer sollten die Qualität der Planung und Zusammenarbeit sowie die Ergebnisse bewerten.	• Abschlussgespräch im Klassenverband • möglicherweise Bewertung durch Evaluationsbögen, die im Rahmen des Projekts erstellt werden

Ein Projekt war dann besonders erfolgreich, wenn alle Schülerinnen und Schüler in eigenverantwortlicher Arbeit an einem Themenbereich zu relevanten Ergebnissen gelangt sind.

Reden im 20. und 21. Jahrhundert

Unschuldig des Mordes angeklagt! – Schlussplädoyer vor dem Landgericht Bremen

Der Anwalt Heinrich Hannover verteidigte 1976 in einem wieder aufgenommenen Verfahren vor dem Schwurgericht (s. u.) 2 des Landgerichts Bremen einen Mann namens Otto Becker. Dieser war zuvor vom Schwurgericht 1 zu Unrecht des Mordes an Carmen Kampa schuldig gesprochen worden. Mit folgenden Worten leitet Hannover zum Schlussplädoyer über:

Meine Damen und Herren, ich bin am Ende. Dieses Verfahren, das meines Erachtens nur mit einem Freispruch meines Mandanten enden kann, muss eine Warnung, muss eine Mahnung für uns alle sein, den Grundsatz *in dubio pro reo* in Zukunft ernster zu nehmen, als dies im Verfahren vor dem Schwurgericht 1 geschehen ist. Becker ist auch dann, wenn er in diesem Verfahren freigesprochen wird, ein Mensch, der eine ganz schreckliche Erfahrung mit der Justiz hinter sich hat, ein Mensch, der durch dieses Verfahren in sehr hohem Maße belastet worden ist, ein Mensch, der schon von Haus aus mit Problemen überhäuft ist.

Die Aufgabe, die der Verteidigung gestellt war, war in erster Linie die, ihm aus diesem schrecklichen Verdacht herauszuhelfen, in den er zu Unrecht geraten war. Dieser Mensch ist von einer furchtbaren Unruhe, einer furchtbaren Angst getrieben. Ein Mensch, der schon von seiner Persönlichkeit her zu depressiven Verstimmungen neigt. Und diese Belastung durch diesen fürchterlichen Prozess noch dazu – das war mehr, als dieser so vielen Gefährdungen ausgesetzte Mann verkraften konnte. Und auf dem Tiefpunkt der Verzweiflung hatte Otto Becker auch während der Dauer dieses Verfahrens einen Selbstmordversuch unternommen.

Meine Damen und Herren, Sie haben heute die Chance, einen Justizirrtum zu korrigieren, der das Leben dieses Mannes fast zerbrochen hätte. Und ich bitte Sie, das nicht in der abgeschwächten Form zu tun, die der Herr Staatsanwalt empfohlen hat, nämlich indem Sie sagen, Becker bleibe nach wie vor in hohem Maße tatverdächtig. Sondern Sie sollten sich dann auch dazu durchringen, ihm zu bestätigen, dass kein Tatverdacht mehr besteht. Dieser Mann hat Carmen Kampa nicht umgebracht.

Ich bitte um Freispruch.

1 Analysieren Sie die rhetorische Gestaltung der Rede vor allem im Hinblick auf sprachlich-stilistische Mittel und psychologische Effekte. → S. 13, S. 19

2 **a** Weisen Sie durch den Vergleich mit geeigneten Stellen aus Ciceros Rede für Sex. Roscius nach, dass sich der zeitgenössische Gerichtsredner ähnlicher Methoden bedient wie Cicero.

b Arbeiten Sie Unterschiede zu Ciceros Rede im Einsatz der rhetorischen Methoden heraus. Begründen Sie die Unterschiede im Hinblick auf die jeweiligen Adressaten bzw. die Redesituation.

Schwurgericht: aus drei Berufsrichtern und zwei Schöffen bestehendes Gericht im Fall von Kapitalverbrechen (z. B. Mord). Die Abbildung zeigt einen deutschen Gerichtssaal von den Zuschauerbänken aus gesehen.

„Yes, we can!" Rede von US-Präsident B. Obama nach dessen Wahlsieg 2008

Obamas Siegesrede wird zu den rhetorischen Meisterwerken des 21. Jahrhunderts gezählt. Hier ein Ausschnitt:

All jenen, die diese Welt zerstören wollen, sage ich: Wir werden euch besiegen. Jenen, die nach Frieden und Sicherheit streben, sage ich: Wir unterstützen euch. All jenen, die sich gefragt haben, ob das Leuchtfeuer der Vereinigten Staaten noch immer so hell scheint, sage ich: Heute Abend haben wir erneut gezeigt, dass die wahre Stärke unserer Nation nicht von der Macht unserer Waffen oder dem Ausmaß unseres Wohlstandes herrührt, sondern von der fortdauernden Kraft unserer Ideale: Demokratie, Freiheit, Chancen und unbeirrbare Hoffnung.

1. Analysieren Sie die rhetorische Gestaltung des Redeausschnitts vor allem im Hinblick auf sprachlich-stilistische Mittel und psychologische Effekte.
2. Recherchieren Sie den Wortlaut der gesamten Rede (ggf. auch als Video oder Tondokument) und weisen Sie in Gruppen jeweils eine der genannten Techniken nach. Tragen Sie im Anschluss Ihre Ergebnisse im Plenum zusammen.
3. Die Redesituation Ciceros vor Gericht ist eine andere, da er nicht begeistern, sondern überzeugen muss. Gleichwohl setzt auch er auf das Erregen von Emotionen und Stimmungen. Überprüfen Sie in Gruppen geeignete Ausschnitte seiner Rede für Sex. Roscius im Hinblick auf Punkt (a) bis (d). Tragen Sie im Anschluss Ihre Ergebnisse im Plenum zusammen.

Der Erfolg von Obamas Rede wird vor allem in der gelungenen Anwendung folgender rhetorischer Techniken gesehen, die z. T. typisch für die emotionale Rhetorik in den USA sind:

a Begeisterung des Publikums – sowohl der Sympathisanten als auch der Kritiker – bereits mit den ersten Worten
b Vermittlung einer positiven Grundstimmung (z. B. durch gezielte Verwendung von Begriffen wie „Lösung" bzw. „Antwort" statt „Problem" oder „Fehler")
c Schaffung eines „Wir-Gefühls"
d „Storytelling", um gezielt die Gefühlsebene des Publikums anzusprechen
e perfekter Einsatz sprachlich-stilistischer Mittel
f bewusster Einsatz der Stimme (Modulation)

Weiterführung: Neben den Arbeitsaufträgen können hier auch die folgenden Themen beachtet werden:

- Recherche weiterer aktueller Reden, Analyse und Vergleich mit Ciceros Rede
- Recherche zur Praxis von Kapitalprozessen in Deutschland, evtl. Gerichtsbesuch (Gerichtsprozesse sind im Normalfall für Zuschauer frei zugänglich)
- Vergleich mit Gerichtsreden in Fernsehkrimis

Briefe – ein Medium für alle Zwecke

Der Brief erfüllte in der Antike die verschiedensten Zwecke, die man gut bei M. Tullius **Cicero** studieren kann. Cicero ist nämlich der einzige Briefschreiber der Antike, von dem eine Vielzahl echter privater Briefe überliefert ist (Briefsammlungen u. a. *Ad Atticum* und *Ad familiares*). Die folgenden Briefausschnitte richten sich an **Atticus**, seinen besten Freund, und an **Terentia**, seine Frau. **Tullia** ist seine Tochter; seinen Sohn nennt er „**Cicero**" und sich selbst dann **Tullius**.

Text 1: Post-Probleme Cic. Att. 1.13.1

CICERO ATTICO SAL. Accepi tuas tres iam epistulas, unam a M. Cornelio, quam Tribus Tabernis, ut opinor, ei dedisti, alteram, quam mihi Canusinus tuus hospes reddidit [...] Quibus epistulis sum equidem abs te lacessitus ad rescribendum; sed idcirco sum tardior, quod non invenio fidelem tabellarium. Quotus enim quisque est, qui epistulam paulo graviorem ferre possit, nisi eam pellectione relevarit?

Cicero grüßt Atticus.
Ich habe schon drei Briefe von dir bekommen: einen über Marcus Cornelius, den du ihm, glaube ich, in Tres Tabernae überreicht hast. Einen zweiten, den mir dein Gastfreund aus Canusium überbracht hat. [...] Durch diese Briefe hast du mich natürlich zu einer Antwort animiert; jedoch bin ich deshalb ziemlich spät dran, weil ich keinen vertrauenswürdigen Briefboten finde. Wie wenige nur gibt es nämlich, die es schaffen, einen Brief, der einen etwas gewichtigeren Inhalt hat, mitzunehmen, ohne ihn durchzulesen und dadurch zu „erleichtern"!

Text 2: „Einfach mal so" Cic. Att. 9.10.1

CICERO ATTICO SAL. Nihil habebam quod scriberem; neque enim novi quicquam audieram et ad tuas omnes rescripseram pridie. Sed cum me aegritudo non solum somno privaret, verum ne vigilare quidem sine summo dolore pateretur, tecum ut quasi loquerer, in quo uno acquiesco, hoc nescio quid nullo argumento proposito scribere institui.

Cicero grüßt Atticus.
Ich habe nichts, worüber ich schreiben könnte; denn ich habe ja auch nichts Neues gehört und all deine Briefe bereits gestern beantwortet. Aber weil mich mein Kummer nicht nur am Schlafen hindert, sondern ich nicht einmal wach sein kann, ohne mich schrecklich zu fühlen, beginne ich dir einfach irgendetwas zu schreiben, ohne ein bestimmtes Thema im Sinn zu haben. Denn ich will mich sozusagen mit dir unterhalten – nur dadurch komme ich zur Ruhe.
(Cicero-Übersetzungen von Kerstin Wastl)

Text 3: Eine Anrede Cic. fam. 14.7

TULLIUS TERENTIAE ET PATER TULLIAE, DUABUS ANIMIS SUIS, ET CICERO MATRI OPTIMAE, SUAVISSIMAE SORORI S. P. D.
Si vos valetis, nos valemus. (...)

Text 4: Kurznachricht Cic. fam. 14.11.1

TULLIUS S. D. TERENTIAE SUAE.
S. v. b. e. e. v. [= *Si vos valetis, bene est, ego valeo.*]
Tullia nostra venit ad me pr. Idus Iun.

1. Erschließen Sie jeweils die Situation, in der der Brief entstanden ist, und dessen Zielsetzung; arbeiten Sie die sprachliche Gestaltung aus den Texten heraus.
2. Vergleichen Sie Ihre Ergebnisse mit den Plinius-Briefen in diesem Buch (ohne S. 42 f., aber einschließlich der beiden Briefausschnitte auf S. 46 f.).
3. Der (antike) Brief wird gemeinhin definiert als „halber Dialog", der sich durch Kürze (u. a. auch kurze Sätze) auszeichnen soll. Überprüfen Sie dies anhand der Cicero- und der Pliniusbriefe.

Ein erhaltener Originalbrief aus der Antike

Text 5: Brief der Claudia Severa

Umschrift

Cl(audia) severa Lepidinae [suae sa]l[u]tem. III Idus Septembr[e]s, soror, ad diem sollemnem natalem meum rogo libenter facias, ut venias ad nos, iucundiorem mihi [diem] interventu tuo factura, si [v]e[nie]s. Cerial[em t]uum salute. Aelius meus e[um] et filiolus salutant. Sperabo te, soror. Vale, soror, anima mea, ita valeam karissima, et have.

Sulpiciae Lepidinae Cerialis a S[e]vera.

Übersetzung

Claudia Severa grüßt ihre Lepidina. Für den 11. September, Schwester, meinen Geburtstag, lade ich Dich freundlich ein, dass Du kommst und mir den Tag durch Dein Dazukommen angenehmer machst, wenn Du da bist (?). Grüße Deinen Cerialis. Mein Aelius und mein kleiner Sohn lassen ihn (?) grüßen. Ich werde dich erwarten, Schwester. Leb wohl, Schwester, meine liebste Seele, so wie es mir wohlergehen möge, und bleib gesund.

(*Rückseite:*) An Sulpicia Lepidina, Frau des Cerialis, von Severa

4 Überprüfen Sie anhand von S. 6 f. sowie S. 8 f., inwieweit das Schreiben der Claudia Merkmale eines Privatbriefs aufweist.

5 Vergleichen Sie diesen Brief mit Ihren Ergebnissen aus **1**. Arbeiten Sie heraus, wie beide Briefeschreiber ihre Einstellung zum Adressaten darstellen und welche Rolle Gefühle beim Schreiben eines Briefes spielen.

6 Die Wissenschaft von der Entzifferung antiker Handschriften nennt man Paläografie. Vom Fund eines originalen Textzeugnisses wie des Täfelchens aus Vindolanda bis zur Veröffentlichung in einer für uns lesbaren Form ist es oft ein langer Weg. Erörtern Sie in der Klasse, auch unter Einbeziehung der Abbildung des Originaltextes, welche Probleme sich für einen Paläografen bei der Aufbereitung eines antiken Textzeugnisses für moderne Leser stellen dürften.

Fragment eines Briefes (um 100 n. Chr.), der im britischen Vindolanda gefunden wurde: die Einladung zum Geburtstag der Claudia Severa an eine gewisse Sulpicia Lepidina.

Weiterführung: Neben den Arbeitsaufträgen können bei der Beschäftigung mit den lateinischen Texten auch die folgenden Themen beachtet werden:

- die Funktionen verschiedener Briefe,
- eine Diskussion darüber, ob der Inhalt eines bestimmten Briefes auch in anderen Textsorten (theoretische Abhandlung, sachlicher Bericht usw.) hätte dargestellt werden können,
- die Untersuchung der Rolle des Adressaten,
- die Untersuchung der Rolle einer breiten Leserschaft (v. a. bei Briefen, die veröffentlicht wurden),
- Recherchen über Briefromane und ihre Inhalte,
- Überlegungen über weitere Formen von Kommunikation und ihren Einfluss auf die Inhalte der Aussagen: Telefon/Chatrooms und Social Media/Internet-Foren/E-Mail.
- Ein passendes modernes Medium für einen oder mehrere Cicero- oder Pliniusbriefe auswählen, die Auswahl auf der Grundlage der Eigenschaften des Mediums begründen (evtl. anhand von Recherche)
- Kreative Umsetzung: Übertragung des Textes in die heutige Zeit, passend zu dem gewählten Medium.

Naturkatastrophen in der Antike

Die folgenden Texte befassen sich aus ganz unterschiedlicher Perspektive mit dem Phänomen der Naturkatastrophen.

In einer Programminformation schreibt der Fernsehsender 3sat zum Thema „Mythische Naturkatastrophen" (2011) Folgendes:

Die biblische Sintflut ist das Urbild für eine Naturkatastrophe, die über die Menschen hereinbricht, weil sie von Gott für ihr Verhalten bestraft werden sollen. Ganz ausgelöscht wird der Mensch nicht. Dass Noah auserwählt ist zu überleben, ist wie eine letzte Warnung. Die Deutung, dass Gott das Übel auf die Welt sendet und es auch wieder zurücknehmen kann, blieb lange ein Deutungsmuster für Katastrophen. (...)

Auch in unserem säkularisierten Zeitalter werden Naturkatastrophen immer noch als Warnung interpretiert. Vielleicht sollen wir davor gewarnt werden, dass wir es mit unserer Technikgläubigkeit übertrieben haben. Mit den Bedrohungen seiner Lebenswelt vernünftig umzugehen, gehört zu den großen Aufgaben des Menschen. (...)

„In Italien beispielsweise weiß man, dass der Vesuv ein gefährlicher Vulkan ist, der irgendwann explodieren wird. Trotzdem liegt an seinem Fuß die Großstadt Neapel. Obwohl die Italiener wissen, was dort passieren kann, werden die roten Zonen mit zum Teil illegalen Bauten besiedelt. Es gibt also soziale Konstellationen und wirtschaftliche Zwänge, die dazu führen, dass man diese Gefahr verdrängt. Zu den typischerweise von Naturkatastrophen betroffenen Opfern zählen Menschen, die sich die teuren Lagen nicht leisten können und in billigen Gegenden in Überschwemmungsgebieten leben müssen", so Katastrophenhistoriker Gerrit Schenk.

Stellen Sie die hier genannten Reaktionen der Menschen auf Naturkatastrophen zusammen. Ergänzen Sie diese, ggf. anhand von Recherche, durch weitere Beispiele.

Pompeji mit dem Vesuv im Hintergrund. Die Abbildung vermittelt einen Eindruck von der Größe des Gebiets, das durch den Ausbruch 79 n. Chr. verwüstet wurde.

Der Philosoph Seneca verfasste auch naturphilosophisch-naturwissenschaftliche Untersuchungen (*naturales quaestiones*). Darin berichtet er von schweren Erdbeben in der Vesuvgegend 63 n. Chr., also bereits 16 Jahre vor dem großen Ausbruch.

Text 1: Ein Erdbeben Sen. nat. 6.1.2–3

Am 5. Februar war hier ein Erdbeben, das Kampanien mit großer Zerstörungswut verwüstete: Denn ein Teil der Stadt Herculaneum stürzte ein und auch, was noch steht, ist einsturzgefährdet; die Kolonie Nuceria ist zwar nicht zerstört, doch voller Klagen; auch Neapel verlor an Privateigentum viel, an öffentlichem nichts – es wurde also von dem gewaltigen Übel nur leicht gestreift. Einige Landhäuser stürzten ein, die meisten überstanden das Beben ohne Schaden. Dazu wird berichtet: Eine Herde von 600 Schafen sei umgekommen und Statuen zerfallen. [...]

Text 2: Ursachenforschung Sen. nat. 6.1.4; 6.3.1

Suchen muss man Trost für die Furchtsamen und wegnehmen die ungeheure Angst. Denn was kann einem jemals sicher scheinen, wenn die Welt selbst erschüttert wird und ihr felsenfester Bau ins Wanken gerät? Da wird es auch helfen, von der Annahme auszugehen, dass nichts davon die Götter tun, und dass weder Himmel noch Erde durch den Zorn von Gottheiten erschüttert werden: Dies [Naturvorgänge] haben ihre eigenen Ursachen und wüten nicht auf Befehl, sondern geraten, wie unsere Körper, durch [physikalische] Fehler aus dem Takt. [...]

Text 3: Menschen in Angst Sen. nat. 6.29.1

Einige Menschen brachte die Angst dazu, wie wahnsinnig oder wie im Schock umherzulaufen; Angst bringt Menschen [schon] um den Verstand, wenn sie [nur] privat und begrenzt ist: Wie? Wo Angst die Öffentlichkeit terrorisiert, wo Städte fallen, Völker unterdrückt werden, die Erde erschüttert wird – wie erstaunlich ist es da, wenn der menschliche Geist, hilflos zwischen Schmerzen und Furcht, vom Weg abkommt?

1 Vergleichen Sie Senecas Ausführungen mit den entsprechenden bei Plinius (S. 34–39) im Hinblick auf die Zielsetzung und die Haltung des Autors.

Weiterführung: Neben den Arbeitsaufträgen können bei der Beschäftigung mit den Texten auch die folgenden Themen beachtet werden:

- Recherche zur Größe des 79 n. Chr. verwüsteten Gebiets, zu weiteren Ausbrüchen des Vesuvs und zur Größe der Gefahr, dass es wieder zu einem schweren Ausbruch kommt.
- Naturkatastrophen in der Antike und heutige naturwissenschaftliche Erkenntnisse,
- Möglichkeiten, Naturkatastrophen vorherzusagen,
- Menschen in Katastrophensituationen: der Umgang miteinander, Einzelschicksale usw.,
- Recherche der vollständigen Plinius-Briefe ep. 6,16 und 6,20 sowie heutiger Theorien zum Vesuvausbruch → Erstellung einer bebilderten Reportage (ggf. digital)
- die Idee der Naturkatastrophe als einer Strafe für die Menschheit von der Antike bis heute,
- Vergleich der Vorgänge bei antiken und neuzeitlichen Naturkatastrophen → Sammlung von Informationen zu großen Naturkatastrophen der Geschichte, z. B.:
  - das Erdbeben von Lissabon (1755),
  - das Erdbeben in Japan und die Beschädigung des Atomreaktors von Fukushima (2011),
  - die Flutkatastrophe in Deutschland (2021).

Wortbildung: Präfixe und Suffixe

Präfix		Bedeutung	Beispiel
ā/ab	*ā-*	„fort-, von-, weg-, ent-"	*ā-mittere*
	ab-		*ab-dūcere*
	abs-		*abs-tulī*
	ar-		*ar-ripere*
	au-		*au-ferre*
ad	*ac-*	„dabei-, heran-, hin-, hinzu-"	*ac-cēdere*
	ad-		*ad-esse*
	af-		*af-ficere*
	al-		*al-lātus*
	ap-		*ap-pārēre*
	at-		*at-tingere*
cum	*co-*	Verstärkung: „zusammen, völlig"	*cō-gere*
	col-		*col-ligere*
	com-		*com-mittere*
	con-		*con-currere*
	cor-		*cor-ruere*
dē	*dē-*	„nieder-, herab-, ab-"	*dē-cēdere*
dis	*dī-*	„weg-, auseinander-"/Verneinung: „un-, nicht"	*dī-mittere*
	dif-		*dif-ficilis*
	dis-		*dis-cēdere*
ē/ex	*ē-*	„aus-, heraus-, weg-"	*ē-ripere*
	ef-		*ef-fugere*
	ex-		*ex-pellere*
in	*il-*	„in, hinein"/Verneinung: „un-, nicht"	*il-lātus*
	im-		*im-pius*
	in-		*īn-īre*
ne	*ne-*	Verneinung: „un-, nicht"	*ne-scīre*
	neg-		*neg-ōtium*
ob	*ob-*	„entgegen"	*ob-icere*
	oc-		*oc-currere*
	of-		*of-ferre*
	op-		*op-primere*
per	*per-*	„(hin)durch-"/Verstärkung: („durch und durch") „sehr, ganz"	*per-terrēre*
prae	*prae-*	„vorn, an der Spitze; voraus-; vor-"	*prae-mittere*
prō	*prō-*	„vor-, für-"	*prō-vidēre*
	prōd-		*prōd-esse*
re	*re-*	„zurück, wieder"/„wider, gegen"	*re-sistere*
	red-		*red-īre*
sub	*sub-*	„unter-, nach-, auf sich"	*sub-icere*
	suc-		*suc-cedere*
	sus-		*sus-cipere*

Suffix		Bedeutung	Beispiel
Substantive	*-tor* (m)	handelnde Person: „-er", gebildet aus einem PPP	*victum → vic-tor*
	-or (m)	Abstraktum, abgeleitet von einem Verb	*dolēre → dol-or*
	-ium (n)		*gaudēre → gaud-ium*
	-(t)iō (f)	Tätigkeit/Eigenschaft	*ōrāre → ōrā-tiō*
	-tus (Gen. *-tūs* m)		*impellere → impe-tus*
	-ia (f)		*memor → memor-ia*
	-itia (f)		*iūstus → iūst-itia*
	-tās (f)		*līberāre → līber-tās*
	-tūs (Gen. *-tūtis* f)		*vir → vir-tūs*
	-tūdō (f)		*māgnus → māgni-tūdō*
	-men (n)	Vorgang, Ergebnis, Zustand	*agere → ag-men*
	-mentum (n)	Mittel, Werkzeug	*ōrnāre → ōrnā-mentum*
Adjektive	*-eus*	Stoff, Material	*aurum → aur-eus*
	-bilis	Möglichkeit, Fähigkeit: „-bar, -haft, -lich"	*nōscere → nō-bilis*
	-ilis		*facere → fac-ilis*
	-ōsus	Fülle („voll")	*fōrma → fōrm-ōsus*
Verben	*-tāre*	Wiederholung, Verstärkung	*habēre → habitāre*

Es werden jeweils die Seiten angegeben, auf denen die genannten Begriffe in prägnanter Weise vorkommen. Lateinische Wörter und Namen sind *kursiv*, Verweise auf das **Grundwissen** sind farblich **hervorgehoben**.

A

B

M

N

O

P

Q

R

S

T

U

V

W

Z

Albrecht, Michael von: Geschichte der römischen Literatur, Band 1 und 2, München 1997.
ders.: Ovid. Eine Einführung, Stuttgart 2004.

Baker, Simon: Rom. Aufstieg und Untergang einer Weltmacht, Stuttgart 2006.

Bartels, Klaus: Roms sprechende Steine, Zürich 2000.

Beard, Mary / Hopkins, Keith: Das Kolosseum, Stuttgart 2010.

Clarke, John R.: Roma Antiqua. Von Händlern, Hebammen und anderen Helden, Darmstadt 2009.

Coarelli, Filippo: Rom. Ein archäologischer Führer, Mainz 2000.

Eck, Werner: Augustus und seine Zeit, München [5]2009.

Esch, Arnold: Wege nach Rom. Annäherungen aus zehn Jahrhunderten, München 2004.

Frank, Isnard Wilhelm: Reclams Lexikon des Mönchtums und der Orden, Stuttgart 2005.

Fuhrmann, Manfred: Geschichte der römischen Literatur, Stuttgart 2005.

Gehrke, Hans-Joachim: Kleine Geschichte der Antike, München 2003.

Gemeinhardt, Peter: Die Heiligen. Von den frühchristlichen Märtyrern bis zur Gegenwart, München 2010.

Giebel, Marion: Dichter, Kaiser, Philosophen. Ein literarischer Führer durch das antike Italien, Ditzingen 2007.

Glücklich, Hans-Joachim: Pompeji lebt. 2000 Jahre Texte, Bilder, Opern und Filme, Vandenhoeck & Ruprecht, Göttingen 2008.

Grziwotz, Herbert / Döbertin, Winfried: Spaziergang durch die Antike. Denkanstöße für ein modernes Europa, Darmstadt 2002.

Hahn, Rainer: Lexikon zur lateinischen Literatur: Fachbegriffe und Autoren, Stuttgart [8]2005.

Hartmann, Elke: Frauen in der Antike. Weibliche Lebenswelten von Sappho bis Theodora, München 2007.

Häuptli, Bruno W.: Jacobus de Voragine, Legenda Aurea, Lateinisch und Deutsch. In: Fontes Christiani (Sonderband), Freiburg/ Basel/ Wien 2014.

Herkomer, Huber / Schwinges, Rainer-Christoph (Hgg.): Engel, Teufel und Dämonen. Einblicke in die Geisterwelt des Mittelalters, Basel 2006.

Hirt, Annette: Lateinische Literatur – Schlag nach!, Göttingen 2009.

Hölscher, Tonio: Klassische Archäologie. Grundwissen, überarb. Auflage, Darmstadt [4]2015.

Holzberg, Niklas: Applaus für Venus. Die 100 schönsten Liebesgedichte der Antike, München 2004.
ders.: Die römische Liebeselegie. Eine Einführung, Darmstadt [5]2012.
ders.: Ovid: Dichter und Werk, München [3]2006.

Holzberg, Niklas: Catull. Der Dichter und sein erotisches Werk, München [3]2002.

Howatson, M. C.: Reclams Lexikon der Antike, Stuttgart 2006.

Hunink, Vincent: Glücklich ist dieser Ort! 1000 Graffiti aus Pompeji. Lateinisch – Deutsch, Stuttgart 2011.

Irmscher, Johannes (Hg.): Lexikon der Antike, Köln 2010.

Jankrift, Kay Peter: Mit Gott und schwarzer Magie. Medizin im Mittelalter, Darmstadt 2005.

Janson, Tore: Latein. Die Erfolgsgeschichte einer Sprache, Hamburg 2006.

Jehne, Martin: Die Römische Republik. Von der Gründung bis Augustus, München [3]2013.

Kolb, Frank: Das antike Rom. Geschichte und Archäologie, München [2]2010.

König, Ingemar: Kleine römische Geschichte, Stuttgart 2004.
ders.: Vita Romana, Darmstadt 2004.

Krefeld, Heinrich u.a. (Hgg.): Res Romanae. Literatur und Kultur im antiken Rom. Neue Ausgabe, Berlin 2017.

Le Goff, Jaques: Die Geburt Europas im Mittelalter, München 2004.

Letzner, Wolfram: Der römische Circus. Massenunterhaltung im römischen Reich, Mainz 2009.

Levy, Joel: Lost Cities. Versunkene Städte der Vergangenheit, Stuttgart 2008.

Liebs, Detlev: Vor den Richtern Roms. Berühmte Prozesse der Antike, München 2007.

Matyszak, Philip: Rom für 5 Denar am Tag. Ein Reiseführer in die Antike, München 2008.

McKitterick, Rosamond: Karl der Große, Darmstadt 2008.

Meier, Mischa: Sie schufen Europa. Historische Portraits von Konstantin bis Karl dem Großen, München 2007.

Metternich, Wolfgang: Teufel, Geister und Dämonen. Das Unheimliche in der Kunst des Mittelalters, Darmstadt 2011.

Mickisch, Heinz: Basiswissen Antike, Stuttgart 2006.

Nickel, Rainer / Waiblinger, Franz-Peter: Kleines Lexikon zur römischen Welt, Bamberg 2002.

Nonn, Ulrich: Mönche, Schreiber und Gelehrte. Bildung und Wissenschaft im Mittelalter, Darmstadt 2012.

Pappalardo, Umberto: Pompeji. Leben am Vulkan, Darmstadt 2010.

Patzold, Steffen: Ich und Karl. Das Leben des Höflings Einhard, Stuttgart 2013.

Pauler, Roland: Karl der Große. Der Weg zur Kaiserkrönung, Darmstadt 2009.

Ranieri Panetta, Marisa / DeLuca, Araldo (Hgg.): Pompeji. Geschichte, Kunst und Leben in der versunkenen Stadt, Stuttgart 2005.

Rebello, Merryl: Antike – Schlag nach!, Göttingen 2009.

Rebenich, Stefan: Die 101 wichtigsten Fragen. Antike, München [2]2008.

Reinhardt, Volker: Geschichte Roms. Von der Antike bis zur Gegenwart, München 2008.

Renger, Almut-Barbara (Hg.): Mythos Europa. Texte von Ovid bis Heiner Müller, Leipzig 2003.

Scharff, Thomas: Ein Klassiker mittelalterlicher Geschichtsschreibung: Einhards „Vita Karls des Großen", in: https://www.amad.org/jspui/bitstream/123456789/109066/2/Toepfer-KlassMA-06_Scharff_35-58.pdf).

Schelenz, Michael: Schimpfen und Flirten auf Latein, Frankfurt 2008.

Schmidt, Manfred G.: Einführung in die lateinische Epigraphik, Darmstadt [2]2010.

Schuller, Wolfgang: Das Römische Weltreich. Von der Entstehung der Republik bis zum Ausgang der Antike, Stuttgart 2003.

Schwab, Gustav: Die schönsten Sagen des klassischen Altertums, Bindlach 2003.

Seitz, Wendelin Eugen: Lokalhistorische Texte (Lindauers Lateinische Quellen) [in Einzelheften zu verschiedenen Städten], München 1980 ff.

Sonnabend, Holger: Unter dem Vesuv. Alltag in Pompeji, Darmstadt 2007.
ders.: Katastrophen in der Antike, Mainz 2013.

Stroh, Wilfried: Latein ist tot, es lebe Latein! Kleine Geschichte einer großen Sprache, Berlin 2008.
ders.: Die Macht der Rede. Eine kleine Geschichte der Rhetorik im alten Griechenland und Rom, München 2011.

Volk, Katharina: Ovid. Dichter des Exils, Darmstadt 2011.

Weeber, Karl-Wilhelm: Alltag im Alten Rom. Das Landleben. Ein Lexikon, Zürich 2005.
ders.: Alltag im Alten Rom. Das Stadtleben. Ein Lexikon, Zürich 2010.
ders.: Nachtleben im Alten Rom, Darmstadt [3]2011.
ders.: Wagenrennen im antiken Rom, Darmstadt 2010.

Weeber, Karl-Wilhelm: Decius war hier. Das Beste aus der römischen Graffiti-Szene, Zürich/Düsseldorf [4]2007.

Wiedemann, Thomas: Kaiser und Gladiatoren. Die Macht der Spiele im antiken Rom, Darmstadt 2001.

Willnauer, Franz: Carmina Burana von Carl Orff: Entstehung – Wirkung – Text, München [2]2007.

Zanker, Paul: Augustus und die Macht der Bilder, München [5]2008.
ders.: Die römische Kunst, München 2007.

Ziegler, Konrat / Sontheimer, Walther (Hgg.): Der Kleine Pauly. Lexikon der Antike in fünf Bänden, München [13]2006.

Übersicht zur römischen Republik

5./4. Jh. v. Chr. **Frühe Republik**	*Außen:* Rom erringt die Vorherrschaft in Mittelitalien und dehnt allmählich seine Macht bis in die Po–Ebene und nach Unteritalien aus.
	Innen: In den sog. Ständekämpfen erkämpfen sich die Plebejer gegen den Widerstand des Adels (Patrizier) mehr Rechte.
3./2. Jh. v. Chr. **Mittlere Republik** 146 v. Chr.	*Außen:* Die drei Punischen Kriege zwischen Rom und Karthago enden mit dem Sieg Roms und der Zerstörung Karthagos (146 v. Chr.). Zudem erringen die Römer die Vorherrschaft im ganzen Mittelmeergebiet von Asien bis Spanien.
	Innen: Die Großmachtpolitik bringt wachsende soziale Probleme mit sich: Die Kluft zwischen den verarmenden Schichten (verschuldete Bauern; städtisches Proletariat) und den Reichen wird immer größer.
ab 133 v. Chr.	Die Reformversuche der Gracchen scheitern; statt zu einer Lösung zu gelangen, werden die Konflikte immer öfter gewaltsam ausgetragen.
1. Jh. v. Chr. **Späte Republik.**	*Außen:* Rom wächst weiter, u. a. durch die Siege des **Marius** und **Sulla**, später des **Pompeius** in Spanien, Afrika und Asien sowie **Caesars** in Gallien.
	Innen: Die großen **Feldherren** mit ihren Machtmitteln (Heer, Geld) tragen dazu bei, dass innere Konflikte immer wieder zu **Bürgerkriegen** ausarten. **Drei Hauptphasen** zeichnen sich ab:
	• **Marius und Sulla:** **Marius** unterstützt als **Popular** das **Volkstribunat** und Landreformen, Sulla als **Optimat** die ***nobiles* (Aristokratie)** und die traditionelle **Senatsregierung**.
ca. 90–82 v. Chr.	Es kommt zu einem **Bürgerkrieg**, den Sulla gewinnt. Auch nach dem Sieg lässt er als ***dictator*** politische Gegner **hinrichten** und **proskribieren** (für vogelfrei erklären); ca. 5000 Bürger werden getötet. So schafft er blutig Ordnung, **reformiert** dann die **Verfassung** und stellt die Herrschaft der *nobiles* wieder her.
79/78 v. Chr.	Dann tritt er zurück und stirbt ein Jahr später.
	• **Pompeius und Caesar:**
63 v. Chr.	In den folgenden Jahren steigt **Cicero** bis zum **Konsulat** auf. Über sein Wirken als Konsul schreibt er später: *Cedant arma togae!*, denn er habe, nur mit der zivilen Macht des Redners (*toga*), die Republik gerettet, was mehr wert sei als militärischer Ruhm (*arma*).
60 v. Chr.	**Pompeius** verbündet sich mit **Caesar** und **Crassus** (**1. Triumvirat**), doch das
49 v. Chr.	Bündnis zerbricht und es kommt zu einem neuen **Bürgerkrieg**. Caesar
15. März 44 v. Chr.	siegt, wird aber bald danach **ermordet** („Iden des März“).
	• **Marcus Antonius und Octavian:** Weitere Bürgerkriege folgen. Das **2. Triumvirat** (Marcus Antonius, Octavian und Lepidus) installiert neue **Proskriptionen**, denen nun auch
43 v. Chr.	**Cicero** zum Opfer fällt. Die Kriege enden erst mit dem Sieg von Caesars
31 v. Chr.	Erben Octavian über Kleopatra und Antonius bei **Actium**. Octavian wird Alleinherrscher und nimmt den Ehrennamen „Augustus“ an.

Geschichtlicher Überblick von der Gründung Roms bis zur Neuzeit

Jahr	Geschichte	Schriftsteller/*Texte*
753 v. Chr. 753–509 v. Chr.	Gründung Roms der Sage nach Königszeit	
509–31 v. Chr.	Römische Republik *(siehe links)*	Caesar, Nepos, Cicero, Catull
27 v.–14 n. Chr.	Prinzipat des Augustus	Vergil, Ovid
1. Jh. n. Chr.	Frühe Kaiserzeit: • julisch-claudische Dynastie: Tiberius, Caligula, Claudius, Nero • Vierkaiserjahr (69 n. Chr.) • flavische Dynastie: Vespasian, Titus, Domitian • Vesuvausbruch (79 n. Chr.)	Phaedrus, Velleius Paterculus, Valerius Maximus Martial
2./3. Jh. n. Chr.	Mittlere Kaiserzeit • Trajan: größte Ausdehnung des Reiches • Hadrian: Grenzsicherung durch den Limes • Ausbreitung des Christentums; Christenverfolgung • Diokletian: letzte Christenverfolgungen	Plinius d. J. Sueton
4./5. Jh. n. Chr.	Späte Kaiserzeit • Konstantin: Toleranzedikt für die Christen • Theodosius: Das Christentum wird Staatsreligion • endgültige Reichsteilung (West- und Ostrom) • Völkerwanderung	*Vulgata*
476 n. Chr.	Ende Westroms (Absetzung des letzten Kaisers Romulus Augustulus)	
ca. 6. bis ca. 14. Jh.	Mittelalter • Karl der Große – 768 König der Franken – 772–804 Sachsenkriege (785 Taufe des Sachsenherzogs Widukind) – ab 790 Aachen wird zur Hauptresidenz ausgebaut (Pfalzkirche) – 800 Kaiserkrönung in Rom • Heiliges Römisches Reich (etwa ab dem 11. Jh.) • Macht der Päpste • Kreuzzüge (ab 1096) • Fortdauer des oströmischen (= byzantinischen) Reiches bis zur Eroberung durch die Türken (1453)	Einhard *Carmina Burana* Jacobus de Voragine *Gesta Romanorum*
ab ca. 15. Jh.	Beginn der Neuzeit	Vespucci

Bildquellen:

S. 4 o. stock.adobe.com/Marjorie, u. bpk/DeA Picture Library/E. Lessing; S. 5 o. akg-images/De Agostini Picture Lib. / G. Dagli Orti, u. akg-images; S. 7 li. stock.adobe.com/Marjorie, re. stock.adobe.com/BullRun; S. 8 mauritius images/alamy stock photo/World Archive; S. 13 o. li. sciencephotolibrary/Â, o. re. sciencephotolibrary/Â/ALFRED PASIEKA, u. li. sciencephotolibrary/Science Photo Library \\ Kevin Curtis/Kevin Curtis, u. re. sciencephotolibrary/Â/CORDELIA MOLLOY; S. 15 o. bpk/Scala; S.17 Bridgeman Images; S. 21 akg-images/Heritage Images/Index; S. 23 akg-images/Heritage Images/The Art Collector; S. 25 akg-images/De Agostini Picture Lib./A. Dagli Orti; S. 27 mauritius images/alamy stock photo/Tony Vingerhoets; S. 28 akg-images; S. 29 akg-images/De Agostini Picture Lib./A. Vergani; S. 31 Bridgeman Images; S. 33 mauritius images/alamy stock photo /volkerpreusser; S. 35 dpa Picture-Alliance/AFP/Martin Bernetti; S. 39 bpk/Roman Beniaminson; S. 41 akg-images/Erich Lessing, S. 43 akg-images/Manuel Cohen; S. 44 Shutterstock.com/Cris Foto; S. 45 dpa Picture-Alliance/AFP/Martin Bernetti; S. 47 o. li. akg-images/Gilles Mermet, u. li. Bridgeman Images, u. Mi. akg-images/MPortfolio/Electa, u. re. Bridgeman Images; S. 49 mauritius images/alamy stock photo/Steven Milne; S. 50 Shutterstock.com/Pavlo S (Köpfe), Shutterstock.com/Alfmaler (Vogel); S. 51 akg-images/Heritage Images/Fine Art Images; S. 53 Bridgeman Images; S. 55 o. akg-images/Roland and Sabrina Michaud, u. Bridgeman Images; S. 57 o. bpk/DeA Picture Library/E. Lessing, u. bpk/Münzkabinett, SMB; S. 61 bpk; S. 63 Imago Stock & People GmbH/Chris Emil Janße; S. 65 akg-images/Mel Longhurst; S. 67 akg-images/Gilles Mermet; S. 68 Shutterstock.com/docstockmedia; S. 69 bpk/RMN - Grand Palais/Hervé Lewandowski; S. 71 bpk/RMN – Grand Palais/Tony Querrec; S. 73 akg-images/Peter Connolly; S. 74, S. 75: Shutterstock.com/Pavlo S; S. 77 Bridgeman Images; S. 79 Shutterstock.com/Alla – Din; S. 81 mauritius images/alamy stock photo/Azoor Photo; S. 83 akg-images/De Agostini Picture Lib./A. Dagli Orti; S. 84 bpk/DeA Picture Library/E. Lessing; S. 85 bpk/RMN – Grand Palais/Hervé Lewandowski; S. 87 o. li. Shutterstock.com/Inkling Design, o. Mi. mauritius images/alamy stock photo/Bob Daemmrich, o. re. Imago Sportfotodienst GmbH/Shutterstock, u. akg-images/VG Bild-Kunst, Bonn 2021; S. 88 li. akg-images, re. bpk/Münzkabinett, SMB/Lübke & Wiedemann; S. 91 li. bpk/RMN – Grand Palais/Jean-Gilles Berizzi, re. bpk/Germanisches Nationalmuseum/Dirk Meßberger; S. 93 akg-images/Bildarchiv Monheim; S. 95 o. bpk/Münzkabinett, SMB/Lutz-Jürgen Lübke, u. akg-images; S. 97 akg-images; S. 99, S. 100 Bridgeman Images; S.103 akg-images; S. 105, S. 107 Bridgeman Images; S. 108 Shutterstock.com/Roi and Roi; S. 109 o. Bridgeman Images, Mi. li. bpk/Münzkabinett, SMB/Dirk Sonnenwald, Mi. re. mauritius images/alamy stock photo/Allstar Picture Library Ltd, u. dpa/picture-alliance; S. 111 o. Imago Stock & People GmbH/imagebroker, u. dpa Picture-Alliance/Boris Breytman/Zoonar.com/Zoonar; S. 112 bpk/Bayerische Staatsbibliothek; S. 115 bpk/Scala; S. 117 o. mauritius images/alamy stock photo/Pictorial Press Ltd, u. Bridgeman Images; S. 119 akg-images; S. 120 Bayerische Staatsbibliothek/BSB Clm 4660, Fol. 38v; S. 121 o. sciencephotolibrary/Â/SCIENCE PHOTO/BRITISH LIBRARY, u. Shutterstock.com/Artoptimum; S. 123 interfoto e.k./Bildarchiv Hansmann; S. 124 mauritius images/age fotostock; S. 125 akg-images / De Agostini Picture Lib. / G. Dagli Orti; S. 127 o. akg-images/Eric Vandeville, u. Bridgeman Images; S. 129 akg-images; S. 130 Bayerisches Hauptstaatsarchiv/Geheimes Hausarchiv, MKH 82; S. 131 Imago Sportfotodienst GmbH/MIS; S. 132 li. akg-images, re. Bridgeman Images; S. 133 li. bpk/Bayerische Staatsbibliothek, re. akg-images / De Agostini Picture Lib. / G. Dagli Orti; S. 222: dpa Picture-Alliance/Karl-Josef Hildenbrand; S. 223 interfoto e.k./Danita Delimont/Dennis Brack; S. 225 bpk/The Trustees of the British Museum; S. 226 bpk/Alinari Archives/Tatge, George for Alinari.

Textquellen:

S. 13 Amtseid: Deutsches Richtergesetz (DRiG) § 38 Richtereid; S. 27 Wolfgang Schuller: Cicero oder Der letzte Kampf um die Republik. München: Beck (2014); S. 41 Rudolph Kremer: Geister, Hexen, Menschenfresser. Gruselgestalten im alten Rom. Antike Welt (Sonderheft) 11/2021. Darmstadt u. a.: wbg Zabern, S. 29 f.; S. 55 Gotthold Ephraim Lessing (1729–1781): Die Küsse; S. 59 Grafik nach: https://www.hpp-arnsberg.com/akute-lebenskrisen/die-fünf-phasen-der-veränderung/; S. 62 Übersetzungen von Catull c. 85: Eduard Mörike (1849), W. Herlitschka (1948), P. Mahn (1925); S. 75 Jean Baptiste Molière: Die Schule der Frauen (1662), übersetzt von Ludwig Fulda (1921), zit. nach: https://www.projekt-gutenberg.org/moliere/schufrau/schufrau.html; S. 79 Erich Fromm: Die Kunst des Liebens. Berlin: Ullstein (1956), S. 15 und S. 52; S. 88 Einhard: Vita Karoli Magni. Das Leben Karls des Großen Lateinisch/Deutsch. Übers. Evelyn Scherabon Firchow. Stuttgart: Reclam (2018), S. 7; S. 91 Dorothea Walz: Lateinische Prosa des Mittelalters. Stuttgart: Reclam (1995), S. 1271; S. 93 Übers. Clemens Bayer, zit. nach: https://www.inschriften.net/aachen-dom/inschrift/nr/di031-0006.html?tx_hisodat_sources%5Baction%5D=show&tx_hisodat_sources%5Bcontroller%5D=Sources&cHash=1caa1a22aa58f9d5a39baf037bd2b004; S. 97 Manfred Fuhrmann: Latein und Europa. Köln: DuMont (2001), S. 12 f.; S. 118 Übers. Carl Fischer aus: Carmina Burana. Die Lieder der Benediktbeurer Handschrift. Lat.-dt. München: dtv (1979); S. 222 Heinrich Hannover: Reden vor Gericht: Plädoyers in Text und Ton (2. Auflage), PapyRossa Paperback (2012), S. 104 ff.; S. 223 Barack Obama: Reden des Präsidenten I. Norderstedt: Books on Demand (2010) S. 4; S. 224 Übers. Kerstin Wastl, zit. nach: https://docplayer.org/45186012-Vorlesung-cicero-einfuehrung-in-leben-und-werk-ws-09-10-pd-dr-bianca-jeanette-schroeder.html; S. 226 Judith Ahues, Mythische Katastrophen – Krisenmanagement wird zur Nagelprobe. URL: http://www.3sat.de/page/?source=/scobel/153279/index.html (30. April 2013)